Socioeducação e Violação de Direitos

O simulacro do Sistema Socioeducativo no Brasil e o atendimento a jovens infratores na Espanha.

ROBERTO BASSAN PEIXOTO

Editora Académica Española

2019

Roberto Bassan Peixoto

Socioeducação e Violação de direitos

O simulacro do Sistema Socioeducativo no Brasil e o atendimento a jovens infratores na Espanha.

Editora Académica Española

Ficha Catalográfica

Peixoto, Roberto Bassan

Socioeducação e Violação de Direitos: O simulacro do Sistema Socioeducativo no Brasil e o atendimento a jovens infratores na Espanha Roberto Bassan Peixoto. Editora Académica Española – 2019

Edição Digital
ISBN: 978-620-0-04872-1

1. Serviço Social – Brasil – Teses 2. Políticas Públicas 3. Medidas Socioeducativas

À Antonio Roberto Peixoto, seu Toninho Peixoto, ou simplesmente, como sempre conheci: Pai! Que ao lado da minha mãe, Lourdes Peixoto, construíram minha maior referência e porto seguro: Família! Sei que de algum lugar vê as lágrimas que caem ao escrever essa dedicatória, e sente também essa imensa saudade, saudade daquilo que não vivi, de ver você contar nas calçadas em frente de casa que seu filho se formou doutor, mas pode deixar que eu vou contar por e para você!

"A *poesia* é a transformação da *tristeza* em *alegria*. A arte é a alquimia que *transforma* o sofrimento em *alegria*"
Ferreira Goulart

Vamos a Arte!

Virtudes, aprendizado, humildade
Sabedoria, inspiração, esperança
Tempo, justo, lento
Tempo ao tempo, esperança

Carne rasga e sangue
Já o peito estufa
Não reflete a sombra
Cabeça erguida a olhar

Olhos de amparo, amigos
Virtuosos, poderosos, amigos
Pertos no centro, amigos
Não há dúvidas, há amigos

Escolhas e responsabilidade
Humildade e responsabilidade
Justiça, divina, fé
Acreditar no impossível

Direitos e lei, nossos meninos
Tanto lutei, agora um menino
Menino rico, branco, ora
"Orai e vigiai..."

"O jornal de hoje
Embrulha o peixe de amanhã"
Poder, inveja, soberba
Desejar o bem, sem olhar

"Não dê muitas explicações
Os amigos não precisam
Os inimigos não vão acreditar
Os estúpidos não vão entender"

Virtudes, aprendizado, humildade
Sabedoria, inspiração, esperança
Tempo, justo, lento
Tempo ao tempo, esperança

Já foi me dado o escudo
É meu, está firme, rígido
Intransponível e leve
Coração leve, valente

Rio de Janeiro, 05 de janeiro de 2015
Beto Peixoto

RESUMO

PEIXOTO, Roberto Bassan. **Socioeducação e Violação de direitos: o simulacro do Socioeducativo no Brasil e atendimento a jovens infratores na Espanha**

O Presente Livro é uma releitura da tese doutoral apresentada ao Programa de Pós Gradução em Serviço Social da Universidade do Estado do Rio de Janeiro, aborda o Sistema Nacional de Atendimento Socioeducativo como um mecanismo de regulamentação da punição e tem como objetivo compreender como essa política pública reproduz práticas violadoras de direito no contexto de privação de liberdade de adolescentes em medida socioeducativa de internação do Brasil. O estudo retrata o atual estágio dessa política pública - tratada como "invisível", mesmo lugar historicamente disponibilizado a esses adolescentes: um "não lugar" no sentido de marginalidade, sem definição de lócus institucional único. A indefinição de um lócus institucional para a vinculação político administrativa da Política de Atendimento Socioeducativo no país é condição determinante para a não consolidação de práticas socioeducativas em um de garantia de direitos. O ponto de partida da análise é o adolescente em conflito com a lei como uma "nova" expressão da "questão social", sendo realizada pesquisa qualitativa e quantitativa, tendo como fonte maior destaque na investigação as cartas do Fórum Nacional dos Gestores Estaduais da Política Atendimento Socioeducativo (FONACRIAD). O estudo compreende conceitos como cultura da punição e controle social, apresenta dados do aprisionamento de adolescentes jovens no Brasil e o contexto da execução das medidas socioeducativas. Busca-se realizar uma análise histórica dessa política a partir do Código de Menores (1979), passando pelo Estatuto da Criança e do Adolescente (1990), até a Lei do SINASE (2012). Nessa perspectiva, é apresentado um panorama da política de atendimento socioeducativo, os dados referentes à trajetória da privação de liberdade de adolescentes, número de unidades socioeducativas e o perfil dessas unidades. Seguindo ainda o conceito de socioeducação, é demonstrado como as unidades de privação de liberdade de adolescentes no Brasil, na verdade, são ainda, instituições totais. A abordagem também recai sobre a discussão acerca da redução da maioridade penal, com dados e estudos que desmistificam o Mito da Impunidade e a intencionalidade oculta da privação de liberdade de adolescentes. A experiência de pesquisa junto à Universidade Autônoma de Barcelona apresenta-se nos dados sobre a questão do atendimento a adolescentes infratores na Espanha, com o objetivo de destacar a presença marcante do direito positivo dessa desse modelo de intervenção em nosso país; um simulacro, em detrimento das reais práticas de violação de direito que ocorrem no âmbito de internação dos adolescentes infratores no Brasil no século XXI.

Palavras-chave: sistema nacional de atendimento socioeducativo; políticas públicas; controle social; adolescentes infratores; socioeducação.

ABSTRACT

This thesis addresses the National Socio-Educational Services System as a regulatory punishment mechanism and aims to understand how such public policy reproduces rights-violation practices when Brazil´s juvenile offenders are deprived of their freedom through socio-educational detention measures. The study reflects the current stage of this public policy - treated as "invisible", just like these adolescents have been historically placed: a "no place" in the sense of marginality; and its methods – without defining a single institutional locus. The lack of definition of an institutional locus for a political-administrative standard of Socio-Educational Services Policy throughout the whole country is a crucial determining condition for the non-consolidation between our socio-educational practices and guaranteed rights. The starting point of the analysis is the juvenile in conflict with the law as a "new" expression of a social issue, based on qualitative and quantitative research, which had the National Court of Socio-Educational Service State Managers (FONACRIAD) documents as its main source of investigation. The study involves concepts such as culture of punishment and social control, presents Brazil´s juvenile imprisonment data, as well as the context in which socio-educational measures are implemented. The aim is to carry out a historical analysis of this policy from the Juvenile Code (1979), through the Statute of Children and Adolescents (1990) to the SINASE Law (2012). In this perspective, an overview of the socio-educational service policy, data on the historic pattern of juveniles deprived of freedom, number of socio-educational units and profile of these units are presented. Following the concept of socio-education, it is shown how these units are still, in fact, total institutions in Brazil. The approach also contributes to the discussion on the reduction of legal age, with data and studies that debunk the myth of impunity and the hidden intentions behind adolescents deprived of freedom. The research experience at the Autonomous University of Barcelona is herein the data on how juvenile delinquents issues are addressed in Spain, in order to highlight the strong presence of positive law in our model of intervention; a simulacrum, in detriment of true violation of rights when detaining juvenile delinquents in Brazil in the 21st century.

Keywords: national system of social and educational care; public policy; social control; juvenile/young offenders/delinquents; socio-education.

RESUMEN

El presente livro analiza el Sistema Nacional de Servicios Socio-educativos como mecanismo de regulación de sanción y su objetivo es comprender cómo dicha política pública reproduce prácticas violadoras de derechos en un contexto de privación de libertades de delincuentes adolescentes en Brasil, quienes se encuentran privados de libertad por la aplicación de una medida de internación socio-educativa. El estudio retrata el estado actual de esta política pública -tratados como "invisibles", en el mismo lugar en el que los adolescentes se han colocado históricamente: un "no lugar" en el sentido de la marginalidad; y de sus métodos- sin definir un único locus institucional. La falta de definición de un locus institucional en un nivel político-administrativo de la política Socioeducativa de Servicios en el país es la condición determinante que trae como consecuencia la no consolidación entre las prácticas socioeducativas y la garantía de derechos. El punto de partida del análisis es el adolescente en conflicto con la ley, como una "nueva" expresión de un problema social. Se realizó una investigación cualitativa y cuantitativa, que tuvo como fuente más importante la recopilación efectuada por el Foro Nacional de los Gestores Estaduales de Atención Socio-Educativa (FONACRIAD). El estudio incluye conceptos como la cultura de la pena y el control social, presenta los datos de Brasil en materia de reclusión de menores, así como el contexto en el que se implementan las medidas socio-educativas. El objetivo es llevar a cabo un análisis histórico de esta política a partir del Código del Menor (1979), pasando por el Estatuto de los Niños y de los Adolescentes (1990), llegando hasta la Ley de SINASE (2012). Desde esta perspectiva, se presenta una visión general de la política de servicio socio-educativo, los datos referidos al patrón histórico de los adolescentes privados de libertad y el número y el perfil de estas unidades socio-educativos. Siguiendo el concepto de socio-educación, se demuestra cómo estas unidades de privación de libertad de adolescentes en Brasil, son de hecho todavía las instituciones totales. El enfoque también recae sobre la discusión acerca de la reducción de la mayoría de edad penal, con datos y estudios que desacreditan el mito de la impunidad y de las intenciones ocultas detrás de adolescentes privados de libertad. La pasantía de investigación en la Universidad Autónoma de Barcelona nos reflejada datos sobre la forma de abordar el tema de los adolescentes delincuentes en España, con el fin de destacar la marcada presencia del derecho positivo en el modelo de intervención de nuestro país; un simulacro, en detrimento de las verdaderas prácticas de violación de los derechos que ocurren en el ámbito de internación de los delincuentes juveniles en Brasil en el siglo XXI.

Palabras clave: sistema nacional de atención social y educativa; política pública; control social; de menores / jóvenes delincuentes / delincuentes; socio-educativo.

Prefácio

A gente vive repetido, o repetido, e, escorregável, num minuto, já está empurrado noutro galho. Acertasse eu com o que depois sabendo fiquei, para de lá de tantos assombros... Um está sempre no escuro, só no último derradeiro é que clareiam a sala. Digo: o real não está na saída nem na chegada: ele se dispõe para a gente é no meio da travessia.

João Guimarães Rosa

O presente livro que ora chega ao público apresenta uma pesquisa extremamente relevante, que contribui significadamente para o entendimento dos traços conservadores revelados através da presença marcante do punitivismo na cultura política brasileira. Trata-se de uma obra que atesta questões cruciais do seu tempo. Um tempo de incertezas, de intolerâncias, de perdas cada vez mais significativas dos direitos.

O enfoque abordado nesta publicação, que trata da socioeducação e a violação dos direitos, revela o compromisso ético-político de seu autor com a defesa e concretização dos direitos humanos e das políticas públicas e a denúncia do agravamento das diversas manifestações da questão social que afeta toda a classe subalterna, com ênfase nas crianças e adolescentes.

Ao discutir o simulacro do sistema Socioducativo no Brasil e o atendimento a jovens infratores na Espanha, o autor aborda temáticas importantes para que a compreensão do tema ocorra historicamente situada, rompendo com os simulacros que a tornam invisíveis.

De fácil leitura, a complexa pesquisa realizada é narrada didaticamente tornando-se acessível a todos os profissionais que trabalham e se interessam pelo tema, bem como aos estudiosos que buscam compreensões sérias e aprofundadas da questão abordada.

Entendemos que o conservadorismo que se apresenta hoje, em diferentes ações políticas da direita, que criminaliza cada vez mais os jovens brasileiros pobres, não é algo que veio lá do passado e que se apresenta anacronicamente no contexto de uma democracia, nem algo novo que brota do nada. O conservadorismo sempre fez parte da cultura política brasileira e sempre persistiu em nossa realidade, e não pode ser compreendido isoladamente. Ele é uma expressão da luta de classes, isto é, manifesta em sua aparência a dinâmica de luta entre interesses antagônicos que formam a sociabilidade burguesa.

O tema e as preocupações presentes nessa obra recusam a despolitização e submetem todas as seções apresentadas a rigorosos e críticos exames teóricos que articulam os intensos descaminhos das medidas socioeducativas as transformações capitalistas recentes e a compreensão das questões estudadas.

Ao buscar a experiência da Espanha no atendimento aos jovens infratores, o autor desnuda ainda mais a força conservadora da cultura política brasileira que se expressa nas medidas socieducativas de seu país.

Em sua totalidade, essa produção nos convida a pensar, num momento em que vários discursos parecem continuar indiscutidos, num momento em que o silêncio se propaga impulsionado pela desilusão. Num momento em que a intolerância parece reinar nas conversas e debates, Roberto Bassan nos convida a refletir nesse contexto, lembrando Bertold Brechet, ele parece nos pedir com insistência: **"Nunca digam - Isso é natural"**.

Quase três décadas após o Estatuto da Criança e do Adolescente no Brasil (ECA), os desafios continuam imensos e a protagonismo do código penal parece não ter sido sepultado quando se trata da implementação das medidas socieducativas em nosso país.

Por isso, podemos afirmar que este livro necessita ser lido com urgência, pois é mais do que chegada a hora de aumentar a nossa compreensão desse debate. Enfim, são muitas as "descobertas" que o leitor poderá fazer através da leitura desta obra na direção da fundamentação e conhecimento dos temas abordados. Pertinente a advogados, juristas, sociólogos, assistentes sociais, psicólogos e professores, esse livro desvenda muitos simulacros presentes no cotidiano de muitas profissões.

Da minha parte só cabe o orgulho de ter conhecido o estudo antes de sua publicação por participar de sua orientação durante seu processo de construção.

Rio de Janeiro/ 2019

Dra. *Silene de Moraes Freire*
Profa. Titular do Depto de Política Social da UERJ

LISTA DE SIGLAS

CEDCA	-	Conselho Estadual dos Direitos da Criança e do Adolescente
CENSE	-	Centro de Socioeducação
CF	-	Constituição Federal
CIAADI	-	Centro Integrado de Atendimento ao Adolescente Infrator
CMDCA	-	Conselho Municipal dos Direitos da Criança e do Adolescente
CONANDA	-	Conselho Nacional dos Direitos da Criança e do Adolescente
ECA	-	Estatuto da Criança e do Adolescente
FASPAR	-	Fundação de Ação Social do Paraná
FEBEM	-	Fundação Estadual do Bem-Estar do Menor
FIA	-	Fundo da Infância e Adolescência
FONACRIAD	-	Fórum Nacional dos Gestores Estaduais do Sistema de Atendimento Socioeducativo
FUNABEM	-	Fundação Nacional do Bem-Estar do Menor
IAM	-	Instituto de Assistência ao Menor
IASP	-	Instituto de Ação Social do Paraná
LA	-	Liberdade Assistida
PIA	-	Plano Individual de Atendimento
PROEDUSE	-	Programa de Educação nas Unidades Socioeducativas
PROMOPAR	-	Fundação de Promoção Social do Paraná
PSC	-	Prestação de Serviços à Comunidade
SAS	-	Serviço de Atendimento Social
SDH	-	Secretaria Nacional de Direitos Humanos
SECJ	-	Secretaria de Estado da Criança e da Juventude
SETP	-	Secretaria de Estado do Emprego, Trabalho e Promoção Social
SINASE	-	Sistema Nacional de Atendimento Socioeducativo
SIPIA	-	Sistema de Informação para Infância e Adolescência
SPDCA	-	Secretaria Nacional de Promoção dos Direitos da Criança e do Adolescente
USOIL	-	Unidade Social Oficial de Internação de Londrina

SUMÁRIO

> *"Aos meus filhos, Danone - Aos filhos dos outros, a fome.*
> *Aos meus filhos, compaixão - Aos filhos dos outros, o lixão.*
> *Aos meus filhos, amor - Aos filhos dos outros, a dor.*
> *Aos meus filhos, a ceia - Aos filhos dos outros, cadeia.*
> *Aos meus filhos, beleza - Aos filhos dos outros, pobreza.*
> *Aos meus filhos, a sorte - Aos filhos dos outros, a morte.*
> *Aos meus filhos, faculdade - Aos filhos dos outros, dificuldade.*
> *Aos meus filhos, educação - Aos filhos dos outros, execução.*
> *Aos meus filhos, proteção - Aos filhos dos outros, prostituição*
> *Aos meus filhos, meritocracia - os filhos dos outros, burocracia.*
> *Aos meus filhos, herança - Aos filhos dos outros, cobrança.*
> *Aos meus filhos, comoção e justiça paternal - Aos filhos dos "outros",*
> *redução da maioridade penal."*
> *Maurício Rufino*

A política de atendimento socioeducativo no Brasil ganha recentes contornos a partir da instituição do Sistema Nacional de Atendimento Socioeducativo (SINASE), estabelecido primeiramente pela Resolução 19/2006 do Conselho Nacional dos Direitos da Criança e do Adolescente (CONANDA) e posteriormente por Lei No. 12.594 de 18 de janeiro de 2012. Esta Lei institui o Sistema Nacional de Atendimento Socioeducativo (Sinase) e regulamenta a execução das medidas destinadas a adolescente[1] que pratique ato infracional.

É importante ressaltar que a definição de SINASE, não é meramente o que está disposto na lei ou na resolução do CONANDA. Entendemos por Sinase o conjunto ordenado de princípios, regras e critérios que envolvem a execução de medidas socioeducativas, incluindo nele, por adesão, os sistemas estaduais, distrital e municipais, bem como todos os planos, políticas e programas específicos de atendimento a adolescente em conflito com a lei. Ou seja, estão abarcadas as práticas no interior das unidades de privação de liberdade para adolescentes em medida socioeducativa de internação, e ainda as ações do Poder Executivo, Ministério Público, Defensoria Pública, Poder Judiciária, Conselho de Direitos, etc. É um esforço coletivo do sistema de garantia de direitos de crianças e de adolescentes de regulamentar, definir diretrizes e ações para o que está disposto no Estatuto da

---

1 Será utilizado o termo adolescente, tendo como referência a previsão legal do Estatuto da Crianças e do Adolescente: "Art. 2º Considera-se criança, para os efeitos desta Lei, a pessoa até doze anos de idade incompletos, e adolescente aquela entre doze e dezoito anos de idade. Parágrafo único. Nos casos expressos em lei, aplica-se excepcionalmente este Estatuto às pessoas entre dezoito e vinte e um anos de idade".

Criança e do Adolescente (ECA)[2] acerca da aplicação, execução e formulação da política pública referente as medidas socioeducativas[3].

Em suma, são ações diretas com adolescentes que, na maioria das vezes, tem uma resposta do Estado pela primeira vez, são invisíveis socialmente, e se faz necessário compartilhar uma referência positiva para essa trajetória de vida em conflito com a lei para romper uma lógica de fracasso imposta a esses jovens e ao próprio sistema de atendimento. Mas há uma distância entre essa previsão otimista e práticas nas unidades de atendimento.

Analisar, compreender e propor ações para a Política de Atendimento Socioeducativo, é um desafio complexo quando consideramos, entre outras questões, a necessidade de observar as normativas legais (nacionais e internacionais), a definição, estruturação, seleção e qualificação do quadro de recursos humanos, a construção coletiva da proposta político pedagógica, a articulação entre os diferentes programas de execução de medidas socioeducativas, a articulação para a integração com as demais políticas públicas, o diálogo com os atores do poder judiciário e ministério público, a construção de um processo de avaliação dos trabalhos, a abertura a fiscalização e ainda a definição das formas de financiamento e, em especial, a definição da relação "público-privado" na execução das medidas socioeducativas.

O ECA dispõe que o cumprimento das medidas socioeducativas aos adolescentes que praticam ato infracional deve contemplar objetivos socioeducacionais. Esse simulacro[4] do Sistema Nacional de Atendimento Socioeducativo, passa por avaliar objetivos que devem garantir o acesso às oportunidades que contribuam para a sua participação autônoma desse adolescente na vida social. Assim, a garantia de um atendimento digno e humanizado ao

---

2 Lei 8069 de 13 de julho de 1990 que institui o Estatuto da Criança e do Adolescente.
3 Medidas socioeducativas são medidas aplicáveis a adolescentes autores de atos infracionais e estão previstas no art. 112 do Estatuto da Criança e do Adolescente (ECA). Apesar de configurarem resposta à prática de um delito, apresentam um caráter predominantemente educativo e não punitivo.

4 Simulacro: entendido como uma imitação, falsificação ou uma ficção. O conceito está associado com a simulação, significa criar algo que possa parecer real, dessa forma iludindo com relação a determinada situação, se a ação é uma simulação, o resultado é um simulacro. Corrobora-se com o conceito de Baudrillard (1991), no livro "Simulações e Simulacro": "tudo se metamorfoseia no seu termo inverso para sobreviver na sua forma expurgada. Todos os poderes, todas as instituições falam de si próprios pela negativa, para tentar, por simulação de morte, escapar à sua agonia real" (Baudrillard, 1991, p. 122).

adolescente que comete ato infracional ou ao qual se atribui o cometimento de tal ato é condição indispensável para que esse objetivo seja atingido, porém as práticas nas unidades só reforçam o caráter punitivo dessa política pública.

Essa política tem como marco referencial a busca e fortalecimento do que está previsto pelo ECA em seu artigo 86[5], e a efetivação deste pressuposto se dará na medida em que houver o real intercâmbio de informações e experiências entre as diferentes realidades vivenciadas na prática do atendimento socioeducativo, juntamente com estudos e ações de pesquisa que possam teorizar e embasar cientificamente as discussões. Por conseguinte, avaliar as barreiras, avanços e retrocessos da formação integral e adolescentes, enquanto sujeitos de direitos, durante o cumprimento da medida socioeducativa de internação, não é apenas uma justificativa, mas uma necessidade e uma obrigação a toda sociedade brasileira.

Essa proposta caminha para a constatação da política de atendimento socioeducativo como um mecanismo de controle social. Portanto, fica evidente ainda a necessidade de se avançar em outras discussões importantes, como, por exemplo, a brevidade e excepcionalidade das internações de adolescentes, a necessidade de prevalência das medidas socioeducativas em meio aberto em relação às demais, a aplicação do dispositivo legal mais adequado considerando finalidade, efetividade e condição de cumprir do adolescente, além de pensar a execução dessa intervenção educativa com foco no adolescente, com caráter de responsabilidade e previsão de ação pedagógica, e ainda reconhecer os avanços e identificação dos desafios que se apresentam ao desenvolvimento do Sistema Socioeducativo Nacional.

O que se busca retratar é o atual estágio dessa política pública e suas práticas no Brasil, muitas vezes colocada em segundo plano, em um local "invisível", mesmo lugar que historicamente foi disponibilizado a esses adolescentes, um "não lugar", na marginalidade, o que leva esses adolescentes a uma busca incessante de reconhecimento, de *status*, de poder. Esse debate, extremamente necessário, deverá propor uma aproximação da sociedade, considerar a mídia na construção de uma nova imagem, como afirma Freire:

> A mídia como protagonista da geração de uma subjetividade de truculência, que tem uma permanência histórica no Brasil, um país de cultura

---

5 A política de atendimento dos direitos da criança e do adolescente far-se-á através de um conjunto articulado de ações governamentais e não-governamentais, da União, dos Estados, do Distrito Federal e dos Municípios (BRASIL, 1990).

colonizada, onde mais de 500 anos de história expressaram 400 anos de escravidão (Freire, 2014, p.57).

Uma imagem que não traga o adolescente pobre e negro como protagonista da infração, e sim como nossa juventude tem sido em especial a grande vítima da violência e não os autores. É preciso sair da lógica do senso comum que vê esses adolescentes a partir do seu ato infracional, e passar a enxergá-los como sujeitos de direitos, como frutos de uma sociedade injusta e excludente. Sociedade que só passa a considerá-los a partir dos enfrentamentos e quebras das normas e regras sociais e morais proposta por esses jovens.

No Brasil, a trajetória do nosso sistema capitalista periférico, dependente e tardio, construiu uma cidadania limitada e restrita sem vocação para a universalização, sequer nos moldes liberais burgueses. Não por acaso, em nossa latitude o sistema econômico necessite tanto da figura do jovem alienado[6], vazio de ideias e motivações pessoais, para abandonar a possibilidade da luta por direitos e se dedicar a corrente de consumidores e trabalhadores de baixa qualificação profissional, unir-se a corrente dos prazeres sem controle. O capital sempre necessita do jovem sem formação crítica, sem inquietudes políticas, sem liberdade de responder, sem liberdade de associar-se, sem liberdade para resistir as incitações criminais. As formas de alienação são perversas, é o adolescente que enfrenta assim a sociedade sem forças para resistir ao impacto da violência, da pornografia, da confusão ideológica e da concepção materialista.

Do outro lado desse jovem está a política de controle nas mãos do Estado, que vai ter na privação de liberdade dos adolescentes autores de ato infracional uma forma de afastar esses jovens do convívio social, dentro de uma agenda a favor do capital especulativo, dentro do projeto neoliberal:

> O Estado brasileiro, a partir da década de 1990, enquanto Estado educador que visa implementar seu projeto neoliberal de sociabilidade, redefine suas práticas, instaurando, por meio de uma pedagogia da hegemonia, uma nova relação entre aparelhagem estatal e sociedade civil. Essa redefinição das práticas do Estado, construídas em consonância com o neoliberalismo, pode ser evidenciada no enfrentamento da "questão social", refletido na formatação da política social nesse contexto. (Freire, 2014, p.58)

---

6 Alcantara (2014), em "Lukácks: Ontologia e Alienação", podemos constatar que o processo de alienação evidencia que "(...) Em vez de produzir individualidades tão ricas quanto as forças produtivas poderiam permitir, a potenciação das capacidades do desenvolver-se das forças produtivas é capaz de rebaixar o desenvolvimento das pessoas a um nível aquém do efetivo desenvolvimento humano genérico." (Alcantara, 2014, p. 50)

É diante desse cenário neoliberal que o pesquisador se depara no seu percurso profissional e posteriormente acadêmico. As inquietações para a realização desse estudo surgem na medida em que o pesquisador se encontra com o cotidiano de atendimento na privação de liberdade de adolescentes infratores. Inicialmente como Educador Social em uma Unidade em Londrina, depois como Diretor do Centro de Socioeducação de Foz do Iguaçu, passando ainda por Diretor Técnico do Instituto de Ação Social do Paraná, Superintendente de Políticas para Infância e Juventude e Coordenador da Política de Socioeducação da Secretaria de Estado da Criança e da Juventude, Presidente do FONACRIAD (Fórum Nacional dos Gestores Estaduais do Atendimento Socioeducativo)[7] posteriormente como consultor para sistematização institucional e Subdiretor Geral do Departamento Geral de Ações Socioeducativas (DEGASE) do Rio de Janeiro. Em todas essas ocasiões a busca por conhecimentos específicos da área esbarrava em bibliografias sobre o perfil dos adolescentes, metodologia de atendimento e quase nenhuma orientação acerca da Política de Atendimento Socioeducativo, seu lócus e os objetivos dessa política pública.

Previamente a esse estudo, na dissertação de mestrado, foi construído um trabalho-guia de análise da Execução das Medidas Socioeducativas de Privação de Liberdade no Paraná, em 2011. Consolidada essa análise houve a busca por um programa de doutorado que subsidiasse uma visão crítica do Sistema de Atendimento Socioeducativo, sendo no Programa de Pós Graduação em Serviço Social da Universidade do Estado do Rio de Janeiro (PPGSS-UERJ), onde o pesquisar encontra linha de pesquisa, referencial teórico e orientação que fosse capaz de subsidiar essa tese com construções teóricas que possibilitassem uma estruturação e visão crítica a partir do conhecimento prático que o pesquisador adquiria durante mais uma década de trabalho na gestão de medidas socioeducativas.

Assim, na presente tese o objetivo é a problematização do Sistema Nacional de Atendimento Socioeducativo como um mecanismo de regulamentação da

---

7 O FONACRIAD foi constituído incialmente como Fórum Nacional de Dirigentes Governamentais de Entidades Executoras da Política de Promoção e Defesa dos Direitos da Crianças e do Adolescente, sendo que no encontro de 2010 em São Paulo foi alterado a nomenclatura para Fórum Nacional de Gestores Estaduais do Atendimento Socioeducativo, sendo nas publicações atuais encontrada as duas descrições.

punição, compreender como essa política pública, que deveria garantir direitos, reproduz práticas que já deveriam ter sido superadas, trazendo inquietações ao pesquisador frente às práticas violadoras de direito no contexto de privação de liberdade das unidades socioeducativas do país, tendo como busca uma concepção macro do SINASE constatando onde este está implicado na lógica do Capital.

Durante esses anos atuando e colaborando para a reprodução de uma lógica que estigmatiza o adolescente infrator, ficava evidente que o "não lugar" para essa política pública reforça uma lógica de invisibilidade que perpassa pelo Sistema de Atendimento e chega até o adolescente. E essa indefinição de um lócus institucional para a vinculação político administrativa da Política de Atendimento Socioeducativo no país, é condição determinante para não consolidação de práticas socioeducativas num contexto de garantia de direitos. Essa indefinição clara de lócus institucional acaba na prática por reforçar um 'não lugar' específico para execução dessa política pública, refletindo nas organizações estaduais as mais diversas formas de vinculação político administrativas. Que vão, por exemplo, de Secretarias de Segurança Pública e Justiça, a Secretarias de Assistência Social, passando ainda por Secretaria de Educação, Casa Civil, além das possibilidades ilimitadas de formas de organização tais como fundações, institutos, departamentos, coordenações, células, entre outros formatos.

Esse fator de indefinição legal na nova lei do Sinase reforça a lógica de decisão política administrativa que coloca na mão do Gestor a decisão sobre qual a melhor política setorial a vincular a política de atendimento socioeducativo. O pesquisador vivencia na prática o que ocorre no Brasil, são mudanças de lócus políticos administrativos a cada mudança de gestor (em especial os Governadores), em relação a política de privação e restrição de liberdade. Essas mudanças impossibilitam um princípio básico para efetivação de uma política pública que é o de continuidade. Por mais que os espaços físicos de execução estejam lá e sejam os mesmos, uma mudança política administrativa significa um recomeço das ações técnicas, novos pactos, fluxos e referências, sendo de sobremaneira impactante na realidade do atendimento.

Essa realidade prática constatada com participação efetiva do pesquisador em seu cotidiano de trabalho aparece como determinante na condução dessa política, e se apresenta como objeto de pesquisa, sendo necessário compreender quais fatores são determinantes para esse lócus institucional ficar indefinido. O que surge como fator determinante é que essa indefinição de lócus referencial único, nas três esferas de governo (União, Estados e Municípios), corresponde também como uma indefinição e não garantia de orçamento para execução dessa política pública. Desde a extinção da FUNABEM (Fundação Nacional do Bem-Estar do Menor)[8], não houve a proposição de outro lócus que centralize as ações e diretrizes para a área infância no país, sendo que, em especial as medidas socioeducativas, transitaram entre as mais variadas políticas setoriais.

Diante desse contexto, que apresenta contradições entre as diretrizes, normativas legais e orientações administrativas, que surgem as hipóteses prévias que conduzirão essa tese. Sendo que a hipótese geral parte do questionamento: Qual o "lugar"[9] da Política Pública de Atendimento ao adolescente em Conflito com a lei? A política pública de atendimento socioeducativo no Brasil, instituída como Sistema Nacional de Atendimento Socioeducativo, é uma política pública intersetorial, com saberes e práticas únicos, de articulação entre as demais políticas setoriais tais como: Educação, Assistência Social, Saúde, Segurança, Cultura, Esporte e Lazer, Trabalho, Cidadania, Justiça.

Como pensar a política de atendimento socioeducativo se há tantos modelos diferentes de gestão e "lugares" diferentes para essa política? A qual Política Pública o atendimento socioeducativo, em especial de restrição e privação de liberdade deve estar vinculada? Nessa perspectiva o presente estudo tem como objetivo discutir questões relevantes para a consolidação do Sistema Nacional de Atendimento Socioeducativo e propor uma reflexão acerca de como essa indefinição diretiva da vinculação político administrativa para essa política pública é determinante para a manutenção de um contexto de violação de direitos nas unidades de privação de liberdade de adolescentes no Brasil

Para a construção deste estudo, foi realizado, primeiramente, um levantamento de fontes teóricas para análise e fundamentação da tese. Assim, consultamos um conjunto de centenas de artigos de livros, dissertações, teses, notícias de jornais e revistas acadêmicas, num diálogo entre as disciplinas do

---

8 FUNABEM: Sua extinção ocorreu em 15 de março de 1990 com o Decreto nº 99810, pelo qual foi extinto o Ministério do Interior e criado o Ministério da Ação Social ao qual a FUNABEM ficou vinculada, passando a denominar-se Centro Brasileiro de Infância e Adolescência (CBIA).
9 Lugar: Lócus institucional de vinculação político administrativo da referida política pública.

programa de doutorado e a pesquisa realizada com temáticas diversas, tais como: 'questão social', política social, direitos humanos, gestão e administração pública, contexto de privação de liberdade, medidas socioeducativas, dentre outros.

Cabe esclarecer que temos como pressuposto que a metodologia é fruto da relação entre o sujeito que investiga e o objeto investigado, não sendo mero aspecto formal de uma investigação. Como Minayo (1994) entendemos que os resultados de uma pesquisa em ciências sociais constituem-se sempre de uma aproximação da realidade social, que não pode ser reduzida a um conjunto de dados construídos no decorrer da investigação. Conforme Minayo (1994, p.16) afirma, a metodologia é mais do que uma descrição formal dos métodos e técnicas a serem utilizados, indica opções e a leitura operacional que o pesquisador fez do quadro teórico. A metodologia não só contempla a fase de exploração como a definição de instrumentos e procedimentos para análise dos dados.

Entre as fontes principais de dados analisados para a pesquisa estão as Cartas do Fórum Nacional dos Dirigentes Governamentais de Entidades Executoras da Política de Promoção e Defesa dos Direitos da Criança e do Adolescente, Fórum que se tornou o ponto de encontro da discussão da política de atendimento socioeducativo no Brasil. As análises documentais recaíram principalmente sobre as "Cartas do Fonacriad", que são os documentos que sintetizam as discussões dos gestores a cada encontro. São cartas de intenções, propositivas, onde o grupo de gestores se posiciona frente a assuntos que são relevantes no contexto de gestão do atendimento socioeducativo. E os destaques são para os apontamentos no decorrer dessa recente história registrada de atuação dos gestores, quanto à necessidade de definição de um local de vinculação político administrativo para essa política.

Esses dados do FONACRIAD são o registro histórico de toda atuação dos Gestores Estaduais do Sistema de Atendimento Socioeducativo Brasileiro, se trata de dados inéditos, sendo o presente estudo o primeiro a ter acesso e a realização de uma análise pormenorizada de tais dados e ainda, a disponibilização dessas Cartas documental anexas a tese como fonte para novas pesquisas. Para melhor entendimento sobre a relevância da fonte, é necessário destacar e compreender o surgimento do Fórum, na Década de 80 do século passado, no seio da discussão de superação e substituição do Código de Menores, e com a necessidade de maior articulação, os órgãos estaduais fortaleceram essa luta conjunta com a criação do FONACRIAD - Fórum Nacional de Dirigentes Governamentais de Entidades Executoras da Política de Promoção e Defesa dos Direitos da Crianças e do Adolescente. O FONACRIAD já nasce integrado na luta nacional pela mudança de paradigmas explicitados no art. 227[10] da Constituição Federal, e teve papel fundamental na elaboração, aprovação e consolidação do Estatuto da Criança e do Adolescente. Desde então, o FONACRIAD tem exercido o seu papel na defesa dos direitos de crianças e adolescentes e pela melhoria do atendimento, alternando a Presidência entre dirigentes estaduais a cada ano, tendo seus encontros realizados nos diversos Estados da Federação e em Brasília. Atualmente é formado por gestores de todos os Estados da Federação responsáveis pela Política de Atendimento Socioeducativo, sendo realizadas em reuniões técnicas e encontros nacionais, reafirmando seus compromissos através das cartas institucionais e da articulação política junto aos demais atores do Sistema de Garantia, na busca incessante pela garantia e defesa dos Direitos das Crianças e Adolescentes. Atualmente o Fórum participa ativamente das discussões de Diretrizes do Atendimento Socioeducativo aos adolescentes em cumprimento de medidas socioeducativas no Brasil.

Durante a construção da tese nosso projeto de investigação foi contemplado pelo Programa de Doutorado Sanduiche no Exterior – PDSE, da Capes, e assim realizamos estágio doutoral junto ao Departamento de Sociologia da Universidade Autônoma de Barcelona. Durante esse período foi realizada pesquisa sobre a delinquência juvenil na Espanha, e o modelo de atendimento adotado aos jovens infratores desse país. Na Espanha, o que se encontra na literatura são estudos de criminologia e direito penal juvenil, onde não há uma preocupação em terminologias que não impliquem a penalização ou a judicialização da questão do menor infrator, ao contrário se assume uma postura de que o delito deve ser causa penal, por mais que se diferencie legalmente do Direito Penal Adulto. Outra lógica é a prevalência de fato de penas alternativas a privação de liberdade, ficando essa como última alternativa (na teoria e na prática) como ação de exceção.

---

10 Art. 227. É dever da família, da sociedade e do Estado assegurar à criança, ao adolescente e ao jovem, com absoluta prioridade, o direito à vida, à saúde, à alimentação, à educação, ao lazer, à profissionalização, à cultura, à dignidade, ao respeito, à liberdade e à convivência familiar e comunitária, além de colocá-los a salvo de toda forma de negligência, discriminação, exploração, violência, crueldade e opressão. (Redação dada Pela Emenda Constitucional nº 65, de 2010).

Nesse sentido, a partir dessa constatação dos estudos realizados na Espanha, são construídas novas questões para a tese, considerando que, no Brasil, identificamos preocupações excessivas com a utilização de terminologias e conceitos teóricos, que acabam por mascarar as práticas no cotidiano de atendimento socioeducativo que são práticas de segregação e violação de direitos. Estamos diante de prisões para menores infratores que são rotulados de "Centros de Socioeducação", estaria aí mais um simulacro do Sistema Nacional de Atendimento Socioeducativo? Em alguma medida, a preocupação excessiva que existe a respeito dos conceitos e terminologias e não sobre efeitos que essas instituições têm sobre os adolescentes infratores, pode ser interpretado como um indicador de certa hipocrisia social, onde são utilizados conceitos como: educação, reinserção social, socioeducação, etc, onde se busca um caráter positivo dessa intervenção. Mas o certo é que nem sempre o que se diz se faz, às vezes, as grandes palavras, conceitos rebuscados, podem esconder práticas opostas ao discurso ideário dessas unidades. Sendo grandes instituições reguladoras de punição e violadoras de direitos.

Para compreensão dessa hipótese a tese busca apresentar um trabalho teórico reflexivo, com a pretensão de valorar e conhecer algumas expressões das práticas desenvolvidas, com objetivo de gerar consciência das práticas dessa área e pensar ações no sentido de superar as favorecedoras de violações de direitos, que ficam em segundo plano pela utilização de terminologias positivas. Propor ações, demonstrar limitações, apontar os acertos e erros, nos ajuda a adotar pontos de partida, referenciais, a partir dos quais podemos melhorar e construir coerência entre aquilo que se pretende e o que realmente ocorre nessas instituições de privação de liberdade de adolescentes no Brasil.

Na presente tese, fica evidente um privilégio de análise dos dados qualitativos, embora não desconsideremos a importância dos dados quantitativos, entendendo que, segundo Minayo (1994) os estudos quantitativos são fontes importantes de hipóteses que conduzem a novas investigações e funcionam também como avaliação das práticas, portanto, fica compreendido que a quantidade indica o horizonte da extensão e a qualidade representa a intensidade das coisas, pois não há dicotomia entre qualidade e quantidade. Ainda segundo Minayo (1994), se utilizados dentro dos limites das suas especificidades, o método qualitativo e quantitativo, podem contribuir para a procura de construções teóricas, formulação e teste de hipóteses, ou seja, melhor conhecimento da realidade. Deste modo, o leitor encontrará em nossa pesquisa, um conjunto de dados resultantes de pesquisas divulgadas pela SDH, IBGE, e outros institutos já consolidados na elaboração dos dados e gráficos estatísticos.

Com base na definição anterior sobre a relação entre os dados qualitativos e quantitativos há o entendimento da importância dos dados quantitativos. Assim são realizadas interpretações, análises e contextualização quanto ao aumento do número de apreensão de adolescentes, definição do perfil dos adolescentes apreendidos quanto a sexo, idade, ato infracional, renda familiar, e ainda a quantidade de unidades socioeducativas no país, sua adequação e tipos de programas ofertados, dados que refletem a violência estrutural que tem nos jovens suas principais vítimas, além da contextualização da redução da maioridade penal comparativamente a outros países. Essas construções a partir da pesquisa qualitativa apontam problemas reais e aventam possíveis soluções para as situações que envolvem o atendimento de adolescentes autores de atos infracionais, corroborando assim com Minayo (1994, p. 17) onde considera que "nada pode ser intelectualmente um problema, se não tiver sido, em primeiro lugar, um problema da vida prática".

Todos os objetivos da tese só serão alcançados se formos capazes de arrumar o que Milton Santos chamou de ambiente de confusão dos espíritos (Santos 1999, apud Behring e Boschetti, 2006, p.9). Foi com essa concepção que buscamos construir os capítulos da investigação.

Logo, nessa tese, em seu **primeiro capítulo**, partimos da necessidade de uma compreensão acerca da Cultura da Punição como base na sociedade brasileira e é apresentado ainda como o adolescente em conflito com a lei aparece como uma expressão da questão social. No primeiro item há uma apreensão e caracterização da política de atendimento socioeducativo no contexto da violência estrutural que assola livremente, em especial, o contexto de sociabilidade da juventude brasileira. O ponto de partida é o conceito de Política Social, partindo de uma compreensão marxista, e uma abordagem crítica a partir de autores como Iamamoto (2001, 2014), Behring (2011), fica assim evidente a necessidade de uma análise que tenha a "questão social" como ponto de partida, ou seja, uma percepção de que na raiz da questão social estão localizadas políticas governamentais favorecedores da esfera financeira e do grande capital produtivo, incluindo aqui a política nacional de atendimento socioeducativo.

Ainda no primeiro capítulo a análise recaiu sobre a 'Questão Social' e o "público alvo" das medidas socioeducativas de internação, onde é proporcionado um enredo para apresentar os dados gerais de aprisionamento de jovens no Brasil considerando o cometimento de atos infracionais, dados que reforçam que esses jovens fazem parte desse cenário de incerteza e desamparos sociais, a mercê de políticas públicas. Na análise sobre os jovens em contexto de violência os autores referenciais utilizados são Wacquant (2002), Waiselfiz, (2012), Zaluar, (1994) e Elias (2000). Ainda nessa perspectiva é realizada a contextualização das políticas sociais e a atual política socioeducativa no Brasil, o Estado vai se preocupar quando essa questão passa a ser um problema de ordem econômica, essa é a lógica do sistema capitalista.

Para finalizar o primeiro capítulo, tendo como referencial teórico Goffman (2008), Foucalt (1997), Wacquant (2004), Bourdieu (1999), Bauman (1999) e Freire (2014), são trabalhados conceitos como controle social e sociedade punitiva, onde essas considerações se apresentam como questões estruturais, que só é possível manter o sistema sócio político e econômico capitalista através desse preceito de controle social. Sendo nesse processo que se alimenta o medo social difundindo um discurso baseado na segurança e bem-estar, mas na prática se sente de forma desigual os efeitos injustos de deterioração e privatização dos serviços públicos, desregulamentação do mercado de trabalho, e do impulso de políticas de controle social, tolerância zero e máxima repressão.

O **segundo capítulo** parte de uma análise histórica do sistema de atendimento socioeducativo. A historiografia temática do atendimento socioeducativo no Brasil será caracterizada por uma discussão a partir de um recorte temporal recente, ou seja, a partir do Código de Menores, tendo em vista que o objetivo do estudo é uma análise pormenorizada da política atual de atendimento socioeducativo e não da história dessa política. De tal modo ficou entendido que o recorte a partir dessa data permite a contextualização necessária para subsidiar e compreender o processo apresentado nesse estudo. Assim é possível mapear as contradições da Política de Atendimento Socioeducativo, sendo a análise temporal desde o Código de Menores de 1979, o Estatuto da Criança e do Adolescente até a Lei do SINASE em 2012.

Na sequência do segundo capítulo é descrito um panorama da política de atendimento socioeducativo no Brasil, os dados referentes a evolução da privação de liberdade de adolescentes, número de unidades socioeducativas, perfil dessas unidades, seguindo ainda as noções de socioeducação de Costa (2009), apresentamos modelo de gestão previsto no Sinase. Posteoriormente a abordagem recaí sobre financiamento do Sistema de Atendimento Socioeducativo, uma análise conjectural acerca das previsões legais de financiamento, as atribuições das 3 esferas de governo (União, Estados e Municípios), verificar as origens orçamentárias e as formas de financiamento previstas, o objetivo é uma aproximação com as questões relativas aos recursos e um retrato do escasso co-financiamento do Governo Federal, com efetiva pesquisa a partir dos dados do Siga-Brasil.

Uma pergunta central ao estudo é lançada: qual o lugar do adolescente em conflito com a lei? Em uma analogia ao adolescente é discutido, a partir de dados históricos, qual o lócus institucional para a vinculação político administrativa da política de atendimento socioeducativo no Brasil. Nessa busca por uma contextualização histórica que pudesse subsidiar hipóteses de qual seria o local ideal para vinculação político administrativa da Política Pública de Atendimento Socioeducativo, em especial a execução da privação de liberdade dos adolescentes, foi realizada uma pesquisa documental, sendo o material base para pesquisa os dados históricos do Fórum Nacional dos Dirigentes Governamentais de Entidades Executoras da Política de Promoção e Defesa dos Direitos da Criança e do Adolescente, Fórum que se tornou o ponto de encontro da discussão da política de atendimento socioeducativo no Brasil.

No **capítulo três** é apresentado o Sistema Nacional de Atendimento Socioeducativo como um mecanismo de regulamentação da punição, o primeiro item reforça essa lógica demonstrando como as unidades de privação de liberdade de adolescentes no Brasil são instituições totais, tendo como referência teórica novamente Goffman (2008) e Foucalt (1997), contrapondo o processo de trabalho vivenciado pelo pesquisador durante os anos de trabalho nessas unidades socioeducativas do Brasil frente as reflexões teóricas desses autores.

Destaque importante e necessário para a discussão acerca da redução da maioridade penal. Em 2015 voltaram à tona no Congresso Nacional votações de projetos de Lei que diminuem a maioridade penal de 18 para 16 anos, que na verdade são PEC (Projeto de Ementa Constitucional). Nessa perspectiva a construção de argumentos observou um cuidado para não recair em uma defesa romântica do Estatuto da Criança e do Adolescente, como se a lei por si fosse capaz de mudar uma realidade de práticas históricas, como foi a esperança de alguns. Assim são proporcionados dados, estudos, construções afirmativas que demonstram que há de fato uma omissão por parte do sistema de justiça juvenil, poder executivo e legislativo, reforçando a lógica de um Estado cada vez mais penal.

Há uma necessidade eminente, superar o discurso que sustenta a opinião do senso comum[11] que é majoritariamente a favor a da Redução da Idade Penal. Esse discurso se baseia principalmente na fala de que "nada acontece com esse adolescente" que comete ato infracional, quando na verdade esses jovens estão cumprindo medida socioeducativa em instituições tão perniciosas quanto as prisões de adultos, nesse sentido o texto busca ainda propor reflexões para superar o mito da Impunidade.

Para concluir o terceiro capítulo apresentamos uma análise acerca do que podemos convencionar chamar Mito da Socioeducação, como ideal normativo e busca teórica, e o que realmente se pratica nos centros de atendimento para adolescentes infratores. Mas o que está por trás desse atendimento, que traz em sua essência uma contradição entre a privação da liberdade de um jovem e a formação do mesmo, que tem de um lado uma resposta a sociedade, a busca pela formação social, pelo aprender a ser e a conviver, após terem rompido regras e normas sociais. Como pensar a gestão de uma organização que tem como pressupostos prender e, ao mesmo tempo, formar um cidadão? Para contribuir ainda mais para a compreensão desse fenômeno foi realizada uma reflexão a partir de uma premissa: Qual a concepção do atendimento a adolescentes privados de liberdade: "Prender e Formar" ou "Prender para Formatar? ", sendo o termo formatar

---

11 Corrobora-se aqui do conceito de Senso Comum em Gramsci apresentado por Carnoy (1984): "A filosofia da classe dominante atravessa todo um tecido de vulgarizações complexas para aparecer como 'senso comum': isto é a filosofia das massas, que aceitam a moral, os costumes e o comportamento institucionalizado da sociedade em que vivem. Portanto, o problema para Gramsci deve compreender como a classe dominante procurou conquistar o consentimento das classes subalternas desse modo; e assim entender como as últimas procederam para derrubar a ordem antiga e produzir uma nova ordem de liberdade universal." (Carnoy, 1984, p. 94)

utilizado no contexto de punir, como ação de punição. Mais do que buscar respostas para essa questão, o objetivo é compreender a finalidade do sistema de privação de liberdade de adolescentes sobre as regras do Sistema de Atendimento Socioeducativo.

O **quarto capítulo** é fruto das discussões junto ao Departamento de Sociologia da Universidade Autônoma de Barcelona, onde foi realizado pesquisa sobre o modelo de atendimento adotado a jovens infratores na Espanha. Como mencionado, o pesquisador foi contemplado pelo Programa de Doutorado Sanduiche no Exterior – PDSE, da Capes, e realizou estágio doutoral junto ao Departamento de Sociologia da Universidade Autônoma de Barcelona. Nesse estágio de construção da tese o pesquisador teve contato com a criminologia crítica, como uma visão alternativa ao processo de encarceramento em especial de jovens. Nesse sentido além dos dados referentes a juventude infratora na Espanha, é apresentado como o conflito, a dominação e a repressão são elementos característicos da sociedade capitalista, sendo que a maioria do delito é resultado das contradições inerentes a organização social e do seu modo de produção. Na Espanha, o que se encontra na literatura são estudos de criminologia crítica e direito penal juvenil, não há uma preocupação em terminologias que não impliquem a penalização ou a judicialização da questão do menor infrator, ao contrário se assume uma postura de que o delito deve ser causa penal, por mais que se diferencie legalmente do Direito Penal Adulto. Outra lógica é a prevalência de fato de penas alternativas a privação de liberdade, ficando essa como última alternativa (na teoria e na prática) como ação de exceção. É contextualizado também as mudanças no panorama legal em relação a maioridade penal, sendo atualmente estabelecido os 18 anos na Espanha para que o jovem passe a responder ao sistema penal adulto.

Chegamos ao "fim" desse estudo com a certeza de que todo fim abre portas para novos inícios. Como num ciclo vivenciado por adolescentes em privação de liberdade, chega o momento de voltar as ruas, enfrentar os estigmas, olhar para frente com a certeza de ter vivenciado uma resposta social e frente a ritual punitivo a que lhes foi imposto. Diferente desses adolescentes, o pesquisador teve escolha em relação a viver essa problemática e concluir essa pesquisa, já aos "internos" não é proposto alternativa, o que lhe é oferecido perpassa um imaginário de dor e sofrimento que não pode ser interrompido até estes "ganharem a liberdade". Assim, fica o desejo de que essa tese possa colaborar de alguma forma para amenizar essas dores, de alguma maneira esse ciclo que se fecha possa abrir alguns cadeados que emperram, enferrujam e violam direitos humanos em nome de uma pseudo socioeducação.

1. Cultura da Punição: o Adolescente em Conflito com a Lei como a "Nova" Expressão da "Questão Social"

1.1 Apreensão e caracterização da Política de Atendimento Socioeducativo no contexto da Violência Estrutural

A partir das abordagens críticas acerca do conceito de Política Social, foi possível a revisão conceitual e a discussão acerca do Sistema Nacional de Atendimento Socioeducativo, que se configura como um instrumento de controle social, um mecanismo de regulamentação da punição, constatando que, o modelo dessa política pública em curso no país reforça a ideologia dominante expressa nos discursos institucionais que não reconhece a transformação social como solução do problema que realmente enfrenta.

Para consolidar tal constatação, foi necessário um referencial teórico que possibilitasse uma legítima compreensão da realidade, sendo que, há então uma definição de método, para não incorrer na simples reprodução da lógica existente abordando as situações em caráter superficial. Ou seja, reforçaria a ideologia burguesa dominante expressa nos discursos institucionais que não reconhece a transformação social como imprescindível. Nessa perspectiva é realizado um aprofundamento do debate conceitual e histórico a partir da apreensão dos conceitos teóricos, com a apresentação e caracterização histórica dessa política pública, identificação do público alvo, abordagens em curso, e principalmente qual o ponto de partida a se considerar para propor uma intervenção possível nessa questão.

Porém aqui começa o desafio, que num primeiro momento aparece como amplo e incompreensível, sendo necessário compreender que: "O capital, por exemplo, sem o trabalho assalariado, sem o valor, sem o dinheiro, sem o preço etc., não é nada. " (Marx, 1982, p. 14). Sendo necessário uma apreensão de todo o método científico aplicado por Marx em *O Capital*, enquanto norma de condução do pensamento para desenvolver o conhecimento.

Antes, porém do início de uma necessária revisão bibliográfica que compreenda a apreensão da lógica proposta pela tradição marxista, é importante trazer o registro de apontamentos que fizeram emergir concretamente os questionamentos e construção das hipóteses da tese. No início do Capítulo XXIII, de O Capital, Marx inicia apresentando o desenvolvimento do argumento sobre a lei geral da acumulação capitalista e inicia da seguinte maneira elucidando o objetivo do capítulo: "examinaremos a influência que o aumento do capital tem sobre a sorte da classe trabalhadora. " (Marx, 1996, p. 245). Do que adiantaria a discussão dos rumos de uma determinada política pública, se antes não fosse elucidada questões relativas ao próprio rumo da classe trabalhadora. Ainda nesse capítulo Marx retrata:

> (...)se uma população trabalhadora excedente é produto necessário da acumulação ou do desenvolvimento da riqueza com base no capitalismo, essa superpopulação torna-se, por sua vez, a alavanca da acumulação capitalista, até uma condição de existência de produção capitalista. (Marx, 1996, p. 262)

A questão em debate parte de uma realidade de desemprego e precarização acirrada, em um quadro onde a acumulação do capital manifesta rebatimentos em termos de economia de trabalho vivo e crescimento de uma força de trabalho excedente. É preciso apreender que o regime capitalista de produção: "é um processo de produção das condições materiais da vida humana que satisfaz 'necessidades sociais do estômago ou da fantasia' e se desenvolve sob relações sociais de produção específicas." (Iamamoto, 2011, p.55).

Assim, discutir a lógica do atendimento a adolescentes em conflito com a lei, a situação de privação de liberdade desses jovens, e qual o papel do Estado na execução de políticas públicas, sem antes compreender e apreender a lógica implicada pelo capital seria uma análise equivocada. Para tanto entende-se que *"toda sociedade torna-se o 'lugar' da reprodução das relações sociais. Todo o espaço ocupado pelo capital transforma-se em 'espaços de poder'."*, como apreende Iamamoto (2011) e que ainda está estabelecido na atual ordem capitalista:

> (...)a superficilização do mundo e o esvaziamento progressimo das necessidades humanas, que se expressam, entre outras dimensões, na descartabilidade das mercadorias, no rebaixamento da emoção e da tonalidade dos afetos que dão lugar ao tédio, à reptição à insignificância emotica, ao aumento do fosso das desigualdades de toda ordem. (Iamamoto, 2011, p.53)

Nessa perspectiva, é apresentada também outra necessidade latente, a compreensão do que está por detrás da situação que produz o "público alvo" da política de atendimento socioeducativo, a produção da violência, violência estrutural, estruturante, produto da lógica do capital. Ficou evidente a compreensão e definição da violência, suas implicações, e a definição conceitual de "Questão Social":

> Importa deixar claro que a questão social não é focada exclusivamente como desigualdade social entre pobres e ricos, muito menos "situação social problema", tal como foi encarado no Serviço Social, reduzido a dificuldades do indivíduo. O que se persegue é decifrar, em primeiro lugar, a gênese das desigualdades sociais, em um contexto em que a acumulação de capital não rima com equidade. (Iamamoto, 2004, p. 59).

Na contemporaneidade, a subordinação da sociabilidade humana às coisas retrata um desenvolvimento econômico que se traduz como barbárie social[12]. Em tempos de "capital fetiche", como denomina Iamamoto (2011) ao resgatar as reflexões de Marx, verificamos a condensação e o agravamento da alienação, da invisibilidade do trabalho e a radicalização das expressões da "questão social". Ainda segundo Iamamoto (2011) o predomínio do capital fetiche conduz à banalização do humano, à descartabilidade e a indiferença perante o outro, e se faz necessário observar essas novas configurações da questão social na era das finanças. Denominando de "questão social" a realidade concreta construída sob a lógica de acumulação capitalista, a partir da luta entre capital e trabalho. Desse modo, entendemos que a questão social é

> (...) expressão, das contradições inerentes ao capitalismo que, ao constituir o trabalho vivo como única fonte de valor, e, ao mesmo tempo, reduzi-lo progressivamente em decorrência da elevação da composição orgânica do capital – o que implica um predomínio do trabalho morto (capital constante) sobre o trabalho vivo (capital variável) – promove a expansão do exército industrial de reserva (ou superpopulação relativa) em larga escala. (Behring, 2009, p. 78)

---

12 Barbárie Social: a partir do conceito de Freire (2013), a Barbárie ganha funcionalidade no atual estágio de desenvolvimento do capitalismo, e assim surgem Políticas que administram a pobreza aprofundando/naturalizando a barbárie "A atualidade da barbárie está exatamente na combinação de um "exército industrial de reserva" permanente com a necessidade de se legitimar o Estado por meio de políticas de segurança pessoal" (Freire, 2013, p.11)

Nessa perspectiva o interesse coletivo, a vontade geral da nação, o senso comum, objetiva a proteção dos direitos indivuais, cuja base é a segurança da propriedade privada. Qualquer movimento de impacto sobre essas ações, como por exemplo políticas públicas de segurança são respostas e movimentos para garantir a propriedade privada, ou seja, trata-se de políticas que reforçam a lógica do capital, da exclusão, ou seja, uma ação com fins particulares. Em outra ponta estão as políticas sociais, também a serviço a do capital:

> Pelo ângulo econômico as políticas sociais assumem a função de reduzir os custos da reprodução da força de trabalho e elevar a produtividade, bem como manter elevado níveis de demanda e consumo, em épocas de crise. Pelo ângulo político, as políticas sociais são vistas como mecanismos de cooptação e legitimação da ordem capitalista, pela via da adesão dos trabalhadores ao sistema. (Behring, 2011, p. 37).

A discussão aqui proposta é compreender a lógica estabelecida pelo movimento do capital, que produz um cenário de exclusão[13] e violência, a luz da política pública de atendimento ao adolescente em conflito com a lei. Ou seja, subsidiar uma análise que possibilite compreender possibilidades de atuação para a Política de Atendimento Socioeducativo romper uma lógica que se sustenta no descaso, invisibilidade e estigma. Partimos então da definição conceitual de "questão social", e como o aumento do número de adolescentes privados de liberdade aparece nesse contexto, em seguida é apreendido o os elementos que compões a estruturação da Política Social no Brasil contemporâneo e como a Política Pública de Atendimento ao adolescente infrator aparece nesse contexto.

Consideremos, a partir daí a questão social como resultado das contradições inerentes à sociabilidade do capital, e o contexto de delinquência juvenil e a consequente política de encarceramento em massa dessa juventude pobre como uma "nova" face da questão social. Em outras palavras, tratamos de uma questão inscrita na dinâmica de classe e circunscrita no âmbito do capital, como já dito. Ela é apreendida como expressão ampliada das desigualdades sociais, fundadas pela sociabilidade do capital. O que se assiste é um discurso preocupado em gerenciar

---

13 Entendemos que toda exclusão no capitalismo é em realidade uma inclusão de forma excludente. Por isso buscamos aqui utilizaremos a expressão Exclusão social resgatando que na verdade trata-se de " uma violação das exigências da justiça social manifestada através de conflitos de oportunidades e associados com a incapacidade de participar efetivamente na política. É um fenómeno distinto da pobreza e da desigualdade economica." (Barry, 1998, p. 1)

as mazelas da questão social, sem problematizar a sociabilidade do capital e, com ela, a ordem econômica estabelecida, da qual não é senão sua expressão.

> No âmbito do pensamento liberal, a objetividade da "questão social" é dissolvida em torno da polêmica entre a responsabilidade pública de resolvê-la através do Estado ou da sociedade civil e da responsabilidade individual daqueles que sofrem o tormento da miséria. Essa polêmica continua muito presente na atualidade, principalmente por parte dos representantes do neoliberalismo que defendem a desresponsabilização do Estado ante as sequelas da "questão social". (Pimentel, 2012, p. 16)

Fica evidente a necessidade de uma análise que tenha a "questão social" como ponto de partida, ou seja, uma percepção de que na raiz da "questão social" encontram-se políticas governamentais favorecedores da esfera financeira e do grande capital produtivo. E que a execução de uma política de atendimento a adolescentes em conflito com lei, nada mais é que a reprodução dessa mesma lógica. E que, se não houver uma discussão pormenorizada do papel do Estado na execução de políticas públicas, sem antes compreender e apreender a lógica implicada pelo capital haverá um reforço do favorecimento do grande capital produtivo.

Portanto, não é possível, mesmo que em recortes pontuais, dissociar qualquer forma de violência da estrutura em que ela está inserida, ou seja, do espaço e das condições sócio históricas em que ela se produz e reproduz. A produção de uma juventude encarcerada é uma face aparente da violência estrutural, da exclusão social, partilhando o mesmo conjunto de mazelas e de falta de perspectivas, sem poder de ação e representação, apresenta-se como uma questão social que vai além da pobreza e da chamada exclusão. Entendemos tratar-se de manifestações que historicamente vêm sendo observadas pela esfera pública, mas de um modo peculiar, desconhecendo e desconsiderando as contradições fundamentais da sociabilidade do capital.

As desigualdades sociais particularizadas e fundamentadas, sob as condições objetivas oferecidas pelo capitalismo (a apropriação privada da produção social), possibilitam a materialização de diferentes formas de violência, esse aspecto é relacionado à questão social. Tal situação revela a verdadeira dialética da exclusão/inclusão, já que a exclusão é um processo sutil que envolve o homem em suas relações com os outros. Que por trás do adolescente autor de ato infracional, a instituição que o apreende, e política pública está uma questão da violência estrutural, orquestrada pelos ditames do capital.

Em nossa sociedade, as relações que produzem e originam a violência estrutural são representadas pelo mercado e pela oposição dialética entre capital e trabalho, que tendem a serem reproduzidas no aparelho do Estado, organizando-as de acordo com suas prioridades. Sob essa lógica, num Estado em que os governantes organizam suas políticas públicas a fim de consentir aos interesses do capital financeiro, a alocação de recursos para atender às demandas da sociedade civil fica prejudicada e restringida. Assim, quem detém o poder tem maior probabilidade de obter mais da ação do Estado do que aqueles que dependem dessas ações para conseguir o mínimo indispensável à sua sobrevivência.

Nessa perspectiva, a existência da violência estrutural, portanto, não é natural, mas sim histórica e socialmente produzida. Ela alimenta a ostentação de poucos com o sofrimento de muitos, amplia as disparidades sociais, gera pobreza, cerceia oportunidades. E discutir qualquer política pública que tenha em pauta questões estruturantes, é necessário a apreensão de um método que contextualize histórica e socialmente a questão.

Em artigo publicado no Jornal do Brasil o filósofo Leandro Konder (06/2003) discutiu a questão da violência com base na observação de Bertolt Brecht ao refletir sobre a violência: "por que chamamos de violento um rio que na época das chuvas enche demais e transborda, provocando uma enchente?", e por que não prestamos atenção à violência das margens, que impõem ao rio a obrigação de ficar limitado permanentemente ao seu leito, a um caminho predeterminado? Tal pergunta se faz relevante quando pensamos a questão da violência.

A enchente, como observou Brecht, é um momento excepcional, tem efeitos imediatos que nos causam forte impressão. A transformação do leito do rio num cárcere, por obra e graça de suas margens, é mais discreta, passa por "natural". A violência é esse passar por natural. Não é uma questão nova, mas é sempre uma questão pouco discutida, pouco compreendida. Cuja responsabilização, na maior parte dos casos é dada a própria vítima.

Diante dessas questões é importante considerar como encaminhar propostas de políticas públicas e análises contextuais, quando se depara com os limites societários da contemporaneidade do capital. Sendo necessário então entendemos a lógica estabelecida, avaliar o que há de contrário à ordem ditada pela classe dominante, os limites a partir de um contexto de diminuição de empregos, terceirização, precarização e desemprego acirrado. Pesa a existência do número considerável de indivíduos em situação de excedência. E mais, já recrutados como reserva no setor de recursos humanos: a maioria jovem, saudável para exploração e suscetível a trabalhar mais e com o menor salário. Enfim, essas nos parecem algumas peculiaridades da sociabilidade contemporânea do capital e as expressões da questão social aí concebida, no contexto da violência estrutural. De fato, não existe uma nova questão social como menciona Castel, mas sim novas expressão da mesma problemática do capitalismo.

1.2 A "Questão Social" e o "Público Alvo" – Dados Gerais do Aprisionamento de Jovens Brasil

Atualmente observamos um ambiente de precarização nas relações de trabalho, onde as políticas sociais abarcam um caráter de solidarismo, colaboracionismo, campanhas esperanças, cotidiano sem fome etc, ou seja, a abordagem onde ações não tocam na essência da sociabilidade erguida pelo capital e, com isso fortalece as requisições da financeirização, mundialização, neoliberalismo, reestruturação da produção e seus consequentes impactos nas relações de emprego e renda, onde precarização e desemprego assumem magnitudes. Diríamos tratar do que Castel (1998), embora se reportando à realidade francesa, apontou como sequelas do "ciclo monopolista" do final do século: a desestabilização dos estáveis, a instalação de uma grande precariedade nas condições de trabalho e a geração de um déficit de lugares ocupáveis na estrutura social:

> O desemprego é apenas a manifestação mais visível de uma transformação de conjuntura do emprego. A precarização do trabalho constitui lhe uma outra característica, menos espetacular, porém ainda mais importante, sem dúvida. O contrato de trabalho por tempo indeterminado está em via de perder sua hegemonia. (Castel, 1998, p. 514).

O autor considera que a estratégia de organizar e gerir a produção, face às flutuações do mercado, acentua a situação de insegurança para uma parte da classe operária e dos assalariados da pequena classe média. É sob essa condição de integrabilidade ou inintegrabilidade que, segundo Castel (1998), encontra-se o núcleo da nova questão social, a condição de excedência e exclusão social assume pilar básico por denotar um estado que não deixa ao menos os indivíduos vivenciarem a posição de explorados; pelo contrário, sendo inscritos numa dinâmica que os requer supérfluos. Dinâmica essa que equipara à realidade vivenciada pelos considerados vagabundos do contexto anterior à revolução industrial, ou mesmo pelos miseráveis do século XIX.

Embora os estudos de um autor durkheimiano como Castel, possam nos encantar pelo rigor da pesquisa realizada, entendemos que a remissão da problemática da "questão social" à lei geral de acumulação capitalista, exposta por Marx no Livro 1 de *O Capital* (2013), contribui decisivamente para a refutação da ideia de que existe uma "nova questão social" (CASTEL, 1998; ROSANVALLON, 1998), que, conectada à concepção de que a sociedade capitalista vivencia um período pós-industrial, passa a ser definida a partir de suas expressões conjunturais, eliminando a identificação teórica e histórica do fundamento da "questão social" com a relação entre capital e trabalho e os desdobramentos sócio-políticos dessa unidade.

No modo peculiar de exploração na sociedade capitalista *se* efetiva um marco de contradições e antagonismos. Assim, "questão social" é mais que problemas e/ou manifestação social. É a expressão (conceitual e concreta) da sociabilidade erguida sob o comando do capital, com todos os efeitos sociais que emergem da luta pela apropriação da riqueza social criada a partir do trabalho não pago. A necessidade de apreender suas múltiplas expressões e formas concretas assumidas no cenário contemporâneo vai além do aspecto da pobreza. É preciso compreender a raiz da "questão social" a partir da fundação de um modo de produção que se baseia na exploração. Portanto, só será possível suprimi-la na medida que o capitalismo seja superado por um novo modelo de produção e reprodução social:

> (...) a análise da questão social é indissociável das configurações assumidas pelo trabalho e encontra-se necessariamente situada em uma arena de disputas entre projetos societários, informados por distintos interesses de classe, acerca de concepções e propostas para a condução das políticas econômicas e sociais. (Iamamoto, 2001, p. 10)

A "questão social" provém da divergência entre trabalho e capital, expressando desigualdades reconhecidas e problematizadas, mas nem sempre enfrentadas na sociedade brasileira. Nem todas as desigualdades e injustiças sociais produzidas podem, em si mesmas, ser tratadas como questão social. Elas somente se tornam tal quando, de fato, são reconhecidas, enfrentadas e tornadas demandas públicas.

Há brutal crescimento de uma outra sociedade, considerada 'subumana', por incorporar trabalho precário, trambique, setor de serviços mal remunerados, ou até mesmo, escuso. Detalhe: o conjunto da sociedade já não é a da produção, mas a sociedade do consumo e da circulação de mercadorias e serviços. E mais, esta apresenta diferenciais da desigualdade, atualmente gerada pelo "capital que rende juros":

> O predomínio do capital fetiche conduz à banalização do humano, à descartabilidade e indiferença perante o outro, o que se encontra na raiz das novas configurações da *questão social* na era das finanças. Nesta perspectiva, a *questão social* é mais do que as expressões de pobreza, miséria e 'exclusão'. Condensa a banalização do humano, que atesta a radicalidade da alienação e a invisibilidade do trabalho social – e dos sujeitos que o realizam – na era no capital fetiche. A subordinação da sociabilidade humana às coisas – ao capital- dinheiro e ao capital mercadoria -, retrata, na contemporaneidade, um desenvolvimento econômico que se traduz como barbárie social. (Iamamoto, 2011, p. 125)

Assim são apresentados os rebatimentos da "questão social" na cena contemporânea, suas novas expressões e, com elas, sua pulverização e fragmentação, e com o consequente desmonte das políticas sociais públicas e os serviços a ela atinentes. Há transferência das obrigações do Estado para os indivíduos, responsabilizando-os pelas dificuldades que estes enfrentam. Não se trata de uma "nova questão social", e sim a renovação da "velha" questão social inscrita, não é repetido expressar, na própria natureza das relações sociais capitalistas, enfatiza Iamamoto (2011).

Ainda segundo Iamamoto (2011) a dinâmica contemporânea da acumulação do capital e seus impactos em termos de "questão social" devem ser considerados. Redução da demanda da força de trabalho não acompanhada da igual capacidade de absorção dos trabalhadores, demissão, desemprego, precarização, entre outras, singularizam expressões da questão social no cenário contemporâneo da sociabilidade direcionada pelo capital. Há a vigência de um padrão de acumulação do capital e seus rebatimentos em termos de economia de trabalho vivo e crescimento de uma força de trabalho excedentária, o núcleo da questão social que se vem recorrendo.

Cabe ao capitalismo manter a classe trabalhadora subjugada aos seus ditames para garantir sua sobrevivência e isso é feito não pelo uso da força, a coação se dá pela produção e reprodução da miséria. E essa é uma das formas mais cruéis de violência, uma violência produzida pela própria estrutura social que se desdobra numa série de outras que permeiam o cotidiano do trabalhador e são naturalizadas pela sociedade. A necessidade em ocultar a essência da produção capitalista, obrigou a classe burguesa, segundo Heller, a produzir "preconceitos em muito maior medida que todas as classes sociais conhecidas até hoje" (Heller, 2000, p. 78), menos em decorrência dos seus recursos técnicos e mais pela sua prepotência em criar, como afirmam Marx e Engels (1975, p. 65) "um mundo à sua imagem e semelhança". Ocultar a essência da realidade está para a dominação de classes como o oxigênio para a vida orgânica e como as leis da dialética estão para a realidade universal. Ou seja:

> em seu processo de reprodução, a capitalista desenvolve as forças produtivas sociais do trabalho e faz crescer, frente ao trabalhador, como capital, a riqueza acumulada alheia que o domina, que é por ele produzida e reproduzida. No mesmo movimento desenvolve-se sua pobreza, sujeição e indigência subjetiva. São resultados simultâneos: o esvaziamento do trabalhador e a plenitude do capital. (Iamamoto, 2011, p. 65)

Historicamente, temos períodos em que as sequelas da questão social agravam-se, especialmente para as parcelas mais pobres da classe trabalhadora, e outros que parecem se atenuar trazendo a ilusão de que o sistema pode ser mais "humanizado", sendo mais sutil em suas "consequências aos pobres", contudo é fato histórico que as crises do capital são cíclicas e junto com elas sua necessidade de intensificar os níveis de exploração, ou seja, no caso da pobreza, "o aumento ou diminuição da massa de indigentes refletem as mudanças periódicas do ciclo industrial" (Marx, 2006, p.269).

Castel (1998), Rosanvallon (1998), apontam que diante de uma "nova sociedade" com novos atores e novos problemas evidenciariam uma nova questão social. Apesar das divergências, conceituais, estes autores contribuem teoricamente para o entendimento sobre a historicidade da questão social numa perspectiva que subtrai a lógica do capital nesse processo. Estes trazem um consenso entre em torno da expressão "questão social" e de sua gênese histórica com sua publicização no Século XIX, sendo uma expressão de uma nova dinâmica da pobreza, manifesta no fenômeno do pauperismo. Castel (1998) e Rosanvallon (1998) denominam de "nova questão social", o fenômeno que, apoiado no desemprego e na exclusão social de parcela dos trabalhadores, contribui para o enfraquecimento da condição salarial constituída com o Estado Social.

Entendemos que não existe uma nova questão social nos moldes apontados pelos autores. Não é possível compreender a "questão social" sem situa-la na engrenagem da dinâmica capitalista, da forma como estudada por Marx. Pensar a "questão social" pela vertente teórica do marxismo significa, ademais, refutar a possibilidade de eliminação das suas expressões nos limites da ordem capitalista. Como observou José Paulo Netto, "da análise marxiana o que legitimamente fica interditado é, tão somente, qualquer ilusão acerca do alcance das reformas no interior do capitalismo" (Netto, 2001, p. 46).

Como destacou Yazbek (2001), ter a "questão social" como referência para a ação profissional significa colocar em relevo "a questão da divisão da sociedade em classes, cuja apropriação da riqueza socialmente gerada é extremamente diferenciada" (Yazbek, 2001, p. 33), evidenciando que se trata de uma "questão estrutural, que não se resolve numa formação econômico-social por natureza excludente" (Yazbek, 2001, p. 33).

Entendemos que "questão social" é definida por diversas perspectivas teóricas e por projetos societários distintos, a abordagem que elegemos em nossa tese enfatiza que a "questão social" é indissociável da estrutura e conformação do trabalho na sociedade capitalista. Concordamos que:

> A questão social não é senão as expressões do processo de formação e desenvolvimento da classe operária e de seu ingresso no cenário político da sociedade, exigindo seu reconhecimento como classe por parte do empresariado e do Estado. É a manifestação, no cotidiano da vida social, da contradição entre o proletariado e a burguesia, a qual passa a exigir outros tipos de intervenção mais além da caridade e repressão. O Estado passa a intervir diretamente nas relações entre o empresariado e a classe trabalhadora, estabelecendo não só uma regulamentação jurídica de mercado de trabalho, através de legislação social e trabalhista específicas, mas gerindo a organização e prestação dos serviços sociais, como um novo tipo de enfrentamento da questão social (Iamamoto; Carvalho, 2008, p. 77).

Para perceber essas afirmações sobre a centralidade da questão social no contexto da divisão da sociedade em classes, é importante analisar os dados da Secretaria de Direitos Humanos da Presidência da República (SDH, 2010 e 2013), que reforça, que esses jovens fazem parte do cenário de incerteza e desamparos econômicos e sociais, a mercê de políticas públicas: O levantamento estatístico da SDH (2010) identificou que existiam no Brasil cerca de 39.578 adolescentes no sistema socioeducativo. Este quantitativo representa apenas 0,2% do total de adolescentes do Brasil. 70% do total de adolescentes no sistema socioeducativo ali se encontravam em cumprimento de medidas socioeducativas em meio aberto, o que pressupõe que sejam atos infracionais menos graves.

Se consideramos os dados do Levantamento de 2014 da SDH, o registro dos dados do Levantamento Anual referentes ao ano de 2013, consolidados pela Coordenação–Geral do SINASE, indicam um número total de 23.066 adolescentes e jovens (12 a 21 anos) em restrição e privação de liberdade (internação, internação provisória e semiliberdade) na data de 30 de novembro de 2013, considerando-se ainda 659 adolescentes em outras modalidades de atendimento (atendimento inicial, sanção e medida protetiva). Conforme a projeção da população do Brasil (IBGE), para uma população total do país de 201.032.714 em 2013, temos a população adolescente (12 a 18 anos) somando 26.154.356. Portanto, a medida de privação de liberdade e restrição de liberdade representa 0,08% dos adolescentes dentre a população de 12 a 18 anos no país.

Em relação a idade o levantamento de 2013 reafirma que a maioria dos adolescentes permanece concentrada na faixa etária entre 16 e 17 anos, aumentando de 54% para 57% em 2013, paralelamente a uma redução de 24% para 22% na faixa etária acima de 18 anos. Observamos também um leve aumento na faixa etária de 14 e 15 anos, de 17% para 19% em 2013, o que pode indicar uma tendência de diminuição da idade média dos adolescentes em privação e restrição de liberdade no país. Os totais para as faixas etárias acima de 16 anos indicam 79% dos adolescentes e jovens em privação e restrição de liberdade.

Os dados apontam para a funcionalidade do sistema socioeducativo para adolescentes em conflito com a lei como um aparelho que reafirma a seletividade de pobres e miseráveis, em especial nas suas instituições totais mais pesadas. Considerando que 12,7% dos meninos e meninas que estavam internos em 2009-2010 viviam em famílias que não possuíam nenhuma renda mensal, e que 66% deles viviam em famílias com renda mensal de *até* dois salários mínimos, veremos que a existência do sistema, da maneira como está configurado, aponta para o conceito de criminalização da pobreza (Wacquant, 2002). Ainda nessa perspectiva é possível afirmar que os adolescentes (12-17 anos) não são os maiores responsáveis pela violência no Brasil. As estatísticas mostram que o percentual de infrações feitas por eles é de menos de 10%, contra 90% das infrações de adultos. Nesse sentido pode se afirmar:

Em 2002, havia cerca de 9.555 adolescentes em cumprimento de medida socioeducativa de internação ou em internação provisória. Destes, 76% tem idade entre 16 e 18 anos, 81% vivia com a família quando praticou o ato infracional, 12,7% vivia em famílias que não possuíam nenhuma renda mensal; 66% em famílias com renda mensal de até dois salários mínimos. 62% não é branco e em alguns estados e unidades este total chega a 97% dos rapazes (SDH, 2010). Observamos que os 9555 adolescentes em privação de liberdade em 2002 já eram 15426 em 2006. Em 2010 o número era de 17.663.

Fica claro e evidente que a resposta do Estado é a de encarceramento. E que, por sua vez, recai sobre as populações menos favorecidas o ônus da desigualdade social, e a ela tem sido invariavelmente endereçada a responsabilidade pela violência estrutural. Como afirma Wacquant (2002), a um Estado social mínimo corresponde um Estado penal máximo: vivemos uma era de criminalização do pobre. Castel (2005) aponta para o poder nefasto da insegurança social que, tal qual um vírus, além de alimentar a pobreza, provoca a desmoralização, destrói os laços sociais e corrói as estruturas psíquicas dos indivíduos.

Ainda em relação ao levantamento de 2013:

Por outro lado, cursa a perene associação entre jovens e violência. O Levantamento Anual SINASE 2013 apresenta 23.913 atos infracionais para 23.066 adolescentes em restrição e privação de liberdade em todo o país. Do total de atos infracionais em 2013, 43% (10.051) foram classificados como análogo a roubo e

24,8% (5.933) foram descritos como análogo ao tráfico de drogas. O ato infracional análogo ao homicídio foi registrado em 9,23%. Embora os dados sobre o vertiginoso aumento da vitimização (Waiselfiz, 2012) da juventude brasileira sejam contundentes a sociedade e a mídia insistem em dar maior destaque aos eventos envolvendo jovens em atos violentos, num claro discurso de culpabilização única do adolescente ou de suas famílias. O tema enseja discussões sobre a questão da violência juvenil, e lamentavelmente encaminha soluções que apontam na direção da simplificação e do retrocesso na forma do endurecimento das sanções.

Nessa perspectiva uma das expressões atuais, com necessidade de consideração das particularidades históricas e culturais, é o fenômeno do aumento no número de adolescentes em conflito com a lei nos Estados brasileiros. Mas quem é esse "público alvo" e qual o contexto que estão imersos quando se deparam com essa política pública e todo este aparato do Estado? Quais suas práticas sociais e significados da violência para esses jovens? Quando se fala em práticas sociais e significados da violência abre-se um leque de lugares-comuns que cria uma visão tentadoramente explicativa, tanto no plano da existência cotidiana, quanto no da interpretação sócio-antropológica, embora no senso comum as ações violentas acabem sendo sistematicamente explicadas de forma reducionista e automática.

Já esses jovens são vistos por parte da mídia e opinião pública como delinquentes, bárbaros, socialmente perniciosos (Zaluar, 1994), mas que, como milhares de outros, preenchem suas vidas adolescentes com mínimas condições de sobrevivência e sociabilidade, carentes de políticas públicas, e que têm parte da vida usurpada bruscamente devido ao envolvimento com atos ilícitos. A sociedade tem um pensamento equivocado de atribuir ao adolescente a responsabilidade pela criminalidade, retirando dele a condição de adolescente, de ser em desenvolvimento, com característica própria, e o vê exclusivamente como criminoso, ou potencialmente criminoso.

Como nos fala Iamamoto (2012) é importante evitarmos cair em duas armadilhas, quando tratamos da questão social. A primeira refere-se à desconsideração dos aspectos sócio-históricos específicos que conformam a "questão social" em contextos concretos. Nessa direção analítica, "a questão social passa a ser esvaziada de suas particularidades históricas, perdendo o movimento e a riqueza da vida, ao se desconsiderar em suas expressões específicas" (Iamamoto,

2012, p. 164). O segundo risco registrado pela autora está relacionado à pulverização e fragmentação dos "problemas sociais", o que impede a percepção e análise da multiplicidade de causalidades que determinam a "questão social" pela responsabilização direcionada unicamente ao indivíduo isolado e suas famílias (Iamamoto, 2008). Essa interpretação da "questão social" redunda na defesa de formas de enfrentamento que desconsideram a dimensão coletiva, focando-se em questões de cunho individual que terminam por desdobrar-se em considerações morais e comportamentais.

Muitos desses jovens se deparam com essas interpretações, que desconsideram a dimensão coletiva dos seus problemas, no contexto em que vivem, com situações tidas como particulares de violência determinadas pela precariedade das condições de sobrevivência. Situação esta que se prolifera e se agrava com as transformações trazidas com o progresso urbano-tecnológico. Além dessas questões estruturais, há também, por um lado, o exame atento das motivações pessoais, das características psíquicas e das condições orgânicas dos sujeitos e, por outro lado, o contexto cultural e comunitário, a condição de gênero e de geração, as relações familiares e a situação de estigmatização sofrida pelos jovens das periferias urbanas. Trata-se de compreender, segundo Elias (2000) a condição de *outsiders* rejeitados desses jovens que, numa compulsão como que onírica e totalmente ineficaz rebelam-se contra essa rejeição através de uma espécie de guerrilha, provocando e perturbando, agredindo e, tanto quanto possível, destruindo o mundo ordeiro do qual estão excluídos, sem entender muito bem por quê.

A lógica de seus sentimentos e atos parece ser: - 'Vamos obrigá-los a prestar atenção a nós, se não por amor, ao menos por ódio'. Ao agir de acordo com esse sentimento, eles ajudam a reproduzir a própria situação da qual tentam escapar. (Elias, 2000).

Todas essas expressões registradas no enfrentamento da problemática da questão social, não podem desconsiderar que, o caráter de novidade do fenômeno do pauperismo no Ocidente com o nascimento do capitalismo refere-se ao fato de que, pela primeira vez, "a pobreza crescia na razão direta em que aumentava a capacidade social de produzir riquezas" (Netto, 2001, p. 42). Isto é, a multiplicação das formas sociais de produção de riquezas gerava, ao mesmo tempo e no mesmo processo, o aumento do contingente populacional negado do acesso a essas riquezas socialmente produzidas, o que suscita pensar que a pobreza deixou de ser produzida por eventos da natureza e sua produção passou a ocorrer em processos engendrados pelo próprio homem. Assim, numa contradição nefasta, a pobreza generalizada surge como resultado de um processo social que produz, ao mesmo tempo, as condições para sua superação ou, ao menos, para sua redução (Netto, 2001).

Em suma, a pobreza no capitalismo não é apenas fruto de uma *distribuição* de renda desfavorável, mas também resultado de um modo de *produção* específico, sendo, portanto, elemento constitutivo das relações sociais capitalistas. Não podemos. Para Castel (1998), portanto, ao contrário do que aqui defendemos, não existe uma conexão orgânica entre "questão social" e capitalismo.

1.3 Contextualização das Políticas Sociais e a Atual Política Socioeducativa no Brasil

Na obra com título, "Insegurança Social: O que é ser protegido?", Castel (2005) traça uma análise da trajetória do Estado de sua proposta liberal, passando pela construção de sistemas de *welfare* até a crise recente desse sistema. Se a abordagem, é mais adequada à realidade europeia, nada impede, que nos ajude a pensar o significado da proteção social em geral, e até sua aplicação cuidadosa para pensar o Brasil, e a políticas públicas atuais.

Nessa linha, Castel mostra que a proposta liberal de um Estado de Direito, construída durante o século XIX, estava assentada na ideia de segurança civil, estando a segurança material limitada aos proprietários. O pacto social assegurado pelo Estado, que substitui as redes de dependência tradicionais, garante a ordem pública (eventualmente na forma de perseguição explícita aos desviantes, como os vagabundos), protegendo as pessoas e seus bens. Contudo, a segurança social fica assegurada apenas aos proprietários, relegando a dimensão coletiva da proteção social:

> É preciso entender por essa afirmação que a propriedade privada garante, no sentido pleno da palavra, contra os reveses da vida social (em caso de doença, de acidente, de impossibilidade de trabalhar, etc.). Ela torna inútil 'o social' entendido como o conjunto de dispositivos que serão estabelecidos

Somente na crítica a proposta liberal no século XX que vai aparecer a questão da segurança social. Essa crítica contra a igualdade de direito (formal), que não se realiza sem a igualdade de fato, acaba sendo operacionalizada em diferentes medidas de proteção social, como a recente noção de renda mínima de cidadania. Explica Castel:

> Uma sociedade de semelhantes é uma sociedade diferenciada, portanto hierarquizada, mas na qual todos os membros podem manter relações de interdependência porque eles dispõem de um fundo de recursos comuns e de direitos comuns (Castel, 2005, p. 36).

A crise da sociedade salarial coloca, a partir dos anos 1970, em evidência uma "nova pobreza", que já não pode ter sua segurança garantida por sua condição salarial. Se a noção de estado de bem-estar social veio justamente estender a segurança material a população, apoiando no estatuto legal do trabalhador, o novo contexto gera impasses e coloca evidente a necessidade de vincular a proteção social não mais ao trabalho, mas a cidadania, é preciso apreender então que:

> A insegurança social não alimenta somente a pobreza. Ela age como um princípio de desmoralização, de dissociação social à maneira de um vírus que impregna a vida cotidiana. Dissolve os laços sociais e mina as estruturas psíquicas dos indivíduos. *(Castel, 2005, p. 54)*

Não chegamos a constituir um estado de bem-estar no Brasil, por isso, aqui, a crise da sociedade salarial, estudada por Castel carece de mediações. Contudo, a partir da oposição entre proteção e exclusão mencionada pelo autor, podemos construir algumas pistas para pensarmos as consequências das políticas sociais para a nossa sociedade e qual o local dessas políticas sociais. Porém, sem esquecer o contexto capitalista brasileiro. Nessa direção, podemos afirmar que na atualidade:

> (...) a trajetória recente das políticas sociais brasileiras, profundamente ligadas à política econômica monetarista e de duro ajuste fiscal, enveredou pelos caminhos da privatização para os que podem pagar, da focalização / seletividade e políticas pobres para os pobres, e da descentralização, vista como desconcentração e desresponsabilização do Estado. (Behring e Boschetti, 2011, p. 184)

No livro "Política Social: Fundamentos e História" (Bering e Boschetti, 2011), no capítulo "Política Social no Brasil Contemporâneo: entre a inovação e o conservadorismo", são apresentados dados relevantes acerca da desigualdade da nossa sociedade. E demonstram algo que as vezes nos esquecemos, que a violência é uma questão estrutural:

É nesse contexto que a Política Pública de Atendimento Socioeducativo ganha contornos que reforçam a estigmatização na vida cotidiana, ou seja, é mais um elemento dessa violência que "vem de cima", reforçando um contexto de encarceramento dos jovens de forma desmedida e desnecessária. Em 2010, no Brasil havia um total de 435 unidades de atendimento socioeducativo para restrição (semiliberdade) e privação de liberdade de adolescentes (Internação provisória e internação), sendo 124 de internação exclusiva, 55 de internação provisória exclusiva, 100 de semiliberdade exclusiva, 16 de atendimento inicial exclusivo e 130 Mistas: internação – internação provisória - semiliberdade -atendimento inicial. No Estado do Rio de Janeiro, por exemplo, houve um aumento de 28% no número de vagas de Internação e Internação provisória de 2010 para 2013, não acompanhando um aumento maior que 100% no número de apreensão de adolescentes. Fica claro e evidente que a resposta do Estado é a de encarceramento.

E que, por sua vez, recai sobre as populações menos favorecidas o ônus da desigualdade social, e a ela tem sido invariavelmente endereçada a responsabilidade pela violência estrutural. Segundo Wacquant (2002), essas são consequências de uma política "excluídora" adotada pelo Estado, a fim de isolar do convívio social os miseráveis, deixando à margem milhares de pessoas, apenas por uma dita "incompetência" de se inserirem/adaptarem no/ao mercado de trabalho, ou por aceitarem, como única opção subempregos que mal lhes oferecem as condições necessárias para sobreviver com dignidade e preparar seus descendentes para enfrentar o porvir. Esse isolamento é atingido pela máxima repressão da política de *lei e ordem (Wacquant, 2002)* galgada em argumentos falaciosos divulgados ao sabor da política neoliberal que prioriza a saúde do mercado econômico do que o bem-estar de seus cidadãos necessitados.

Pensar uma política pública que dê efetivas respostas a esses contextos, e ainda privar os jovens de liberdade é por natureza contraditório. A Política de

Atendimento Socioeducativo, é um desafio complexo quando consideramos, entre outras questões, a necessidade de observar as normativas legais (nacionais e internacionais), a definição, estruturação, seleção e qualificação do quadro de recursos humanos, a construção coletiva da proposta político pedagógica, a articulação entre os diferentes programas de execução de medidas socioeducativas, a articulação para a integração com as demais políticas públicas, o diálogo com os atores do poder judiciário e ministério público, a construção de um processo de avaliação dos trabalhos, a abertura a fiscalização e ainda a definição das formas de financiamento e, em especial, a definição da relação "público-privado" na execução das medidas socioeducativas.

Atualmente no Brasil, a Política de Atendimento Socioeducativo de restrição e privação de liberdade (medida socioeducativa de semiliberdade e internação), está vinculada a diferentes frentes políticas e administrativas nos Estados da Federação e Distrito Federal. Enquanto as medidas socioeducativas em meio aberto (Liberdade Assistida-LA e Prestação de Serviço à Comunidade-PSC), estão orientadas sob o olhar da Política de Assistência Social, previsto no SUAS (Sistema Único de Assistência Social), e descrito na Tipificação Nacional dos Serviços Socio assistenciais (Resolução N. 109 do Conselho Nacional de Assistência Social) como um serviço de Proteção Social Especial, de média complexidade, as medidas socioeducativas de semiliberdade e internação seguem as políticas definidas pelos Estados e Distritos Federal ficando à mercê de entendimentos e mudanças a cada troca de governo.

No SINASE (Sistema Nacional de Atendimento Socioeducativo) há a previsão de vinculação da política de atendimento socioeducativo, no que concerne a localização do órgão de execução das Medidas Socioeducativas, no item 4.2.2: *"... devem estar vinculados necessariamente a área responsável pela política de Direitos Humanos..." (SINASE, 2006, p.38);* porém evidencia-se no Brasil um grande mosaico em relação a essa Política.

Esses dados reforçam esse "não lugar" da Política Pública de Atendimento Socioeducativo no Brasil, a invisibilidade perversa perpassa todo o ciclo, desde a produção do "público-alvo" até as responsabilidades legais pela execução dessa política pública. Entendemos assim que é fundamental que o Estado assuma uma postura de não subjugação à lógica excludente do mercado, na execução desse atendimento. O Estado, de fato, deve responsabilizar-se pela garantia e acesso aos direitos individuais fundamentais, como condição para o desenvolvimento integral deste cidadão em condições de ser, pensar, conviver e produzir de maneira crítica, responsável e participativa na sociedade. Sociedade essa que não o reconhece como cidadão e que o produziu, de forma irresponsável, mas que começa a enxergá-lo quando este adolescente começa a incomodar.

O Estado vai se preocupar quando essa questão passa a ser um problema de ordem econômica, essa é a lógica do sistema capitalista. Assim, é fundamental, não ter o olhar sobre um "coitadinho" ou "delinquente", fruto das relações de poder e de trabalho, e sim sobre um sujeito que, de forma equivocada, procurou resolver o seu problema pessoal, excluído, na maioria das vezes, da escola, trabalho e demais políticas públicas. Com isso em voga, o que cabe a esse Estado na "recuperação" desses adolescentes, quais os olhares que devem estar colocados e ainda, quem são os profissionais e qual a qualificação e capacitação destes que estão colocados frente a frente a esses meninos no dia-a-dia de trabalho, são temas que necessitam de análise para se pensar a política de atendimento do sistema socioeducativo.

Diante dessas questões vem a pergunta norteadora para a construção de um estudo mais aprofundado, como encaminhar propostas de políticas públicas e análises contextuais, quando se depara com os limites societários da contemporaneidade do capital? Sendo necessário então a compreensão da lógica estabelecida, avaliar o que há de contrário à esta ordem, os limites a partir de um contexto de diminuição de empregos, terceirização, precarização e desemprego acirrado. Pesa a existência do número considerável de indivíduos em situação de excedência. E mais, já recrutados como reserva de mercado: a maioria jovem, saudável para exploração e suscetível a trabalhar mais e com o menor salário.

Os adolescentes são extremamente afetados no mundo globalizado, seja por sofrerem violências, seja por violentarem outrem. Apesar de viverem uma história em que são violentados, são as violências produzidas por eles que ganham visibilidade na sociedade. A ação violenta sobrevém, portanto, na adolescência, como uma resposta. O desenvolvimento tecnológico, consumismo, supervalorização dos jovens, precarização do trabalho, volatilidade, globalização, marcas registradas da contemporaneidade, evidenciam situações como o uso de drogas, a revolta, a marginalização e a violência.

Daí vincula-se criminalidade com violência e, revela que a sociedade tem um pensamento equivocado de atribuir ao adolescente a responsabilidade pela criminalidade, retirando dele a condição de adolescente, de ser em desenvolvimento, com característica própria, e o vê exclusivamente como criminoso, ou potencialmente criminoso. Revelam e alimentam a representação social que percorre o mundo onde se associa adolescência, juventude com violência, configurando, como afirma Coimbra (2001, 2008), o "mito das classes perigosas":

> A partir desse mapeamento dos pobres, surge uma grande preocupação com a infância e a juventude que, num futuro próximo, poderão compor as "classes perigosas": as crianças e os jovens "em perigo", aqueles que deverão ter suas virtualidades sob controle permanente. O conjunto dessas teorias estabelecem/fortalecem a relação entre vadiagem/ociosidade/indolência e pobreza, bem como entre pobreza e periculosidade/violência/criminalidade. Mesmo autores mais críticos, ao longo dos anos, têm caído nesta armadilha de mecanicamente vincular pobreza e violência, a partir de estudos baseados nas condições estruturais da divisão da sociedade em classes sociais e no antagonismo e na violência resultantes dessa divisão. (Coimbra, 2008, p.5)

E ainda segundo Wacquant, é preciso observar que esse nosso capitalismo monopolista:

> (...)tem gerado nas comunidades pobres um ambiente enfado, desânimo e desespero, que na juventude ressoa como sensação de cerco social e raiva, o que se amplia com maciços apelos midiáticos ao consumo como única condição para a dignidade social. (Wacquant, 2007, p. 88)

As desigualdades sociais particularizadas e fundamentadas, sob as condições objetivas oferecidas pelo capitalismo (a apropriação privada da produção social), possibilitam a materialização de diferentes formas de violência, esse aspecto é relacionado à questão social. O capitalismo, ao aprimorar a vida cotidiana, não estabelece parâmetros éticos para desmontar relações anteriormente constituídas, não só na arte, na cultura, no lazer, no conhecimento científico, mas também na própria cotidianidade. Volatiza o sólido e profana o sagrado, cria a forma mercadoria como valor universal, opera na divisão social do trabalho e institui o sistema salarial para a imensa maioria dos homens, cavando um profundo abismo que fragmenta toda a humanidade. Volatiza enquanto algo a ser reconhecido, realiza enquanto poder opressor sem que possamos identificá-lo, sendo "tanto mais eficiente em suas manifestações econômicas, sociais, políticas, culturais quanto menos é localizável; mais *funciona*, menos é identificável". A notória característica de encontramos presente em todos os lugares ao mesmo tempo naturaliza a redução da vida ao cotidiano, "nas ações da bolsa, nos regulamentos, no talonário de cheques, nas portarias, nos documentos, nos certificados – instala-se na parafernália que valida a cidadania" (Netto, 1987, p. 87).

Tal situação revela a verdadeira dialética da exclusão/inclusão, já que a exclusão é um processo sutil que envolve o homem em suas relações com os outros. Que por trás do adolescente autor de ato infracional, a instituição que o apreende, e política pública está uma questão da violência estrutural, orquestrada pelos ditames do capital. As políticas públicas de responsabilidade são uma resposta a essa demanda e reforçam o caráter punitivo e repressor do Estado, ou seja, fica evidente que a atual Política de Atendimento Socioeducativo no Brasil, no que diz respeito a privação de liberdade dos adolescentes, reforça a ideologia burguesa dominante expressa nos discursos institucionais que não reconhece a transformação social como solução do problema que realmente enfrenta.

Não é só essa política pública que não tem seu lócus não definido e não tem apresentado resultados capazes de inverter a lógica. Segundo Behring e Boschetti (2011), reafirmamos que a política social no capitalismo monopolista não é capaz de reverter o atual quadro de exclusão, nem seria essa sua função estrutural, entendendo que a política de atendimento socioeducativo se configura como uma política pública e não uma política social. Mas é preciso ainda considerar que

> (...) levar as políticas sociais ao limite de cobertura numa agenda de lutas dos trabalhadores é tarda de todos os que têm compromissos com a emancipação política e a emancipação humana, tendo em vista elevar o padrão de vida das maiorias e suscitar necessidades mais profundas e radicais. (Behring e Boschetti, 2011, p. 187)

Nessa perspectiva é possível afirmar que há um distanciamento e a negação da busca pela emancipação política e humana na política de atendimento a adolescentes em conflito com a lei. A atuação com medidas socioeducativas é estar imerso em uma área que necessita de metodologia, profissionalismo e atenção privilegiada. São ações diretas com adolescentes que encontram o Estado pela primeira vez, são invisíveis socialmente, e se faz necessário imprimir uma lógica de desafio para romper uma lógica de fracasso imposta a esses jovens e ao próprio sistema de atendimento.

Para analisar a Política de Atendimento Socioeducativo no Brasil, em especial a privação de liberdade de adolescentes, é necessário conhecer o papel do Poder Judiciário nesse sistema. O ECA, no art. 148, dispõe sobre a competência da Justiça da Infância e Juventude, destacando-se, no que se refere as medidas socioeducativas. Na mão do juiz está, portanto, a importante tarefa de decidir qual a sanção será aplicada ao adolescente, dentre as previstas taxativamente (é vedada a imposição de qualquer outra diferente destas) no art. 112 do ECA.

Portanto, o papel do juiz garantidor, no sistema socioeducativo, é o de garantir os direitos fundamentais do adolescente, sobretudo os atinentes aos princípios da condição peculiar da pessoa em desenvolvimento, do melhor interesse do adolescente, e da excepcionalidade e da brevidade da medida de privação de liberdade. O princípio da excepcionalidade incide diretamente na fase de imposição pelo juiz da medida mais adequada ao caso concreto, levando em conta as circunstâncias e a gravidade do ato praticado, bem com as condições de cumprimento da medida por parte do adolescente. A excepcionalidade caracteriza ainda a medida de internação como última alternativa a ser adotada, em fatos efetivamente graves, seja para a segurança do próprio adolescente, seja para a segurança social. O Estatuto é claro ao trazer as hipóteses taxativas do cabimento da medida de internação. Neste aspecto, cumpre observar que muitos dos problemas enfrentados pelo sistema socioeducativo decorrem da não observância deste princípio pelo Poder Judiciário, o que se comprova com o efetivo aumento do número de adolescentes internados, em razão de atos infracionais sem grave ameaça ou violência à pessoa e a utilização da internação como primeira medida.

O princípio da excepcionalidade também deve ser observado durante o período da internação provisória, conforme dispõe o art. 108 do ECA esta não poderá ultrapassar 45 (quarenta e cinco dias). Aqui também se constata violações diárias a este princípio, com a constante extrapolação dos prazos de internação provisória, afrontando também, diretamente, o princípio da legalidade. Bom lembrar, que uma vez internado o adolescente, ele só poderá ser liberado com ordem judicial, seja do mesmo juízo que determinou a internação, ou do Tribunal de Justiça do Estado, em decisão em *habeas corpus.* A importância da prevalência das medidas socioeducativas em meio aberto como forma de facilitar a inclusão social e o fortalecimento de vínculos familiares e comunitários, também é uma consequência do princípio da excepcionalidade, que da mesma forma não se tem efetivado na prática judiciária. Durante o período de internação o adolescente deverá ser periodicamente avaliado a cada seis meses, o que encontra guarida justamente no princípio da brevidade da medida, que impõe a menor duração possível para a privação de liberdade, no estreito limite de sua necessidade. Aí reside outra importante função do juiz, que é a de avaliar os relatórios técnicos elaborados pela equipe interdisciplinar das unidades, decidindo pela liberação ou não do adolescente.

Em conclusão, é permitido afirmar que os princípios da brevidade, da excepcionalidade, e do respeito a condição de pessoa em desenvolvimento funcionam como limites ao juiz, no dizer do pedagogo Antonio Carlos da Costa (2009), cronológico, lógico e ontológico, a serem considerados na decisão e implementação da internação.

No dia-a-dia de trabalho na execução da medida socioeducativa a execução dos prazos por parte das Varas é o que mais ocupa a preocupação das equipes de atendimento. Na verdade, o não cumprimento dos prazos estabelecidos no Estatuto, em especial o de reavaliação da medida socioeducativa (no máximo a cada seis meses) e o prazo relativo a internação provisória. É de sobremaneira importante que haja uma cobrança efetiva na perspectiva de observância dos princípios da brevidade e excepcionalidade da medida socioeducativa de internação, além da sensibilidade quanto a medida mais adequada a cada adolescente, sendo que o não cumprimento desses princípios, por vezes, é um dos responsáveis pelo inchaço das unidades de internação para adolescente.

O Sistema de Justiça também tem um papel de controle nas mãos, não se pode esquecer, todavia, que a abordagem dos mecanismos de controle exercido pelos Sistema de Justiça no sistema socioeducativo deve se dar sob a perspectiva de suas interfaces com as três esferas de Governo, o Ministério Público, o Poder Judiciário e suas consequentes co-responsabilidades pela Garantia de Direitos.

Mais que isso, na cena contemporânea não se observa que o contexto de privação e restrição de liberdade trás, por natureza, alguns conflitos, gerados pela própria condição que não é inerente ao ser humano, ou seja, perder sua liberdade. No contexto da gestão esse dado reflete na prática, seja ela no planejamento ou ação relativa aos recursos humanos ou recursos materiais. Esse considerar contraditório evidencia elementos que não são comuns a uma instituição "convencional" de administração, seja este público ou privada. Os elementos dessa prática são únicos e se faz necessário um olhar, distanciamento, discussão e consideração a está problemática pouco refletida nas análises acadêmicas e inviabilizada para uma reflexão no cotidiano pelo necessário suor na mediação de conflitos.

É importante atentar acerca da discussão atual e presente das responsabilidades dos diferentes entes (União, Estados e Municípios), em especial as atribuições de co-financiamento, e das organizações não governamentais na execução das Medidas Socioeducativas, questão essa que teve alguns avanços e definições com a aprovação da Lei do Sinase. Antes ainda, é preciso destacar acerca das diretrizes da Política de Atendimento, lembrado por Costa:

> A Política de Atendimento é regida por um conjunto de diretrizes (Artigo 88), que concretizam e expressam um conjunto de princípios estruturantes: descentralização (municipalização); participação (criação de conselhos de direitos); especialização (criação e manutenção de programas específicos); sustentação (manutenção de fundos nacional, estaduais e municipais); integração (atuação intercomplementar e sinérgica entre as áreas de segurança, justiça e serviço social no atendimento ao adolescente em conflito com a lei); e mobilização (sensibilização, conscientização dos diversos segmentos da sociedade e da opinião pública como um todo). (Costa, 2009, p.04)

Considerando essas diretrizes, fica evidente a necessidade da atuação conjunta das esferas públicas e sociedade civil (leia-se organizações não governamentais sem fins lucrativos), na execução das medidas socioeducativas. Isso significa uma clara definição técnica, de interpretação legal, e ainda, por princípio (Costa, 2009), da impossibilidade dessa execução por parte de empresas privadas, tendo essas alternativas para contribuir na execução dessa política. Porém é preciso aprofundar, em especial a discussão acerca da execução das medias socioeducativas restritivas e privativas de liberdade. Em que pese aqui uma defesa da execução direta das medidas socioeducativas pelo poder público (Municipal: Liberdade Assistida e Prestação de Serviços Comunidade; Estadual: Semiliberdade e Internação), isso justificado pela possibilidade de consolidação enquanto uma política pública, com garantia de continuidade de financiamento, especialização e ainda a responsabilidade do Estado, entenda-se aqui também a responsabilização do gestor. Atualmente está em pauta à atuação das ONGs na execução das medidas socioeducativas, havendo registro de grandes avanços e consolidações em especial nas medidas socioeducativas em meio aberto.

Em tempo, é importante registrar, que a discordância acerca da execução das medidas socioeducativas de restrição de liberdade (Semiliberdade) e privação de liberdade (Internação), por ONGs, se deve considerando a responsabilidade das medidas de contenção e segurança como atribuição única e exclusiva do Estado. Ou seja, todas as ações que envolvam a perda ou restrição de direitos (no caso a liberdade), deverão ser executadas diretamente pelo Governo Estadual. No entanto, há várias iniciativas de "cogestão", incluindo as Organizações Não Governamentais na execução dessas medidas, em especial nas responsabilidades técnicas e educacionais, ficando a cargo do Estado às ações relativas à segurança. Assim é possível concluir que há argumentos que indicam a possibilidade de execução das medidas em meio aberto por ONGs, e alguns autores que essa possibilidade para a Semiliberdade (Costa, 2009), e ainda maior entendimento acerca da vedação da execução direta por ONGs, das medidas de restrição e privação de liberdade, em especial da internação, ficando essas a cargo do Estado. Para aprofundar a questão é apresento o registro de três posições citadas pelo Prof. Antonio Carlos Gomes da Costa, do qual este reforça para a terceira posição:

- A primeira é a dos que defendem que a execução da medida de internação é de competência exclusiva do poder público estadual, estando os municípios e as organizações não governamentais vedadas de executá-la;
- A segunda, situada no extremo oposto, é a dos que entendem que se trata de uma competência concorrente entre estados e municípios e que este regime de atendimento pode ser aplicado indistintamente por organizações governamentais e não governamentais;
- A terceira é a dos que reconhecem que a internação implica duas ordens de exigência: a educação do adolescente para o convívio social sem reincidir na prática de ato infracional (socioeducação), e as medidas de contenção e segurança requeridas pela proteção dos demais cidadãos. Se considerarmos que a socioeducação é uma modalidade de trabalho educativo, concluiremos que o trabalho social e educativo desenvolvido junto ao adolescente em regime de internação não deve ser considerado um monopólio do Estado. Por outro lado, as medidas de contenção e segurança não podem e não devem ser consideradas um território aberto à ação das ONGs. Por que isso ocorre? Porque a privação de liberdade e o emprego do uso da força, quando necessários, são monopólio do Estado. (Costa, 2009, p.6)

Essa discussão tem se pautado como polêmica, porém o posicionamento dessa temática tratando de questão fundamental ao se pensar o modelo de gestão a ser adotada. O entendimento é de que a atuação direta do agente público na execução garante avanços a essa política. Em especial a privação de liberdade, não há dúvida que essa responsabilidade deve ser do Poder Público Estadual, sendo que as ONGs podem e devem atuar como instituição parceira da execução de programas de apoio, numa clara evidencia a necessidade de se buscar a presença de outros atores na instituição, numa lógica de incompletude institucional. A possibilidade de "cogestão" e a discussão de prós e contras desse modelo, não se esgotam nessa proposta, porém se faz necessário sinalizar que a execução direta e plena pelo poder público tem se mostrado como a alternativa mais ideal.

1.4 Sociedade Punitiva: controle social, ordem excludente e manufatura do consenso

Atualmente existe um discurso hegemônico, aceito socialmente, e outros que são tachados de radicais, por colocar em questão as práticas oficiais e seus dispositivos (saberes, instituições, sistemas), que são desenhados para controlar, orientar e influenciar os comportamentos e opiniões, ambos discursos são excludentes, e vociferam a manutenção da ordem, um controle, levando a uma manufatura do consenso. Nesse sentido Goffman (2008) e Foucalt (1997), reafirmam com distintos argumentos, podemos encontrar que por detrás desta "verdade" se esconde uma vontade de poder e que esta "verdade" não é mais que uma justificativa para reprimir e dominar, para exigir conformidade e submissão. Assim esse poder implanta um duplo consentimento: o que condena ao silêncio o discurso "marginalizado" e que determina e ordena os discursos "aceitáveis".

As prisões e os centros socioeducativos para internação de adolescentes, estão nesse contexto, formam parte do discurso aceitável de reinserção, em primeiro lugar, e de proteção social, em segundo, mas escondem um fim oculto – castigar, submeter e controlar a pobreza – e, por sua vez, será aceito socialmente esse papel oculto. Porém, recentemente, há expressões típicas fascistas, que tiram do oculto essa função, mas não para corrigi-la e sim para legitima-la num discurso de ódio e intolerância.

O cárcere, como toda instituição social, é uma criação própria do modelo econômico e social, porquanto, não é um mal necessário, nem algo aceitável, senão simplesmente, uma realidade fabricada historicamente que temos de situar dentro das estruturas políticas e da sociedade encarregada de funções básicas – todas elas relacionadas com a reprodução das relações sociais – de legitimação, organização e controle da vida social. Portanto não existe uma noção de instituição de controle fora da esfera política e universalmente válida independente do modelo histórico, do regime político ou das formas de produção econômicas.

Entre o capitalismo global e o encarceramento existe uma relação direta. O primeiro gera necessidades que não podem ser satisfeitas. Sem as necessidades superficialmente criadas o sistema não funcionaria. A tendência em satisfazer essas necessidades de consumo em especial, faz surgir meios que não se ajustam ao modelo vigente (legítimos ou ilegítimos), produzindo assim delinquência, condutas "antissociais" na visão burguesa. Nem toda delinquência gera insegura social ou alarme social: somente aquele que se elege premeditadamente para que posse ser visível e assimilada simbolicamente. A realidade não é que nos mostra os meios de comunicação:

> Roubar os recursos de nações inteiras é chamado de "promoção do livre comércio"; roubar famílias e comunidades inteiras de seu meio de subsistência é chamado "enxugamento" ou simplesmente "racionalização". Nenhum desses feitos jamais foi incluído entre os atos criminosos passíveis de punição. [...] Só em casos raros e extremos os "crimes empresariais' são levados aos tribunais e aos olhos do público. Fraudadores do fisco e autores de desfalques têm uma oportunidade infinitamente maior de acordo fora dos tribunais do que os batedores de carteira ou assaltantes (Bauman, 1999, p. 131-132).

E ainda:

> No mundo das finanças globais, os governos detêm pouco mais que o papel de distritos policiais superdimensionados; a quantidade e qualidade dos policiais em serviço, varrendo os mendigos, perturbadores e ladrões das ruas, e a firmeza dos muros das prisões assomam entre os principais fatores de "confiança dos investidores" e, portanto, entre os dados principais considerados quando são tomadas decisões de investir ou de retirar um investimento. Fazer o melhor policial possível é a melhor coisa (talvez a única) que o Estado possa fazer para atrair o capital nômade a investir no bem-estar dos seus súditos; e assim o caminho mais curto para a prosperidade econômica da nação e, supõe-se, para a sensação de "bem-estar" dos eleitores, é a da pública exibição de competência policial e destreza do Estado (Bauman, 1999, p. 128).

Aqui se registra questões estruturais, somente sendo possível manter o sistema sócio político e econômico capitalista através dessa submissão, é o combustível que faz funcionar todo o sistema, a serviço do capital que estamos sujeitos. Waquant (2004) e Bourdieu (1989) reforçam essa teoria e ainda retratam que vivemos em uma sociedade dócil, obediente, submissa, onde nada deve desviar das normas nem desorganizar a ordem estabelecida. Está aqui o direito e dever da nossa sociedade: submeter-se. Todos temos que ser submissos e aquele que resista não terá lugar nessa sociedade vigiada e controlada, deverá ocupar um lugar marginal, apartado, mas não por isso menos rentável para os encarregados de realizar a gestão desses marginais:

> é um dos fatores mais eficazes de conservação social, pois fortalece a aparência de legitimidade às desigualdades sociais, e sanciona a herança cultural e o dom social tratado como dom natural. (Bourdieu, 1999, p. 41)

O controle social, de maneira paulatina, ganha contornos e cria sistemas que reforçam o discurso de necessidade do senso comum. Novas perspectivas, sobretudo o favorecimento dos fatores de caráter político e econômico consolidam de maneira substancial as estruturas sociais a serviço do capital em detrimento de um Estado de Bem-Estar[14], o que está em curso é reflexo de uma sociedade punitiva, um Estado Penal:

> É nesse contexto de desmonte do estado de bem-estar-social, de enfraquecimento das políticas sociais, que se maximizam os aparatos de controle penal. Ou seja, enquanto o Estado Social se desmonta e retrai, o estado penal segue respondendo aos excluídos e desviantes, com a punição neutralizando os inconvenientes na gestão da miséria e da exclusão social (Torres, 2009, p.114).

A crise dos Estados-Nação e o desmantelamento progressivo chamado Estado de Bem-estar, convertem a cidadania e as categorias políticos-jurídicas associadas a ela em um episódio pratico finalizado, onde, como diria Hannah Arendt, todos passamos a ser refugiados, assim corroboramos com Wacquant:

> Se as mesmas pessoas que exigem um Estado mínimo, a fim de "liberar" as "forças vivas" do mercado e de submeter os mais despossuídos ao estímulo da competição, não hesitam em erigir um Estado máximo para assegurar a "segurança" no quotidiano, é porque a pobreza do Estado social sobre o fundo da desregulamentação suscita e necessita da grandeza do Estado penal. É porque esse elo causal e funcional entre os dois setores do campo burocrático é tanto mais forte quanto mais completamente o Estado se livra de qualquer responsabilidade econômica e tolera, ao mesmo tempo, um elevado nível de pobreza e uma pronunciada ampliação da escala das desigualdades. (Wacquant, 2007, p. 48)

Podemos entender assim que os mecanismos de controle social não têm nada a ver com o poder judiciário, a política e as prisões, senão com a escassez, com a miséria que o sistema capitalista gera para produzir matéria prima e

---

14 Entendendo aqui que o Brasil não passou pelo Estado do Bem Estar Social, porém onde não se configurou esse Estado de Bem Estado Social, o Estado Penal se torna ainda mais agigantado do que no plano internacional.

rentabilizar os equipamentos disciplinares punitivos: os produtos somos todos, eu e você. Aqui estamos recaindo a análise sobre o chamado controle social por meio formal, ou seja, regulamentado e legitimado pelo Estado, como é definido por Cohen:

> Medios no formales. Son aquellos que no están institucionalizados, como los medios de comunicación, la educación, las normas morales, etc. Estos medios no están formalizados a través de normas o leyes escritas. A pesar de ser informales presentan mayor peso que los formales porque transmiten hábitos, normas y valores determinados. Medios formales. Las medidas formales de control social son las que se implementan a través de estatutos, leyes y regulaciones contra las conductas no deseadas. Dichas medidas son respaldadas por el gobierno y otras instituciones por medios explícitamente coactivos, que van desde las sanciones hasta el encarcelamiento (Cohen, 1992, p. 79).

Dentro desse contexto está o sistema de execução penal, onde se pode destacar a aposta clara por manter a centralidade do cárcere como forma de sanção, estendendo suas funções coercitivas e materializando seus papeis nos processos de criminalização e de violação de direitos fundamentais. Há ainda uma legitimidade no entorno desse sistema, um discurso que legitima a pratica punitiva:

> Em nítido contraste com a sabedoria convencional do período passado, a opinião dominante agora é a de que "a prisão funciona" – não como um mecanismo de reforma ou de reabilitação, mas como instrumento de neutralização e de retribuição que satisfaz as exigências políticas populares por segurança pública e punições duras. Os anos recentes testemunharam uma notável reviravolta nos destinos da prisão. Esta instituição, com longa história de expectativas utópicas e de tentativas periódicas de reinvenção – primeiro como penitenciária, depois reformatório e, mais recentemente, como estabelecimento correcional –, finalmente viu suas ambições reduzidas ao terreno da neutralização e da punição retributiva. No curso, porém, desta mudança de *status*, a prisão novamente se transformou. Ao longo de poucas décadas, ela deixou de ser uma instituição desacreditada e decadente para se tornar um maciço e aparentemente indispensável pilar da ordem social contemporânea (Garland, 2008, p. 59).

O que assistimos é passagem e superação de paradigmas como o da reinserção, o da retribuição e na mudança do Estado de Social para um Estado Mínimo, indo para um Estado Penitenciário (Wacquant, 2004). Se alimenta o medo social difundindo um discurso baseado na segurança e bem-estar, mas na prática se sente de forma desigual os efeitos injustos de deterioração e privatização dos serviços públicos, desregulamentação do mercado de trabalho, e do impulso de políticas de controle social, tolerância zero e máxima repressão. Tolerância zero as "novas classes perigosas" (jovens desempregados, mulheres pobres) e tolerância infinita aos delitos de prepotência cometidos por setores poderosos da sociedade.

Apoiar essas práticas de "Tolerância Zero", acaba por minar concepções antropológicas, éticas, sociais e jurídicas, muito arraigadas com a dignidade da pessoa, reforça os erros judicias, a segregação, punição e privação de liberdade das classes menos favorecidas.

> Nesse contexto em que a negação dos direitos humanos é fundamental para a naturalização/banalização da barbárie, entendemos que aos canais de mídia contribuem para manufaturar consensos que contribuem capazes de dissimularem as relações sociais no sentido de favorecer a aceitação deste cenária de aviltamento dos direitos humanos" (Freire, 2014, p. 67)

A resposta ao delito e converte em pena por excelência e sua aplicação passa a fazer parte da ordem de segregação. Esse controle social formal estigmatiza uma parte da sociedade, utiliza do discurso de prevenção, os juízos de valores já não recaem sobre seus feitos e atos infracionais praticados e sim pelo possível **"perigo social" que esse determinado grupo pode representar:**

> (...) pequenos delinquentes ocasionais, desempregados, indigentes, moradores de rua, estrangeiros clandestinos, toxicômanos, deficientes físicos e mentais deixados à deriva pelo enfraquecimento da rede de proteção sanitária e social, bem como jovens de origem modesta, condenados, para (sobre) viver, a se virarem como puderem por meios lícitos ou ilícitos, em razão da propagação de empregos precários (WACQUANT, 2004, p 121).

É uma resposta do Estado ao clamor social pela segurança:

> Na verdade, não se trata agora só de regular na retaguarda processos biossociológicos de populações, mas, como referimos acima, de afirmar simbólica e ostensivamente o poder e a autoridade do Estado num momento em que o papel deste surge como cada vez mais residual noutras áreas. À crise do Estado-providência, que é paralela à crise das disciplinas, sucede um Estado que, perante os eleitores, se quer pujante na oferta da segurança e ordem pública, à medida que o "direito à segurança social" se vem transmutando em "direito à segurança" *tout court* (Cunha e Durão, 2011, p. 59).

A observação e vigilância são técnicas que vão sustentar estas formas de controle. O discurso da ressocialização passa a perde força do longo da história:

> Durante uma boa parte do século XX, a expressão abertamente confessada do sentimento de vingança foi virtualmente tabu, pelo menos da parte dos representantes do Estado, mas, nesses últimos anos, tentativas explícitas de expressar a cólera e o ressentimento do público tornaram-se um tema recorrente da retórica que acompanha a legislação penal e a tomada de decisões. Os sentimentos da vítima, ou da família da vítima, ou um público temeroso, ultrajado, são agora constantemente invocados em apoio a novas leis e políticas penais. O castigo – no sentido de uma sanção significativa

que apela para o sentimento do público – é uma vez mais um objetivo penal respeitável, abertamente reivindicado. (Garland, 1999, p.62).

A criação de espaços de encarceramento, é própria de um modelo de sociedade ultrapassado, mas em curso e em expansão:

> Estamos en una crisis generalizada de todos los lugares de encierro: prisión, hospital, fabrica, escuela, família (...) Reformar la escuela, reformar la indústria, el hospital, el ejercito, la prision: pero todos saben que estas instituciones estan terminadas, a mas o menos corto plazo. Solo se trata de administrar sua agonia y de ocupar a la gente hasta la instalacion de las nuevas fuerzas que esta golpeando la puerta. Son las sociedades de control las que estan reemplazando a las sociedades disciplinarias. (Deleuze, 2011, p.29)

É a partir desse contexto social de crescente déficit de cidadania onde os grandes espaços de encarceramento cobram um sentido pleno, mas o que assistimos é a construção de um panóptico pleno, onde não se evita que as prisões e o encarceramento da juventude negra e pobre siga sendo elemento chave. E mais, o aumento da pobreza, da marginalidade, as sombras e guetos que o capitalismo selvagem vai deixando por onde passa, geram nova matéria prima para manter esse modelo de sociedade punitiva, onde o cárcere desempenha um duplo papel: simbólico para quem cumpre as normas (a função simbólica da pena) e disciplinador para quem desobedece ou simplesmente desacata a ordem estabelecida. Nesses lugares de encarceramento a disciplina é elemento central, pois já não se busca desenvolver sujeitos dóceis, obedientes. Ao contrário, essa maquinaria punitiva, consegue estabelecer uma relação retroalimentadora, e os desfechos que o modelo produz consegue manter e justificar todo o aparato de controle em forma de polícia, prisão, equipes de tratamento, juízes, assistência social, segurança privada e demais mecanismos do sistema de controle.

O déficit de cidadania favorece a um maior controle social, por isso não evita que as prisões, e o número de jovens em conflito com a lei aumente a cada ano, vamos manter a fórmula mágica de proteger a sociedade:

> [...] a fórmula mágica de "proteger a sociedade (entenda-se as pessoas e seu patrimônio) da violência produzida por desajustados sociais que precisam ser afastados do convívio social, recuperados e reincluídos" [...] Reconhecer no agressor um cidadão parece ser um exercício difícil, para alguns, inapropriado. (Volpi, 2002, p.9).

A centralidade do encarceramento vai ocorrer no século XXI, porém as prisões não são um invento recente, e não aparecem em determinadas culturas, ou seja, não é universal, nem eternas. Existem porque há demandas para isto. Logo o que há é uma necessidade de percepção para superar sua aparente necessidade e mudar os códigos socais que as fazem necessárias. O delito é uma construção social, e a sua consequente aplicação de pena é a partir de um marco normativo socialmente construído e aceito. Devemos tentar desconstruir essa construção social, isto é, decodificar aquilo que parece como eterno e universal, mas que não é nada mais que um fenômeno relativamente novo e próprio de um modelo de sociedade determinado:

> Os recentes desdobramentos em matéria de controle do crime e da justiça criminal são intrigantes porque envolvem uma súbita e perturbadora subversão do padrão histórico assentado. Mostram uma aguda descontinuidade que reclama explicação. Os processos modernizantes que, há tão pouco tempo, pareciam sedimentados neste domínio – acima de todas as tendências de longo prazo que apontavam para a "racionalização e para a civilização – agora aparentam ter engatado a marcha à ré". A reaparição, na política oficial, de sentimentos punitivos e de *gestos*expressivos, que parecem estranhamente arcaicos e absolutamente antimodernos, tende a confundir as teorias sociais comuns sobre a punição e seu desenvolvimento histórico. Nem mesmo o mais criativo leitor de Foucault, Marx, Durkheim e Elias poderia prever estes desdobramentos recentes, e certamente nenhuma previsão deste tipo jamais surgiu. (Garland, 2008: 44)

A manufatura do consenso que legitimam os instrumentos de controle social, a insegurança de alguns se constitui em boa parte a segurança dos demais, nesse sentido, o sistema penal estigmatiza alguns para a reforçar a identidade do restante. Num paradoxo, a política criminal é a continuação da política econômica. Nesse sentido a política pública de atendimento socioeducativo e as políticas criminais não se opõe, senão somente se complementam. Em relação ao ECA há materialização desse controle social para os adolescentes infratores:

> (...) o controle sociopenal é também instituído como uma das formas de controle do Estado de Dreito sobre o adolescente. O ECA materializou formalmente o controle sociopenal como uma das estratégias de controle da sociedade de controle. Sociedade que faz do cultado da penalidade, da tolerância zero, da xenofobia, do me do e da generalização da segurança. (Oliveira e Silva, 2011, p.225)

Há então uma insistência e interesse para que aceitemos a privação de liberdade como algo dado e imutável, há uma naturalização e banalização desse encarceramento em massa. Estamos aceitando então de forma clara o fracasso social, que supõe não sermos capazes de enfrentar nossos próprios problemas. Quando aceitamos que outros – o Estado – se encarregue de nossos problemas, legitimamos uma estrutura de poder que se ergue sobre nossa debilidade, que não soluciona nossos conflitos, que nos debilita e nos confunde. Concluímos então que estamos diante de uma sociedade obcecada pelo castigo, pela punição.

2. Política de Atendimento Socioeducativo no Brasil: um "não lugar" a serviço do Capital

2.1. Mapeando as contradições da Política de Atendimento Socioeducativo: Código de Menores de 1979, Estatuto da Criança e do Adolescente e a Lei do SINASE (Lei 12.594/2012)

A historiografia temática do atendimento socioeducativo no Brasil será caracterizada por uma discussão a partir de um recorte temporal recente, ou seja, a partir do Código de Menores, tendo em vista que o objetivo do estudo é uma análise pormenorizada da política atual de atendimento socioeducativo e não da história dessa política. Assim o recorte a partir dessa data permite a contextualização necessária para subsidiar e compreender o processo apresentado nesse esse estudo.

Em 1979, por meio da Lei n. 6.697, de 10 de outubro do mesmo ano, entra em vigor o novo código de Menores, porém essa nova lei nascia com 'ares de atrasada', pois em essência não abordava questão já superadas pela Declaração dos Direitos da Criança, adotada pela ONU em 20 de novembro de 1959. Em suas disposições preliminares retrata:

> Este código dispõe sobre assistência, proteção e vigilância a menores:
> I – até 18 anos de idade, que se encontrem em situação irregular;
> II – entre 18 e 21 anos, nos casos expressos e, lei.
> Parágrafo Único – as medidas de caráter preventivo aplicam-se a todo menor de dezoito anos, independente da situação (Brasil, 1979).

Essa lei reforça o que é apontado em vários estudos como a "Doutrina da Situação Irregular". Para efeitos desta Lei (Código) considera-se em situação irregular o menor:

> I - privado de condições essenciais a sua subsistência, saúde e instrução obrigatória, ainda que eventualmente em razão de: a) falta, ação ou omissão, dos pais ou responsável; b) manifesta impossibilidade dos pais ou responsável para provê-las;
> II - vítima de maus tratos ou castigos imoderados impostos pelos pais ou responsáveis;
> III - em perigo moral, devido: a) encontrar-se, de modo habitual, em ambiente contrario aos bons costumes; b) exploração em atividade contrária aos bons costumes;
> IV - privado de representação ou assistência legal, pela falta eventual dos pais ou responsável;
> V - com desvio de conduta em virtude de uma grave inadaptação familiar ou comunitária;

O sujeito "irregular" estaria então a mercê da jurisdição de um juiz de menores, no qual tinha poder inquisitivo e irrestrito sobre o destino destes. O Juiz tinha amplos poderes decisórios sobre o caso, onde não havia necessidade do devido processo legal, nem ao menos da ampla defesa. Continuava a não diferenciação entre situação de abandono, vulnerabilidade, usuário de drogas e questões relacionadas a criminalidade, ficando todas as ações configuradas como situações irregulares, e o atendimento seguia a mesma lógica. As unidades de atendimento tinham caráter repressivo e regulador, não havendo olhares para especificidades no atendimento, aqui prolifera-se no Brasil a manutenção dos grandes "Abrigões" e escolas "Reformatórios". Ou seja, refletia-se a lógica, da repressão e do controle social típico dos períodos militares, não sendo diferente no país, a cultura de internação vira uma regra.

O problema mais grave dessas orientações normativas legais é a herança que o sistema de atendimento deixará a política de atendimento da década de 1990. Isto porque naquele período a compreensão equivocada, de "situação irregular", moldou a formulação os modelos de atendimento. Já retratados pelos modelos de fundações como a criada em 1964 a Fundação Nacional do Bem-Estar do Menor – FUNABEM –, que passou a ser responsável por toda a política destinada ao segmento infanto-juvenil no País. A Reorganização da política nessa área fez replicar as Fundações Estaduais de Bem Estar do Menor - FEBEMs, com importantes aportes de recursos para os estados, porém marcadas e estigmatizadas pela especialização necessária ao atendimento ao adolescente em conflito com a lei. Pelo modelo legal as instituições de atendimento para "internação" passaram a ficar superlotadas, com práticas desumanas, com poucas perspectivas de superação dos estigmas e condições a que eram suplantados.

As expressões do senso comum caracterizam a subsistência, a vitimização, o perigo moral, o desvio de conduta ou criminoso, todos se enquadravam como irregular. Logo havia um reforço de discriminação na base da lei, onde pobreza e ilicitudes ganhavam o mesmo contorno, abandono e crime tinham o mesmo espaço na internação em reformatórios. Podemos concluir então duas situações de infância as "regulares" e as "irregulares", logo podia-se privar a de liberdade sem justificativa ou comprovação de um ato infracional (crime), e mesmo crianças poderiam encontrar-se nessa situação, excluídos também da convivência familiar e comunitária por decisão do Judiciário.

Com a promulgação da Constituição em 1988, o mesmo clamor para uma reforma do Direito da Criança e do Adolescente no Brasil já se estabelecia, mais que uma mudança na lei, era preciso uma quebra de paradigma e isso já vinha descrito na constituição brasileiro, em especial nos artigos 227 e 228. O Estatuto da Criança e do Adolescente (ECA) é sancionado pelo presidente Fernando Collor de Mello, com olhares e aplausos dos organismos internacionais da área de defesa dos direitos da criança e do adolescente, no dia 13 de julho de 1990.

O Estatuto nasce a partir das discussões envolvendo vários seguimentos da sociedade civil organizada e fica instituída com o número 8.069 de 1090. Como retrata Costa (2006), o ECA é fruto da contextualização e mobilização político-governamental e traz um sistema de garantias fundamentais, e propõe um pensar sistêmico e amplo das políticas estabelecendo o Sistema de Garantia de Direitos das Crianças e Adolescentes, e ainda a articulação e interface dos subsistemas. O ECA é considerado uma legislação de vanguarda, porém por si só não, como qualquer outra lei, não é capaz de fomentar mudanças éticas e estruturais necessárias, mas se torna o alicerce necessário para a construção de uma nova prática. Estabelece assim um novo paradigma, com proteção da família, do Estado e da Sociedade como um todo para as crianças e adolescentes. O Estatuto considerou ainda várias normativas internacionais, como destacou Volpi (2008): Regras Mínimas das Nações Unidas para a Administração da Infância e da Juventude, as Regras de Beijing; Regras das Nações Unidas para a Proteção dos Jovens Privados de Liberdade e Diretrizes das Nações Unidas para a Prevenção da Delinquência Juvenil, Diretrizes de Riad.

Nesse contexto de construção de um novo olhar e práticas é importante citar o papel dos Gestores do Sistema de Garantia de Direitos. Na Década de 1980, no seio da discussão de superação e substituição do Código de Menores, e com a necessidade de maior articulação, os órgãos estaduais fortaleceram essa luta conjunta com a criação do FONACRIAD - Fórum Nacional de Dirigentes de Políticas Estaduais para a Criança e ao Adolescente. O FONACRIAD já nasce integrado na luta nacional pela mudança de paradigmas explicitados no art. 227 da Constituição Federal, e teve papel fundamental na elaboração, aprovação e consolidação do Estatuto da Criança e do Adolescente. Desde então, o FONACRIAD tem exercido o seu papel na defesa dos direitos de crianças e adolescentes e pela melhoria do atendimento, alternando a Presidência entre dirigentes estaduais a cada ano, tendo seus encontros realizados nos diversos Estados da Federação e em Brasília. Atualmente é formado por gestores de todos os Estados da Federação responsáveis pela Política de Atendimento Socioeducativo, sendo encontros em reuniões técnicas e encontros nacionais, reafirmando seus compromissos através das cartas institucionais e da articulação política junto aos demais atores do Sistema de Garantia, na busca incessante pela garantia e defesa dos Direitos das Crianças e Adolescentes.

Em princípio a nova legislação implanta uma concepção acerca da população de 0 a 18 anos. Passam a ser considerados sujeitos de direitos sobre a orientação da Prioridade Absoluta, reforça a responsabilidade do Estado, humaniza o olhar, em especial aos que cometem ato infracional, instiga a uma especialização desse atendimento. Define no Artigo 103 que ato infracional é "a conduta descrita como crime ou contravenção penal". E que as medidas socioeducativas podem ser aplicadas a adolescentes, ou seja, a partir dos 12 anos de idade.

Para o Sistema de Atendimento Socioeducativo o ECA propõe um novo modelo de gestão da política pública, discussão já eminente na própria constituição, baseado nos ideais de democracia, cuidado com o público, participação popular da sociedade, princípio da prioridade absoluta a criança e ao adolescente. Os Conselhos de Direitos da Criança e do Adolescente (Nacional, Estaduais, Municipais) surgem como definidores da política, gestores dos recursos dos Fundos para Infância e Adolescência (FIAs). O adolescente passa a ser entendido como um sujeito de direitos, há a necessidade e obrigatoriedade do devido processo legal, parte desta a defesa técnica do adolescente.

Em seu artigo 102 o Estatuto prevê as medidas socioeducativas, sendo elas: I - Advertência; II – Obrigação de reparar o dano; Medidas Socioeducativas em meio aberto: III – Prestação de Serviço à Comunidade; IV – Liberdade Assistida; Medida Socioeducativa de Restrição de Liberdade: IV – Inserção em Regime de

Semiliberdade; Medida Socioeducativa de Privação de Liberdade: VI – Internação em Estabelecimento Prisional. Sendo que o recorte desse estudo recaí sobre as medidas socioeducativas de restrição e privação de liberdade.

As medidas socioeducativas em meio aberto devem ser executadas pelo município e as de restrição e privação de liberdade pelo Poder Público Estadual. Toda a medida socioeducativa tem caráter de responsabilização pelo ato infracional cometido, e devem ser orientadas pelo respeito à condição de pessoa em desenvolvimento. Em relação as medidas de restrição e privação de liberdade o ECA traz como princípio à proteção integral e a excepcionalidade e brevidade da medida socioeducativa de internação e ainda a importância da prevalência das medidas socioeducativas em Meio Aberto como forma de facilitar a inclusão social e o fortalecimento de vínculos familiares e comunitários. Ainda na lógica do estabelecimento do devido processo legal, o Estatuto prevê Prazos Legais no que se refere à privação de liberdade do adolescente, atentando para:

a) o Art. 108, que prevê prazo máximo de 45 dias para internação provisória;

b) os Art. 171, 172 e 175, que preveem apresentação imediata do adolescente à autoridade competente;

c) o Art. 121, que prevê o prazo máximo de internação de 3 anos e a obrigatoriedade de reavaliação da medida no prazo máximo de 6 meses.

Em 11 de dezembro de 2006, após intenso processo de construção coletiva iniciado em 2002, o Conselho Nacional dos Direitos da Criança e do Adolescente – CONANDA aprovou a resolução 119, que dispõe sobre o Sistema Nacional de atendimento Socioeducativo – SINASE, orientado por conteúdos e preceitos das Normativas Internacionais, da Constituição Federal de 1988 e do Estatuto da Criança e do Adolescente (BRASIL, 2006).

Em seu artigo primeiro registra que constitui uma política pública destinada à inclusão do adolescente em conflito com a lei que se correlaciona e demanda iniciativas dos diferentes campos das políticas públicas e sociais, e segue ainda nos artigos posteriores com a intenção de se estabelecer como um conjunto ordenado de princípios, regras e critérios, de caráter jurídico, político, pedagógico, financeiro e administrativo, que envolve desde o ato infracional até a execução de medidas socioeducativas. Este documento orientador/regulador aparece como marco histórico necessário e importante e passa a subsidiar as ações dos Conselhos, Gestores, Ministério Público, Poder Judiciário e demais atores do Sistema de Garantia de Direitos da Criança e do Adolescente.

Porém, em que pese os avanços registrados com a instituição do SINASE, ainda há a necessidade de se regulamentar o atendimento socioeducativo no Brasil, esforço que se concretiza a partir da Nova Lei do Sinase (Lei 12.594 de janeiro de 2012), que é uma Lei de Execução de Medidas Socioeducativas.

Mesmo com essa legislação em vigor, é possível ainda voltar os princípios norteadores presentes do no Estatuto para conceituarmos e embasarmos nossa discussão. Nessa perspectiva podemos citar Costa, com os princípios reitores da política de atendimento do ECA:

> 1. Princípio da Descentralização: municipalização do atendimento;
> 2. Princípio da Participação: criação de Conselhos;
> 3. Princípio da Focalização: criação e manutenção de programas específicos;
> 4. Princípio da Sustentação: manutenção de fundos nacional, estaduais e municipais;
> 5. Princípios da Integração Operacional: atuação convergente e intercomplementar dos órgãos do Judiciário, Ministério Público, Segurança Pública e Assistência Social no atendimento ao adolescente a quem se atribua autoria de ato infracional;
> 6. Princípio da Mobilização: desenvolvimento de estratégias de comunicação que visem à participação dos diversos segmentos da sociedade no promoção e defesa dos direitos da população infanto-juvenil. (Costa, 2006, p. 66)

Um problema detectado é que esses princípios reitores da política de atendimento virão à tona, para a execução das medidas socioeducativas, de maneira tardia, somente após 15 anos de vigência do Estatuto, porém será necessário um olhar sobre o princípio da sustentação já que é preciso conhecer as formas de financiamento e modelos de gestão.

Ainda nessa lógica, após a deliberação do SINASE, pelo CONANDA, ainda se discute e muito a necessidade um Reordenamento Institucional, que para o Sistema de Atendimento Socioeducativo não acontece de fato nem mesmo com as diretrizes do ECA. Vamos entender aqui reordenamento institucional a partir do proposto por Costa, que compreende passar por três tipos de mudanças:

1. Mudanças de conteúdo: substituindo a herança trágica do não-direito da Doutrina da Situação Irregular pela vigência plena do novo direito da infância e da Juventude (Doutrina da Proteção Integral);
2. Mudanças de Método: substituindo as práticas assistencialistas e correcionais repressivas (ainda vigentes) por uma socioeducação pedagogicamente emancipadora e juridicamente garantista;
3. Mudanças de gestão: rompendo, definitivamente, com a estrutura e o funcionamento dos órgãos de atendimento (ainda muito calcados no modelo herdado do sistema FEBEM(s)/FUNABEM) e procedendo a uma nova divisão do trabalho socioeducativo entre a União, os estados e os municípios, bem como entre o Estado e a sociedade civil. Para tanto, é importante que o CONANDA oriente esse processo por meio de normas infralegais. (Costa, 2006, p.57)

Havia uma esperança que com a promulgação da Lei do SINASE, esse quadro de reordenamento já discutido na deliberação do CONANDA em 2006 se consolidaria. A da Lei 12.594/2012, que institui o Sistema Nacional de Atendimento Socioeducativo (SINASE), além de reunir princípios, regras e critérios para a execução de medidas socioeducativas e para programas de atendimento ao adolescente infrator. O texto é derivado do Projeto de Lei da Câmara (PLC) 134/2009, de autoria do próprio Executivo, e passou por cinco comissões permanentes do Senado, o PLC 134/2009 foi aprovado no Plenário em 20 de dezembro de 2011, apenas com emendas de redação ao texto enviado pela Câmara.

Ao instituir o SINASE, a nova lei define as competências dos entes federativos, os planos de atendimento nas respectivas esferas de governo, os diferentes regimes dos programas de atendimento, o acompanhamento e a avaliação das medidas, a responsabilização dos gestores e as fontes de financiamento. Trata ainda da execução das medidas socioeducativas, abrangendo os procedimentos gerais e os atendimentos individuais, a atenção integral à saúde do adolescente em atendimento (com previsão específica para casos de transtorno mental e dependência de álcool ou substância psicoativa), os regimes disciplinares e a oferta de capacitação para o trabalho.

A lei recomenda a individualização e a construção de um projeto de cumprimento da medida socioeducativa para cada adolescente, levando em conta as peculiaridades de cada um, contexto histórico social, como por exemplo o registro de doenças, deficiências e dependência química, histórico de infração, relações na comunidade, etc. O princípio da não discriminação do adolescente, em razão de etnia, gênero, nacionalidade, classe social, orientação religiosa, política ou sexual, é outro norteador das ações socioeducativas abrangidas pelo Sinase.

A Lei do SINASE acaba por destacar um capítulo para tratar especificamente dos planos de atendimento - inclusive a participação da família; sua avaliação e o acompanhamento da gestão, além da a inclusão de seção específica para tratar do regime de visitas a adolescentes em cumprimento de medida socioeducativa de privação de liberdade, assegurando as visitas dos filhos independentemente da idade, bem como garantindo àqueles casados ou que comprovadamente vivam em União Estável, o direito à visita íntima;

Há a previsão de regimes disciplinares, agrupando diretrizes que estavam dispersas no texto original, além de acrescentar normas também para o socioeducando em cumprimento de medidas de meio aberto, pois só havia previsão para os casos de medida de privação de liberdade. Neste capítulo incluímos ainda possibilidade de benefício por esforços empreendidos pelo adolescente, por entendermos que a necessidade desse tipo de procedimento para qualquer instituição ou programa;

Previsão sobre a Atenção Integral à Saúde, tema de grande destaque nas discussões entre os gestores, com ênfase ao atendimento da adolescente gestante e aos adolescentes comprovadamente com transtorno mental e/ou dependência química e ainda capítulo para tratar de meios para a capacitação para o trabalho, inexistente no projeto original, alterando as leis de criação do SENAI, SENAC e SENAR para prever, obrigatoriamente, oferta de vagas aos usuários do SINASE, nas condições a serem dispostas em instrumentos de cooperação celebrados entre os operadores dos respectivos Sistemas

Outra discussão necessária é acerca da inclusão de novas possibilidades de financiamento do SINASE, ampliando as fontes de recursos ao propor alterações nas leis de criação do Fundo Nacional Anti Drogas – FUNAD; do Fundo de Amparo ao Trabalhador – FAT; do Fundo Nacional de Desenvolvimento da Educação – FNDE, e dos Fundos de Defesa da Criança e do Adolescente – FDCA, bem como acrescentando financiamento por recursos do orçamento fiscal e não apenas da seguridade social;

Um tema discutido no novo projeto de lei foi o acréscimo de novo capítulo específico para tratar da responsabilização de gestores, operadores e entidades de atendimento, sem prejuízo do disposto no Estatuto da Criança e do Adolescente, normas da Parte Geral do Código Penal e, quanto ao Processo, as pertinentes ao Código de Processo Penal, e alterando a Lei da Improbidade Administrativa, de forma a incluir aquele que, mesmo não sendo agente público, induza ou concorra, sob qualquer forma direta ou indireta, para o não cumprimento das normas que regem os Sistemas Nacional, Distrital, Estaduais e Municipais de Atendimento Socioeducativo. Portanto, a avaliação deveria ser sistêmica e para monitorar o processo de estruturação da política pública de atendimento socioeducativo, com a finalidade de diagnosticar, e corrigir rumos. Deve funcionar como uma ferramenta importante para o conjunto de órgãos/instituições do sistema socioeducativo nas diferentes esferas de governo e nos diferentes poderes de estado, a fim de que a política pública se efetive.

Por conta das novas possibilidades de financiamento, é preciso dizer que a Lei do SINASE trata não apenas da execução das medidas socioeducativas. Ela abrange também os procedimentos gerais e os atendimentos individuais, a atenção integral à saúde do adolescente em atendimento (com previsão específica para casos de transtorno mental e dependência de álcool ou substância psicoativa), os regimes disciplinares e a oferta de capacitação para o trabalho.

A sanção da Lei que institui o SINASE foi de encontro e ratificou deliberações anteriores dos Conselhos de Direitos. Conselhos que foram instituídos pelo Estatuto da Criança e do Adolescente e tem papel fundamento no Sistema de Garantia de Direitos, e é o CONANDA (Conselho Nacional dos Direitos da Criança e do Adolescente) que propõe outras duas deliberações que são fundamentais para o contexto do atendimento socioeducativo no Brasil: Sistema Nacional de Atendimento Socioeducativo – SINASE e o Plano Nacional de Convivência Familiar e Comunitária – PNCFC. Ambos documentos devem ser colocados em prática, observados na sua essência e ainda divulgados em toda sua amplitude. Antes da aprovação como Lei o SINASE existia somente como resolução do Conselho Nacional dos Direitos da Criança e do Adolescente (Conanda), o que, em tese, permitia que fosse alterado mais facilmente, dentre os conselheiros membros. Como lei, ganha estatura legislativa semelhante à do ECA e só pode ser mudado a partir de um novo projeto de lei.

Em 2014, a Secretaria de Direitos Humanos, no documento levantamento nacional de atendimento socioeducativo, registra um quadro que resume as principais normativas acerca do atendimento socioeducativo, sendo uma referência para esses estudos:

1985	Regras Mínimas das Nações Unidas para a Administração da Justiça de Menores - Regras de Beijing. Resolução 40/33, de 29 de Novembro de 1985 - Assembleia Geral das Nações Unidas.
1988	Constituição Federal da República Federativa do Brasil de 1988.
1990	Lei Federal nº 8.069, de 13 de Junho de 1990. Institui o Estatuto da Criança e do Adolescente.
	Decreto nº 99.710, de 21 de Novembro de 1990. Promulga a Convenção sobre os Direitos da Criança.
	Princípios Orientadores de Riad - Princípios Orientadores das Nações Unidas para a Prevenção da Delinquência Juvenil. Resolução 45/112, de 14 de Dezembro de 1990 - Assembleia Geral das Nações Unidas.
	Regras Mínimas das Nações Unidas para a Proteção dos Jovens Privados de Liberdade - Unicef. Adotadas pela Assembleia Geral das Nações Unidas em 14 de dezembro de 1990, durante o Oitavo Congresso das Nações Unidas sobre a prevenção do delito e do tratamento do adolescente em conflito com a lei.
1991	Lei Federal nº 8.242, de 12 de Outubro de 1991. Cria o Conselho Nacional dos Direitos da Criança e do Adolescente (Conanda).
1996	Lei nº 9.394, de 20 de dezembro de 1996. Lei de Diretrizes e Bases da Educação.
2004	Diretrizes Curriculares Nacionais para a Educação das Relações Étnico-Raciais e para o Ensino de História e Cultura Afro-Brasileira e Africana. Parecer CNE/CP n.º 3, de 10 de março de 2004 e Resolução n.º 1, de 17 de junho de 2004.
2006	Plano Nacional de Educação em Direitos Humanos.
	Resolução nº 113, de 19 de abril de 2006 (Conanda). Dispõe sobre os parâmetros para a institucionalização e fortalecimento do Sistema de Garantia dos Direitos da Criança e do Adolescente.
	Decreto s/n, de 13 de julho de 2006. Cria a Comissão Intersetorial de Acompanhamento do Sistema Nacional de Atendimento Socioeducativo.
	Resolução nº 119, de 11 de dezembro de 2006. Dispõe sobre o Sistema Nacional de Atendimento Socioeducativo
2008	Diretrizes Operacionais para a Educação de Jovens e Adultos. Parecer CNE/CEB nº 23, de 8 de outubro de 2008, Parecer CNE/CEB nº 6, de 7 de abril de 2010 e Resolução nº 3, de 15 de junho de 2010.
	Portaria MDS Nº 222/2008 - Estabelece o inicio da implementação do Serviço de MSE em Meio Aberto no âmbito do SUAS
2009	Resolução nº 109 de 11 de Novembro de 2009 do Conselho Nacional de Assistência Social - CNAS. Dispõe sobre a Tipificação Nacional de Serviços Socioassistenciais.
	Programa Nacional de Direitos Humanos - PNDH-3. Decreto nº 7.037, de 21 de dezembro de 2009.

2010	Diretrizes Nacionais para a Oferta de Educação para Jovens e Adultos em situação de privação de liberdade nos estabelecimentos penais. Parecer CNE/CEB nº 4, de 9 de março de 2010 e Resolução nº 2, de 19 de maio de 2010.
	Diretrizes Curriculares Nacionais Gerais para a Educação Básica. Parecer CNE/CEB nº 7, de 7 de abril de 2010 e Resolução nº 4, de 13 de Julho de 2010.
2011	Plano Decenal dos Direitos Humanos de Crianças e Adolescentes. Aprovado pelo CONANDA no dia 19 de abril de 2011.
	Diretrizes para o atendimento de educação escolar de crianças, adolescentes e jovens em situação de itinerância. Parecer CNE/CEB nº 14, de 7 de dezembro de 2011 e Resolução CNE/CEB nº 3, de 16 de maio de 2012.
2012	Lei nº 12.594, de 18 de janeiro de 2012. Institui o Sistema Nacional de Atendimento Socioeducativo (Sinase).
	Diretrizes Nacionais para a Educação em Direitos Humanos. Parecer CNE/CP nº 8 de 6 de março de 2012 e Resolução CNE/CP nº 1, de 30 de maio de 2012.
	Portaria Interministerial nº 990, de 1º de agosto de 2012. Institui Grupo de Trabalho Interministerial (MEC e SDH/PR) para elaborar propostas e estratégias para a escolarização e profissionalização de adolescentes que cumprem medidas socioeducativas.
	Carta de Constituição de Estratégias em Defesa da Proteção Integral dos Direitos da Criança e do Adolescente Publicada no Diário da Justiça Eletrônico do Conselho Nacional de Justiça, nº 189, em 15 de outubro de 2012.
	Programa Mundial para Educação em Direitos Humanos. Publicado em 2012 em Paris pela UNESCO, pela Assembleia Geral das Nações Unidas e pelo Alto Comissariado das Nações Unidas para Direitos Humanos.
	Nota Técnica nº 38, de 26 de agosto de 2013 (CGDH/DPEDHUC/SECADI/MEC). Traz orientação às Secretarias Estaduais de Educação para a implementação da Lei do Sinase.
	Sistematização do Seminário Nacional: O Papel da Educação no Sistema Socioeducativo - 11 e 12 de novembro de 2013.
	Resolução nº 160, de 18 de novembro de 2013 (Conanda). Aprova o Plano Nacional de Atendimento Socioeducativo.
	Escola Nacional de Socioeducação - Parâmetros de Gestão, Metodológicos e Curriculares Aprovada em plenária pelo Conanda em dezembro de 2013.
2014	Resolução Conselho Nacional de Assistência Social - CNAS nº 18, de 5 de junho de 2014. Dispõe sobre expansão e qualificação do Serviço de Proteção Social aos Adolescentes em Cumprimento de Medidas Socioeducativas em Meio Aberto de Liberdade Assistida e Prestação de Serviços à Comunidade no exercício de 2014

Fonte: SDH 2014.

A partir desse quadro é possível constatar que são tomadas ações normativas definidas diretrizes legais, porém, não se tornam ações concretadas capazes de interferir no contexto de atendimento, em especial dos adolescentes em privação de liberdade.

2.2 Panorama da Política de Atendimento Socioeducativo no Brasil

Em especial as medidas socioeducativas aparecem como um grande desafio de aplicação, execução e entendimento. Observamos em todo território brasileiro um conjunto variado de impedimentos econômicos, políticos, sociais, ideológicos e organizacionais a execução de medidas socioeducativas de modo adequado e eficaz.

Em levantamento nacional realizado pela Secretaria de Direitos Humanos (SDH) sobre o atendimento socioeducativo ao adolescente em conflito com a lei, é construído um registro situacional do mês de novembro de 2011 que aponta que nessa data havia 19.595 adolescentes em cumprimento de medida socioeducativa de privação e restrição de liberdade. Desses, 95% são do gênero masculino e somente 5% do gênero feminino. Esses quase 20 mil adolescentes representam um crescimento de 10,69% em relação a 2010, e esse crescimento tem seguido uma lógica constante:

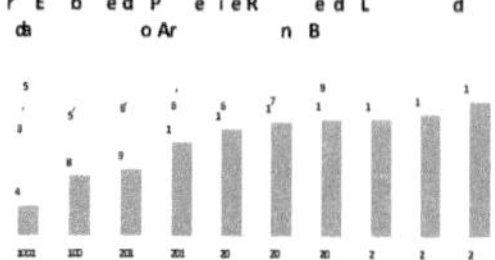

Fonte: SDH 2012

Se consideramos o levantamento mais recente da SDH, que é de 2014 os números mantem o aumento de adolescentes privamos de liberdade:

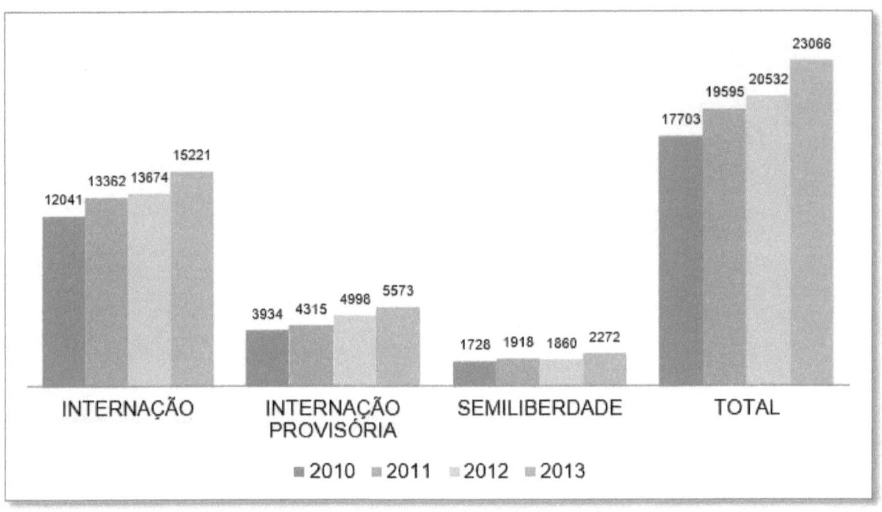

Fonte: SDH 2014.

Seguindo essa lógica há uma inversão na prevalência das medidas socioeducativas onde a semiliberdade deveria ser mais utilizada que a medida socioeducativa de internação:

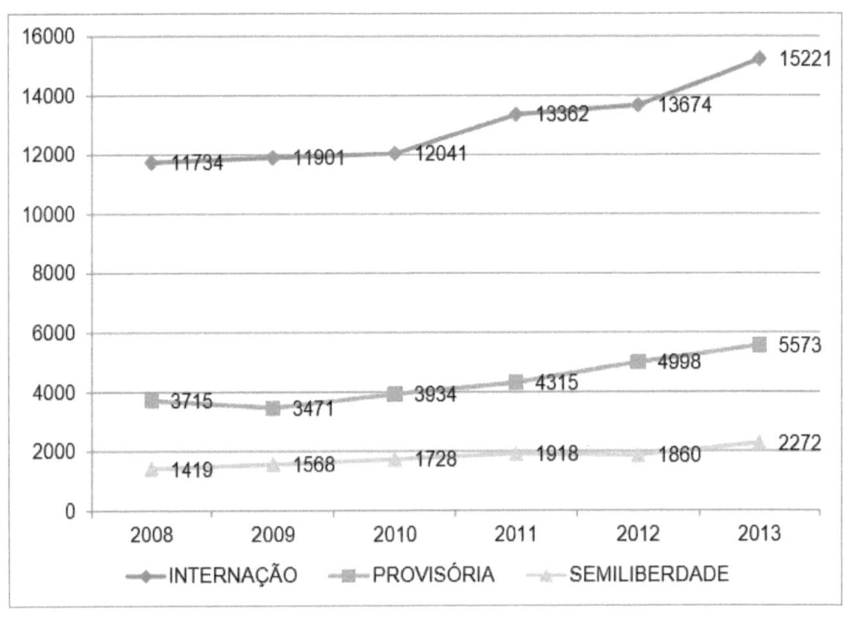

Fonte: SDH 2014

Outro dado que se evidencia no contexto do atendimento socioeducativo a partir do levantamento da SDH é o reforço do investimento na construção de unidades de privação de liberdade (internação provisória e semiliberdade) em detrimento da construção de espaços de restrição de liberdade (semiliberdade):

Unidades Socioeducativas			
Programas		**Instituições**	
		2010	**2011**
Exclusivas	Internação	124	123
	Internação Provisória	55	43
	Semiliberdade	110	110
	Atendimento Inicial	16	10
Mistas	Internação, Internação Provisória, Semiliberdade e Atendimento Inicial	130	162
		435	448

Fonte: SDH, 2012

Vale destacar ainda que são 448 unidades de restrição e privação de liberdade no país, sendo que 17% (75) estão inadequadas aos parâmetros do Sinase e 14% (62) em condições ruins ou péssimas, o que reafirma a necessidade de investimento no reordenamento da rede física instalada. Ou seja, há somente 6% das unidades adequadas aos parâmetros do Sinase, sendo que 74,68% são considerados parcialmente adequados (SDH, 2012).

Além da inadequação física dos espaços, o que fica evidente no atendimento socioeducativo, no contexto das unidades de restrição e privação de liberdade, é a ausência de uma metodologia de atendimento. O que se deve buscar no atendimento ao adolescente em conflito com a lei é um processo de construção, ou reconstrução, de projetos de vida reais e possíveis de serem realizados, que alterem suas rotas de vida, desatrelando-os da prática de atos infracionais. O adolescente que adentra o mundo da criminalidade acredita ter encontrado alguma solução para os problemas que enfrenta, seja de ordem econômica, familiar, social e/ou emocional. Ajudá-lo a superar essa condição exige dos profissionais a implementação de uma proposta pedagógica que dê todo o suporte na descoberta de novas possibilidades de existir e de encontrar um novo caminho para, gradativamente, resgatar-se como ser-no-mundo e ser-ao-mundo. Assim, paulatinamente, esse adolescente poderá elaborar respostas adequadas aos seus problemas sem ficar em conflito com a lei.

No levantamento da SDH em 2014, não há registro das unidades que são adequadas fisicamente ou não as previsões do SINASE, mas há registro de aumento no número de unidades de 2012 para 2013, de 448 para 466:

Perfil da Unidade	Exclusivamente Masculina	Exclusivamente Feminina	Mista	Número de Unidades
Acre	5	0	2	7
Alagoas	7	1	0	8
Amapá	1	1	2	4
Amazonas	3	1	1	5
Bahia	8	0	2	10
Ceará	8	1	4	13
Distrito Federal	7	1	2	10
Espírito Santo	12	1	0	13
Goiás	6	0	4	10
Maranhão	3	1	3	7
Mato Grosso	5	1	0	6
Mato Grosso do Sul	8	2	0	10
Minas Gerais	30	2	0	32
Pará	11	3	1	15
Paraíba	7	1	0	8
Paraná	19	2	4	25
Pernambuco	17	3	1	21
Piauí	3	1	3	7
Rio de Janeiro	19	2	3	24
Rio Grande do Norte	6	1	0	7
Rio Grande do Sul	21	2	0	23
Rondônia	9	1	6	16
Roraima	0	0	1	1
Santa Catarina	19	1	3	23
São Paulo	137	7	6	150
Sergipe	3	1	0	4
Tocantins	3	0	4	7
BRASIL	377	37	52	466

Fonte: SDH 2014.

A falta de alinhamento nas práticas de aplicação e execução das diferentes medidas socioeducativas pelas Unidades da Federação em seus três poderes se constitui como um primeiro desafio ao seu desenvolvimento. O contexto de privação e restrição de liberdade traz, por natureza, alguns conflitos. Gerados pela própria condição que não é inerente ao ser humano, ou seja, perder sua liberdade. Como apontamento, é importante anotar o contido no Sinase em que reafirma que a gestão dos programas deve seguir princípios de gestão participativa, democrática:

> demanda autonomia competente e participação consciente e implicada de todos os atores que integram a execução do atendimento socioeducativo. Esta diretamente associada ao compartilhamento de responsabilidades, mediante compromisso coletivo com os resultados (SINASE, 2006, p. 40).

Assim, a metodologia de gestão, independentemente de se pensar um programa estadual ou municipal, deverá prever um gestor, responsável legal pelo programa ou instituição e um "grupo gestor", garantindo a decisão e atribuições de forma colegiada, possibilitando a integração dos diferentes atores que fazem o atendimento, de modo a se estabelecer como um canal privilegiado, além de compartilhar o poder decisório desde o planejamento a execução dos programas.

A sanção da Lei que institui o SINASE vai de encontro e ratifica deliberações anteriores dos Conselhos de Direitos, em especial do CONANDA (Conselho Nacional dos Direitos da Criança e do Adolescente). E essas ações reafirmam a necessidade de uma prática diferente no atendimento ao adolescente privado de liberdade. É necessária a opção por um novo caminho que leve a uma socioeducação real, com foco no adolescente. A socioeducação, como conceituava o pedagogo Antônio Carlos Gomes da Costa (2009), deve ter como fundamento os princípios de liberdade e os ideais de solidariedade e, como fim, a formação plena do educando, sua preparação para o exercício da cidadania, e sua qualificação para o trabalho. A ação socioeducativa, portanto, é a preparação do jovem para o convívio social, e para isso concorrem todas as atividades para desenvolver o seu potencial para ser e conviver, isto é, prepará-lo para conviver consigo mesmo e com os outros. Se isto não for alcançado como meta, tudo será inútil.

Seguindo esta linha de raciocinio percebemos que, a socioeducação vai além da educação familiar e da educação escolar. Ultrapassa esses dois aspectos e se bifurca em uma educação de caráter responsabilizador e de caráter protetivo para garantia de direitos, voltada para o trabalho social e educativo para jovens em conflito com a lei.

As ações pedagógicas devem adotar como concepção sustentadora a educação interdimensional. Considerando a educação formal, em suas formulações mais avançadas, ela se baseia na integração das diversas disciplinas por meio de conteúdos transversais "multi, inter e transdisciplinaridade". Já a proposta interdimensional, procura desenvolver o trabalho educativo com base nos quatro pilares da educação, com luz no saber da antiga Grécia que desenvolvia a pessoa humana na dimensão do logos (razão), pathos (sentimento), eros (corporeidade) e mythos (espiritualidade).

Para atender esses objetivos é preciso avançar em outro fator determinante para a consolidação da política de atendimento socioeducativo no país, que seria construir um modelo de execução das medidas socioeducativas que privilegie o que está previsto no Estatuto da Criança e do Adolescente no que diz respeito a prevalência das medidas socioeducativas em meio aberto em detrimento das medidas mais gravosas, em especial a de internação. Assim deveríamos entender o que o Estatuto propõe em relação às medidas socioeducativas, onde primeiro deveria ser esgotado as opções de aplicação de medidas socioeducativas em meio aberto (liberdade assistida e prestação de serviço à comunidade), após a medida socioeducativa de semiliberdade e depois a aplicação da medida socioeducativa de internação, respeitando a seguinte lógica:

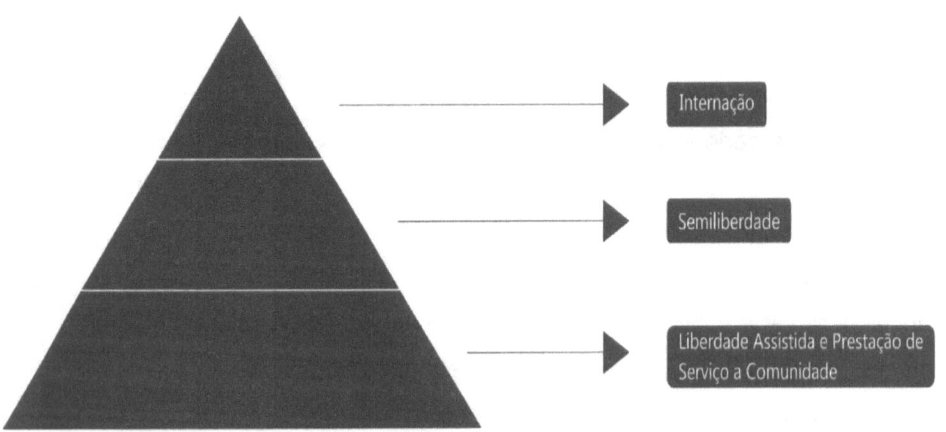

Fonte: autor, 2016.

A Internação como a última alternativa, observando o conceito de brevidade e excepcionalidade da medida. Porém essa lógica não é o que se encontra no sistema socioeducativo nacional, onde há uma "inversão" dessa pirâmide, e assim é encontrado mais vagas para adolescentes em medidas socioeducativas de internação do que em medidas socioeducativas de semiliberdade. Faz necessário avançar para consolidar esse modelo, onde a prevalência das medidas socioeducativas em meio aberto seja a busca incessante.

Portanto, fica evidente ainda a necessidade de se avançar em outras discussões, com temas mais amplos, como por exemplo, a brevidade e excepcionalidade das medidas socioeducativas, a necessidade de prevalência das medidas socioeducativas em meio aberto em relação às demais, a aplicação mais adequada da medida socioeducativa considerando finalidade, efetividade e condição de cumprir do adolescente, além de pensar a execução da medida socioeducativa, com foco no adolescente, caráter de responsabilidade e pedagógico da medida, e ainda reconhecer os avanços e identificação dos desafios que se apresentam ao desenvolvimento do Sistema Socioeducativo Nacional.

Tudo isso na busca de um lugar para essa política, muitas vezes colocada em segundo plano, num local "invisível", mesmo lugar que historicamente foi disponibilizado a esses adolescentes, um 'não lugar', na marginalidade, que leva este adolescente a uma busca incessante de reconhecimento, de 'status', de Poder. Esse debate, extremamente necessário, deve propor um olhar mais próximo da sociedade, considerar a mídia na construção de uma nova imagem, que não traga o adolescente pobre e negro como protagonista da infração, e sim como nossa juventude tem sido em especial a grande vítima da violência e não os autores.

É preciso sair da lógica do senso comum que vê esses adolescentes a partir do seu ato infracional, e passar a enxergá-los como sujeitos de direitos. Entendemos assim que é fundamental que o Estado assuma uma postura de não subjugação à lógica excludente do mercado, na execução desse atendimento. O Estado, de fato, deve responsabilizar-se pela garantia e acesso aos direitos individuais fundamentais, como condição para o desenvolvimento integral deste cidadão em condições de ser, pensar, conviver e produzir de maneira crítica, responsável e participativa na sociedade.

2.2.1 O Financiamento do Sistema Nacional de Atendimento Socioeducativo

A análise agora recaí sobre orçamento público, fonte de recursos e financiamento. Sabemos que a falta de recursos humanos, materiais e financeiros é, sem dúvida, um dos grandes problemas relativos ao atendimento socioeducativo.

Porém qualquer discussão desse tema não irá representar uma apresentação de 'fórmulas e formas' de captar recurso, e sim uma análise conjectural acerca das previsões legais de financiamento, as atribuições das 3 esferas de governo (União, Estados e Municípios), verificar as origens orçamentárias e as formas de financiamento previstas. O objetivo é uma aproximação com as questões relativas aos recursos e os cuidados que temos que ter na gestão e análise destes. Atenção devida com as prestações de conta e modelos de acessibilidade a estes recursos. Além de entender e priorizar a eficiência, principalmente por se tratar de recursos públicos.

Nessa perspectiva, é importante atentar acerca da discussão atual e presente das responsabilidades dos diferentes entes (União, Estados e Municípios), em especial as atribuições de co-financiamento, e das organizações não governamentais na execução das Medidas Socioeducativas, questão essa que teve registro de avanços e definições com a aprovação da nova Lei do Sinase, Lei No. 12.594 de 18 de janeiro de 2012. Essa nova lei define as atribuições dos entes federados e pela primeira vez aparece a definição sobre financiamento dessa política pública:

> Art. 30. O Sinase será cofinanciado com recursos dos orçamentos fiscal e da seguridade social, além de outras fontes. prejuízo do disposto nos incisos IX e X do art. 4º, nos incisos V e VI do art. 5º e no art. 6º desta Lei.
>
> Art. 31. Os Conselhos de Direitos, nas 3 (três) esferas de governo, definirão, anualmente, o percentual de recursos dos Fundos dos Direitos da Criança e do Adolescente a serem aplicados no financiamento das ações previstas nesta Lei, em especial para capacitação, sistemas de informação e de avaliação. (BRASIL, 2012)

A Nova Lei define ainda que o Sistema de atendimento Socioeducativo será Coordenado pela Secretaria de Direitos Humanos – SDH, ligada a Presidência da República, e os Estados e Municípios terão liberdade de organização e funcionamento, não definindo qual política deverá ser ligada.

Assim vamos partir da análise da previsão legal do financiamento do sistema de atendimento socioeducativo. Segundo o ECA, a política de atendimento à criança e ao adolescente deve obedecer alguns princípios como a criação e manutenção (política e econômica) dos programas; a ação integrada dos atores da rede de garantia de direitos e da União, estados, Distrito Federal e municípios; e a participação social no controle e na fiscalização das ações por meio dos Conselhos de Direitos, Conselhos Tutelares, do Estado (Ministério Público, Varas da Infância etc.) e da sociedade em geral. Tudo isso ainda na perspectiva da prioridade absoluta. Ainda segundo o Sinase (deliberação 119 de 2006 do CONANDA), o financiamento deve ser realizado:

> O compartilhamento da responsabilidade no financiamento e desenvolvimento da política de atendimento socioeducativa é das três esferas de governo (União, Estados, Distrito Federal e Municípios). O SINASE será custeado com recursos do orçamento da Seguridade Social, além de outras fontes, na forma do Artigo 195 da Constituição Federal, mediante recursos provenientes dos orçamentos da União, dos Estados, do Distrito Federal e dos Municípios, e das demais contribuições sociais previstas na legislação. Capítulo específico disporá detalhadamente sobre as formas de financiamento do Sistema Nacional de Atendimento Socioeducativo." (SINASE, 2006, p. 39)

A execução das medidas deve ser feita a partir de programas de governo ou de entidades não-governamentais inscritas no Conselho de Direito, integradas à rede local pelo tipo de regime de atendimento (aberto ou fechado). O financiamento dessa política segue o princípio da descentralização político administrativa, sendo corresponsabilidade da União, estados, Distrito Federal e municípios. De acordo com Constituição Federal e o ECA, crianças e adolescentes são prioridade absoluta, e para eles deve haver a destinação privilegiada de recursos públicos, o que inclui programas de atendimento das medidas socioeducativas. É extremamente importante para a consolidação da política de atendimento socioeducativa, que as seja superada a lógica de financiamento por projetos, que são diferentes de programas e políticas porque não tem uma sustentabilidade estável, isso porque dependem de financiamentos ainda pontuais, sendo que isso dificulta a institucionalização do mesmo. A existência de previsão de recursos para manutenção, provisão e garantia de mínimo institucional é de responsabilidade das três esferas de governo.

É fundamental que os sujeitos do sistema de atendimento socioeducativo tenham uma noção do 'ciclo orçamentário', já que toda política pública deve corresponder a uma forma de financiamento. Todo esse movimento se inicia com a lei do Plano Plurianual (PPA), onde deve sempre ser composta no primeiro ano de governo, e começa a vigorar no segundo. O Plano Plurianual ou Plano Orçamentário Plurianual irá apresentar os Programas de Trabalho para os quatro anos de mandato do Executivo. Concomitante, os Conselhos de Direitos deverão deliberar sobre a política de atendimento e isso no prazo para as metas estabelecidas sejam incluídas no Projeto de Lei do PPA. É o PPA que irá subsidiar e nortear as Leis Orçamentárias Anuais, com datas específicas por esfera. Há também a Lei de Diretrizes Orçamentárias (LDO), também anual, onde será encaminhado para apreciação do Poder Legislativo, pelo Poder Executivo. Geralmente até o dia 15 de abril de cada ano.

Se faz necessário entender esses tempos para realizar os devidos encaminhamentos que possam assegurar recursos para o sistema de atendimento socioeducativo. Além da atuação via Ministério Público, a atuação dos Conselhos dos Direitos da Criança e do Adolescente, é fundamental, esse deve elaborar o Plano de Ação, com as devidas prioridades, além de deliberar acercados recursos dos Fundos dos Direitos da Criança e do Adolescente, e assim assegurar que os planos sejam incluídos no Projeto de LDO. Resumindo, é atribuição das três esferas de governo, cuidar para que no processo orçamentário seja assegurado recursos para o sistema socioeducativo. Tudo isso conjuntamente, aprimorando mecanismos de financiamento do sistema, considerando a elaboração do Plano Plurianual de Governo, da Lei de Diretrizes Orçamentárias e da Lei Orçamentária Anual, e ainda as demais fontes de recursos, como por exemplo os Fundos.

Ainda é preciso saber acerca das formas de financiamento. Por se tratar de uma política com corresponsabilidades nas três esferas de Governo, é fundamental a previsão legal e de fluxos para o repasse de recursos entre as esferas, como acessar estes e quais os mecanismos utilizados, sendo as seguintes formas de financiamento:

a) Repasse Fundo a Fundo: A transferência de repasse fundo a fundo deve ter regulamentação específica, ou seja, uma lei que regulamente seu repasse. O próprio SINASE traz como uma forma regular e automática, além de garantir a atuação dos respectivos Conselhos, isso no papel de controle e definição da política. Saiba como essa forma de repasse pode auxiliar na gestão pública. Pode ser considerada uma fonte de financiamento estável, além de ser importantes instrumentos de gestão, porque sua administração segue uma lógica participativa e democrática, servindo de auxilio no processo de descentralização e municipalização do atendimento.

b) Convênios: Na perspectiva do SINASE, os convênios devem utilizados para potencializar programas, projetos e ações estratégicas. São mais utilizados a partir da aplicação de Editais com condicionalidades próprias, muito usado na previsão do repasse de recurso entre o Governo Federal e os Estados e entre os Estados e Municípios. Na busca de melhor aprimorar e facilitar essa forma de repasse o Governo Federal implantou o SINCOV, que é um sistema para gerenciamento dos convênios firmados com o Governo Federal. Geralmente os financiamentos realizados pelo CONANDA-SDH também são viabilizados mediante a forma de Convênio;

c) Remuneração por Serviços Prestados: Considerada uma forma frágil e delicada de financiamento, pois não garante a continuidade das ações ou projetos, no próprio SINASE há uma sinalização para que não se realize tal procedimento, que caracteriza a desestruturação do sistema, devendo ser superada. Sendo citado aqui só como um registro necessário.

Ainda é possível prever alternativas, mas é preciso superar as lógicas de remuneração por usuário, além de considerar as realidades locais de atendimento. E também considerar a atuação e decisão dos Conselhos de Direitos nesses financiamentos. Um exemplo dessa forma de repasse são os Editais de grandes empresas, que sugerem o co-financiamento de ações e projetos específicos na área de defesa de direitos.

A expectativa com a nova Lei do Sinase, que pela primeira fez define as atribuições dos entes federados, e também define que a fonte de financiamento da política de atendimento socioeducativo são o orçamento fiscal e da seguridade social, é que haja uma real definição de recursos para subsidiar essa política. O que se pode evidenciar é que, até então, não há uma definição clara de planejamento e execução do orçamento federal para essa política.

Isso se comprova com a análise de dados a partir do Siga Brasil, que é um sistema de informações sobre orçamento público, que permite acesso amplo e facilitado ao SIAFI e a outras bases de dados sobre planos e orçamentos públicos. Na pesquisa realizada foi definida a busca por Execução do Orçamento a partir da

LOA de 2010, 2011 e 2012, com a definição dos programas que tem relação direta com o atendimento socioeducativo, sendo que:

- Programas em 2010: Atendimento Socioeducativo do Adolescente em Conflito com a Lei;

- Programas em 2011: Atendimento Socioeducativo do Adolescente em Conflito com a Lei; Sistema Nacional de Atendimento Socioeducativo ao Adolescente em Conflito com a Lei – Pró SINASE; Reinserção Social do Adolescente em Conflito com a Lei.

- Programas em 2012: Atendimento Socioeducativo do Adolescente em Conflito com a Lei; Sistema Nacional de Atendimento Socioeducativo ao Adolescente em Conflito com a Lei – Pró SINASE; Reinserção Social do Adolescente em Conflito com a Lei.

Como pode ser observado houve a criação de dois novos programas a partir de 2011, sendo que essa ação não garantiu um aumento definitivo no aporte de recursos para essa política. O Co-financiamento dessa política aparece nas ações da Secretaria de Direitos Humanos (SDH), que ainda gerencia o Fundo Nacional da Infância e Adolescência, e no Ministério de Desenvolvimento Social e Combate à Fome (MDS), que realiza repasse fundo a fundo para o Fundo Municipal da Assistência Social para realizar o co-financiamento dos "Serviços de Proteção Social aos Adolescentes em Cumprimento de Medidas Socioeducativas". Essa ação do MDS é o repasse para atendimento de adolescentes em medidas socioeducativas em meio aberto (liberdade assistida (LA) e prestação de serviço à comunidade (PSC)), pela Diretriz do Suas uma política que deve tem de ser executada pelos Centros de Referência Especializados de Assistência Social (CREAS).

Sendo assim serão apresentados dados comparativos de 2010, 2011 e 2013 desses programas, separados por: Programação e Unidade Orçamentária:

LOA 2010 - Execução da Despesa por Programação

R$ 1,00

Ação (Cod/Desc)	Dotação Inicial	Autorizado	Empenhado	Liquidado (Subelemento)	Pago
0878 - APOIO À CONSTRUÇÃO, REFORMA E AMPLIAÇÃO DE UNIDADES DE INTERNAÇÃO RESTRITIVA E PROVISÓRIA	0	0	0	0	0
20EV - NÃO INFORMADO	0	18.365.600	18.365.600	18.365.600	18.363.816
2272 - GESTÃO E ADMINISTRAÇÃO DO PROGRAMA	376.716	376.716	375.466	375.466	322.653

Ação	Dotação Inicial	Autorizado	Empenhado	Liquidado	Pago
8524 - SERVIÇOS DE PROTEÇÃO SOCIAL AOS ADOLESCENTES EM CUMPRIMENTO DE MEDIDAS SOCIOEDUCATIVAS	24.330.648	24.330.648	16.224.884	16.224.884	16.224.884
8793 - FORMAÇÃO DE OPERADORES DO SISTEMA DE ATENDIMENTO SOCIOEDUCATIVO AO ADOLESCENTE EM CONFLITO COM A LEI	5.359.524	5.359.524	2.899.847	2.899.847	1.524.343
8794 - APOIO À CONSTRUÇÃO, REFORMA E AMPLIAÇÃO DE UNIDADES DE SEMILIBERDADE E INTERNAÇÃO	53.447.009	57.575.089	50.628.080	50.628.080	18.528.080
8795 - APOIO À MUNICIPALIZAÇÃO E À DESCENTRALIZAÇÃO DAS MEDIDAS SOCIOEDUCATIVAS EM MEIO ABERTO	546.827	546.827	242.711	242.711	95.175
8796 - APOIO A SERVIÇOS DE DEFESA TÉCNICA DOS ADOLESCENTES EM CONFLITO COM A LEI	1.200.000	1.200.000	700.000	700.000	235.000
TOTAL	**85.260.724**	**107.754.404**	**89.436.588**	**89.436.588**	**55.293.951**

Fonte: Siga Brasil – Siafi. Acesso em 12 setembro de 2013.

Previsão Orçamentária em 2010 foi de R$85 milhões, sendo executados somente R$ 55 milhões. Além de uma ação não informada, a maioria do recurso está voltada para o cofinanciamento das medidas em meio aberto R$ 16 milhões, financiamento esse realizado pelo MDS, e R$ 18 Milhões voltados para construção de novas unidades.

LOA 2011 - Execução da Despesa por Programação

R$ 1,00

Ação (Cod/Desc)	Dotação Inicial	Autorizado	Empenhado	Liquidado (Subelemento)	Pago
0878 - APOIO À CONSTRUÇÃO, REFORMA E AMPLIAÇÃO DE UNIDADES DE INTERNAÇÃO RESTRITIVA E PROVISÓRIA	0	0	0	0	0
20EV - NÃO INFORMADO	0	0	0	0	0
2272 - GESTÃO E ADMINISTRAÇÃO DO PROGRAMA	400.000	400.000	400.000	400.000	21.879
8524 - SERVIÇOS DE PROTEÇÃO SOCIAL AOS ADOLESCENTES EM CUMPRIMENTO DE MEDIDAS SOCIOEDUCATIVAS	24.330.648	45.252.136	36.978.213	36.978.213	36.429.264
8793 - FORMAÇÃO DE OPERADORES DO SISTEMA DE ATENDIMENTO SOCIOEDUCATIVO AO ADOLESCENTE EM CONFLITO COM A LEI	6.500.000	6.500.000	5.836.949	5.836.949	645.960
8794 - APOIO À CONSTRUÇÃO, REFORMA E AMPLIAÇÃO DE UNIDADES DE SEMILIBERDADE E INTERNAÇÃO	17.500.000	17.500.000	12.003.250	12.003.250	0
8795 - APOIO À MUNICIPALIZAÇÃO E À DESCENTRALIZAÇÃO DAS MEDIDAS SOCIOEDUCATIVAS EM MEIO ABERTO	1.500.000	1.500.000	1.291.834	1.291.834	100.000
8796 - APOIO A SERVIÇOS DE DEFESA TÉCNICA DOS ADOLESCENTES EM CONFLITO COM A LEI	1.000.000	1.000.000	999.999	999.999	200.000
TOTAL	**51.230.648**	**72.152.136**	**57.510.244**	**57.510.244**	**37.397.103**

Fonte: Siga Brasil – Siafi. Acesso em 12 setembro de 2013.

Em 2011, o que se evidenciou foi um aumento no repasse de recursos para a execução das medidas em meio aberto, repasse esse facilitado por se tratar de transferência Fundo a Fundo pelo Fundo da Assistência Social, gerenciado pelo MDS, que passa de R$ 16 milhões para R$ 36 Milhões. Sendo esse montando o único registro de avanço, sendo que os demais valores representam pouco mais de R$ 1 milhão.

LOA 2012 - Execução da Despesa por Programação

R$ 1,00

Ação (Cod/Desc)	Dotação Inicial	Autorizado	Empenhado	Liquidado (Subelemento)	Pago	RP Pago
2272 - GESTAO E ADMINISTRACAO DO PROGRAMA	0	0	0	0	0	294.940
8524 - SERVICOS DE PROTECAO SOCIAL AOS ADOLESCENTES EM CUMPRIMENTO DE MEDIDAS SOCIOEDUCATIVAS	0	0	0	0	0	525.800
8793 - FORMACAO DE OPERADORES DO SISTEMA DE ATENDIMENTO SOCIOEDUCATIVO AO ADOLESCENTE EM CONFLITO COM A LEI	0	0	0	0	0	3.824.758
8794 - APOIO A CONSTRUCAO, REFORMA E AMPLIACAO DE UNIDADES DE SEMILIBERDADE E INTERNACAO	0	0	0	0	0	6.375.813
8795 - APOIO A MUNICIPALIZACAO E A DESCENTRALIZACAO DAS MEDIDAS SOCIOEDUCATIVAS EM MEIO ABERTO	0	0	0	0	0	1.142.278
8796 - APOIO A SERVICOS DE DEFESA TECNICA DOS ADOLESCENTES EM CONFLITO COM A LEI	0	0	0	0	0	499.999
TOTAL	**0**	**0**	**0**	**0**	**0**	**12.663.588**

Fonte: Siga Brasil – Siafi. Acesso em 12 setembro de 2013.

O que chama atenção é que os valores entre 2010 e 2012 caíram consideravelmente. E que, ainda não aparece dotação inicial, ou seja, planejamento para a execução dessa política de atendimento socioeducativo. A pesquisa foi refeita várias vezes para confrontar se não havia erro em relação ao lançamento dos valores, e o resultado foi sempre o mesmo:

LOA 2010/2011/2012 - Execução da Despesa por Órgão - Sistema Nacional de Atendimento Socioeducativo

	2010		2011		2012	
Órgão (Cod/Desc)	Dotação Inicial	Pago	Dotação Inicial	Pago	Dotação Inicial	RP Pago
20000 - PRESIDENCIA DA REPUBLICA	60.930.076	20.705.251	26.900.000	967.839	0	12.137.788

55000 - MINISTERIO DO DESENVOLVIMENTO SOCIAL E COMBATE À FOME	24.330.648	34.588.700	24.330.648	36.429.264	0	525.800
TOTAL	**85.260.724**	**55.293.951**	**51.230.648**	**37.397.103**	**0**	**12.663.588**

Fonte: Siga Brasil – Siafi. Acesso em 12 setembro de 2013.

Essa redução do orçamento do governo federal voltado para o Sistema de Atendimento Socioeducativo, considerando 2010, 2011 e 2012, não reflete uma diminuição da quantidade de adolescentes atendidos no país. Pelo contrário, considerando um retrato do mês de novembro de cada ano, o número de adolescentes apreendidos só vem aumentando: 2009 – 16.940 adolescentes, 2010 – 17.703 adolescentes, 2011 – 19.595 adolescentes, 2012 – 20.532 adolescentes e 2013 – 23.066 adolescentes (SDH, 2013).

A partir desses dados é possível concluir que atual política de atendimento socioeducativo nacional ainda se encontra em processo de construção. É preciso definir orçamento próprio, para efetivação de uma política continuada, deixar de ser uma ação de Governo isolada e se tornar uma política pública de garantia de Direitos.

Por fim, numa comparação simples entre essa política de atendimento socioeducativo, com os gastos da União fica claro a não prioridade dessa prática. Segundo o relatório de "Execução dos Orçamentos Fiscal e Social" de 2012, a política de "Direitos da Cidadania", que incluí a Secretaria de Direitos Humanos, a execução foi de 1.330 (milhões de R$), o correspondente a 0.1% do orçamento, a política de Educação a execução foi de 72.576 (milhões de R$), o correspondente a 3,9% do orçamento, a política de Assistência Social a execução foi de 56.634 (milhões de R$), correspondente a 3,1% do orçamento, e pasmem, se observado o item Encargos Especiais(que trata da dívida pública) o valor executado foi de 1.005.024 (milhões de R$) correspondente a 54,6% de todo o orçamento.

2.3 Análise das Cartas do FONACRIAD: Qual o Lugar do Adolescente em Conflito com a Lei?

A falta de alinhamento, padrão, fluxo e diretriz única e objetiva nas práticas de aplicação e execução das diferentes Medidas Socioeducativas pelas Unidades da Federação em seus três poderes se constitui como um desafio ao desenvolvimento dessa política pública, óbice que se faz necessário suplantar. Portanto, ao mesmo tempo em que busca fortalecer a rede de atendimento constituinte do Sistema de Garantia de Direitos é importante uma estratégia que promova uma maior eficácia e resposta social das medidas socioeducativas, em especial da medida socioeducativa de internação. Alguns dos desafios presentes na execução da liberdade assistida, prestação de serviços à comunidade, semiliberdade e internação, representam uma necessidade de viabilizar a construção de práticas institucionais que superem a cultura punitiva e de violação de direitos, requisitando para tanto, a constituição de uma responsabilidade compartilhada e de uma aprendizagem coletiva. A ideia de uma corresponsabilidade no âmbito das políticas públicas para crianças e jovens possibilitará a efetivação do processo socioeducativo.

Essa política tem como marco referencial a busca e fortalecimento do que está previsto pelo ECA em seu artigo 86[15], e a efetivação deste pressuposto se dará na medida em que houver o real intercâmbio de informações e experiências entre as diferentes realidades vivenciadas na prática do atendimento socioeducativo, juntamente com estudos e ações de pesquisa que possam teorizar e embasar cientificamente as discussões.

As inquietações para a realização desse estudo também surgem na medida em que o pesquisador se depara com o cotidiano de atendimento a adolescentes infratores. Inicialmente como Educador Social em uma Unidade em Londrina, depois como Diretor do Centro de Socioeducação de Foz do Iguaçu, passando ainda por Diretor Técnico do Instituto de Ação Social do Paraná, Superintendente de Políticas para Infância e Juventude e Coordenador da Política de Socioeducação da Secretaria de Estado da Criança e da Juventude, como Presidente do FONACRIAD (Fórum Nacional dos Gestores Estaduais do Atendimento Socioeducativo)[16], consultor e posteriormente subdiretor geral do Departamento Geral de Ações Socioeducativas (DEGASE/RJ) do Rio de Janeiro. Em todas essas ocasiões a busca por conhecimentos específicos da área esbarrava em bibliografias sobre o perfil dos adolescentes, metodologia de atendimento e quase nenhuma orientação acerca da

---

15 A política de atendimento dos direitos da criança e do adolescente far-se-á através de um conjunto articulado de ações governamentais e não-governamentais, da União, dos Estados, do Distrito Federal e dos Municípios (BRASIL, 1990).

16 O FONACRIAD foi constituído incialmente como Fórum Nacional de Dirigentes Governamentais de Entidades Executoras da Política de Promoção e Defesa dos Direitos da Crianças e do Adolescente, sendo que no encontro de 2010 em São Paulo foi alterado a nomenclatura para Fórum Nacional de Gestores Estaduais do Atendimento Socioeducativo, sendo nas publicações atuais encontrada as duas descrições.

Política de Atendimento Socioeducativo. É apresentado assim a necessidade de se buscar um conhecimento macro do sistema, sua interface com as demais políticas setoriais questões importantes que poderiam já ter sido pensadas no contexto acadêmico, porém há poucos estudos dessa natureza.

Nessa busca por uma contextualização histórica que pudesse subsidiar hipóteses de qual seria o local ideal para vinculação político administrativa da Política Pública de Atendimento Socioeducativo, em especial a execução da privação de liberdade dos adolescentes, foi realizada uma pesquisa documental, sendo o material base para pesquisa os dados históricos do Fórum Nacional dos Dirigentes Governamentais de Entidades Executoras da Política de Promoção e Defesa dos Direitos da Criança e do Adolescente, Fórum que se tornou o ponto de encontro da discussão da política de atendimento socioeducativo no Brasil.

2.3.1 Cartas do FONACRIAD: citações quanto a vinculação política administrativa da execução do atendimento socioeducativo no Brasil

As análises documentais recaíram principalmente sobre as "Cartas do Fonacriad", que são os documentos que sintetizam as discussões dos gestores a cada encontro. São cartas de intenções, propositivas, onde o grupo de gestores se posiciona frente a assuntos que são relevantes no contexto de gestão do atendimento socioeducativo. E o destaque são para os apontamentos no decorrer dessa recente história registrada de atuação dos gestores, quanto a necessidade de definição de um local de vinculação político administrativo para essa política. Logo essas informações contidas nas cartas foram transformadas em dados para apreensão conceitual.

Esses dados do FONACRIAD são o registro histórico de toda atuação dos Gestores Estaduais do Sistema de Atendimento Socioeducativo Brasileiro e nunca foram analisados. Para melhor compreender é preciso entender o surgimento do Fórum, sendo na Década de 80, no seio da discussão de superação e substituição do Código de Menores, e com a necessidade de maior articulação, os órgãos estaduais fortaleceram essa luta conjunta com a criação do FONACRIAD - Fórum Nacional de Dirigentes de Políticas Estaduais para a Criança e ao Adolescente. O

FONACRIAD já nasce integrado na luta nacional pela mudança de paradigmas explicitados no art. 227 da Constituição Federal, e teve papel fundamental na elaboração, aprovação e consolidação do Estatuto da Criança e do Adolescente.

Desde então, o FONACRIAD tem exercido o seu papel na defesa dos direitos de crianças e adolescentes e pela melhoria do atendimento, alternando a Presidência entre dirigentes estaduais a cada ano, tendo seus encontros realizados nos diversos Estados da Federação e em Brasília. Atualmente é formado por gestores de todos os Estados da Federação responsáveis pela Política de Atendimento Socioeducativo, com encontros em reuniões técnicas e encontros nacionais, reafirmando seus compromissos através das cartas institucionais e da articulação política junto aos demais atores do Sistema de Garantia, na busca incessante pela garantia e defesa dos Direitos das Crianças e Adolescentes. O Fórum atual de forma presente nas discussões de Diretrizes do Atendimento Socioeducativo aos adolescentes em cumprimento de medidas socioeducativas no Brasil, junto a secretaria de direitos humanos e a ao Conanda. Os dados são analisados a partir de uma perspectiva histórica para entender como as 'heranças', em parte, determinam algumas ações atuais do sistema de atendimento socioeducativo.

As análises documentais recaíram principalmente sobre as "Cartas do Fonacriad", que são os documentos que sintetizam as discussões dos gestores a cada encontro. São cartas de intenções, propositivas, onde o grupo de gestores se posiciona frente a assuntos que são relevantes no contexto de gestão do atendimento socioeducativo. E o destaque são para os apontamentos no decorrer dessa recente história registrada de atuação dos gestores, quanto a necessidade de definição de um local de vinculação político administrativo para essa política.

O primeiro registro pelo Fonacriad dessa necessidade de atenção a definição de um lócus unificado para a política se dá em 1996, no relatório d XXIII Assembleia do Fonacriad:

> (...) São de execução direta e exclusiva dos órgãos estaduais, preferentemente de forma regionalizada, quando a demanda assim o indicar, as medidas socioeducativas privativas de liberdade, determinadas pela justiça da Infância e Juventude para adolescentes infratores. Em tais casos, é fundamental que os programas destinados a adolescentes autores de ato infracionais, sejam desenvolvidos no bojo de políticas de garantia de direitos, e não no contexto do sistema penitenciário, geralmente dirigido por Secretaria de Justiça e Segurança. (FONACRIAD, 1996)

Aparece claramente a necessidade de superar as práticas de privação de liberdade de adolescentes como uma pena e ainda:

> A participação dos programas destinados a adolescentes autores de atos infracionais no contexto da proteção integral, conforme se verifica já em alguns Estados, representa sério risco para a consecução das finalidades da Constituição Federal, da Convenção da ONU e do ECA (FONACRIAD, 1996)

E conclui o relatório de 1996 com uma sugestão de encaminhamento:

> (...) a XXIII Assembleia do Fonacriad sugere as Unidades Federadas a concentração dos Programas de Proteção Espacial (para abandonados e vitimados) e de Proteção Jurídico-Social (para adolescentes em conflito com a lei) num mesmo órgão, vinculado a uma mesma secretaria de Estado, na área do trabalho, promoção e/ou assistência social. (FONACRIAD, 1996)

Nesse contexto não havia discussões aceca do Sinase (regulamentação do Conanda) ou mesmo de uma lei de execução de medidas socioeducativas, e a discussão da responsabilidade recaia sobre a política de assistência social.

Em Porto Alegre, em 1997, ocorre a XXIV Assembleia do Fonacriad, com documento que sugere: "a centralização dos programas de proteção jurídico social (adolescentes em conflito com a lei) e de proteção especial (crianças e adolescentes abandonados e vitimados) num mesmo órgão, vinculado a uma mesma secretaria de Estado. Esse documento foi enviado a todos os governadores e secretários de estado das respectivas pastas responsáveis por esta política.

Ainda em 1997, mas no encontro da XXV Assembleia Nacional do Fonacriad, realizado em Natal/RN, entre as discussões previstas para o encontro estava o item: - Localização Político Administrativa dos Programas de Atendimento ao Adolescente Autor de Ato Infracional. E nas deliberações desse encontro ficou registrado:

> Recomendar a inclusão na agenda do grupo de trabalho do Ministério da Justiça, a discussão sobre o reordenamento dos órgãos do sistema de atendimento ao adolescente infrator, objeto do art. 88, V do ECA, na perspectiva de uma nova institucionalidade. (FONACRIAD, 1997)

Esses registros vão de encontro os anseios e diagnósticos de que com a extinção da lei 4513/1964 (PNBEM) e 6697/1979 (Código de Menores), substituídos pelo Estatuto da Criança e do Adolescente (Lei 8.069/90), impôs a necessidade de um reordenamento institucional. Em relação aos órgãos estaduais, na sua grande maioria dos casos, o "reordenamento" limitou-se a mudança do nome da instituição e em algumas situações, a retirada de algumas áreas, como creches e as ações de assistência social pura e simples.

A verdade é que a substituição do sistema Febem (PNBEM) pela política de atendimento socioeducativo prevista pelo ECA, não redundou, de fato, em mudanças profundas de conteúdo, práticas, métodos e gestão nos órgãos de atendimento. O Centro Brasileiro para Infância e Adolescência – CBIA, foi extinto antes de completar o reordenamento das estruturas herdadas da FUNABEM.

Nesse contexto de 1996/1997, no plano federal, a referência para a política era o Departamento da Criança e do Adolescente (DCA/MJ) no Ministério da Justiça. Nesse mesmo bojo de discussão, surge a política nacional de Direitos Humanos, órgão que o DCA ficará ligado. Assim na Assembleia do Fonacriad em 1997 registra no item 2.5 Localização Político Administrativa dos Programas:

> Não é tarefa fácil advogar a melhor localização político administrativa para programas sócio-educativos, na medida em que vinculados as Fundações, Institutos ou Secretarias de Estados: unidos às políticas de assistência social e de proteção especial ou desvinculados destas em cada Unidade da Federação haverão por certo experiências positivas em qualquer dos institutos. (...) Não cremos, portanto, que constitua-se matéria passível de um disciplinamento rígido, senão de orientações de caráter geral. (FONACRIAD, 1997)

Em 2004, já sob a ordenação da Secretaria Especial de Direitos Humanos da Presidência da República (SDH/PR), o termo em relação ao SINASE começa a tomar corpo, e a definição da política administrativa também aparece nos resultados dos encontros do Fonacriad:

> Que a qualidade do atendimento socioeducativo passa pela compreensão e concretização do princípio da incompletude institucional, preconizado no paradigma que norteia o ECA, através da articulação e transversalidade das ações, com o estabelecimento de interfaces entre a política de atendimento e as políticas básicas das diferentes áreas: saúde, educação, assistência social, trabalho e profissionalização, cultura, esporte e lazer (...) (FONACRIAD, 2004)

E ainda, "(...) Que a implementação do Sinase passa pelo reordenamento dos Sistemas Estaduais, com a organização das estruturas necessárias, assim como a dotação de recursos financeiros, capazes de garantir a sua sustentabilidade(...)" consta na carta do Fonacriad de 2004.

Nesse mesmo relatório há o registro dos gestores estaduais do sistema socioeducativo onde consta o esforço para fortalecer a SDH/PR como lócus institucional dessa política no governo federal, como articulador e responsável pela política em detrimento do lócus junto a política de assistência social:

> (...) Que a área sócio educativa reconhece-se como subsistema do Sistema de Garantia de Direito, por este ser de caráter articulador da transversalidade, não sendo nem saúde, nem educação, nem segurança, nem especialmente assistência social, por ser esta última, política setorial, mas necessitando estabelecer interface com todas essas políticas. (...) O Fonacriad vem expressar seu entendimento de que a coordenação, orçamento e o financiamento do Sistema Nacional Socio Educativo devam fazer parte da Política de garantia de Direitos, em âmbito Nacional com lócus na SEDH Secretaria Especial de Direitos Humanos. (FONACRIAD, 2004)

Na carta do Fonacriad de 2005, fruto do encontro de gestores realizado em João Pessoa – PB, reaparece a discussão de um papel político articulador:

> (...)Que o sistema de atendimento socioeducativo faça gestão junto as pastas de políticas setoriais, para que assumam as responsabilidades especificas relativas ao atendimento integral do adolescente garantindo o cumprimento do princípio da incompletude institucional. (FONACRIAD, 2005)

No encontro de 2006, realizado pelos gestores do fórum em Cuiabá, durante o XXXVIII Seminário Nacional do Fonacriad, refletimos sobre a implantação do Sinase, à luz dos avanços, circunstâncias e estágio de organização de cada unidade da federação. "Necessidade de reforçar a previsão de execução orçamentária nas políticas públicas de segurança, educação, saúde, assistência social, cultura, esporte e lazer, para dar suporte a implementação do SINASE."

Na carta de Brasília, resultado do encontro de 2007, não há definições sobre o lócus da política do Sinase nos Estados, mas o reforço do papel do FONACRIAD na implementação do Sinase e de que o órgão de referência no governo federal seja a SEDH/PR.

Ainda em 2007 houve uma carta do fórum sobre a municipalização das medidas em meio aberto, e registra posicionamento sob os lócus institucionais do Sinase.

> (...) em novembro de 2004 foi realizado Seminário Nacional sobre o SINASE em que foi decidido, pela plenária, que a coordenação da política nacional do atendimento socioeducativo deve estar vinculada, necessariamente, a área responsável pela política de Direitos Humanos. (...) o lócus de operacionalização e gestão do SINASE encontra-se em diferentes órgãos, sendo no governo federal na secretaria Especial de Direitos Humanos, nos Estados em áreas de Segurança Pública, Defesa Social, Justiça e Cidadania, Casa Civil, Assistência Social, Criança e Juventude, em formatos e status diferenciados (Gerencias, Departamentos, Diretorias,

Superintendências, Subsecretarias, Autarquias, Fundações e Secretarias), e nos municípios na área que atende a crianças e o adolescente. (FONACRIAD, 2007)

Na carta de Belo Horizonte de 2008, resultado de uma reunião técnica entre gestores do fórum aparece os seguintes apontamentos sob o lócus institucional:

> "Trabalhar pelo foco na Independência e organicidade do Sistema Socioeducativo-Sinase garantindo essencialmente:
> - Reforço as coordenações do sistema socioeducativo, tratando como referência na política de atenção ao adolescente em conflito com a lei, as diferentes esferas de governo, sendo no governo federal a Secretaria Especial dos Direitos Humanos, nos Estados os gestores estaduais (independente da estrutura que esteja vinculado) e nos municípios o gestor municipal com a ampliação das equipes e das respectivas estruturas organizacionais, buscando um "comando único funcional" (FONACRIAD, 2008)

Por mais que o fórum não se posicione sobre um lócus único sobre a política nas esferas estaduais, reforça a necessidade de um "comando único funcional", que possa ditar as regras, diretrizes e orientar o sistema.

Na carta do XXXIX Seminário do Fonacriad, resultado do Encontro dos Gestores em Salvador em 2008, reaparece o termo "comando único funcional":

> Compreendendo como "comando único funcional" o respeito as definições Estaduais e Municipais quanto ao comando das políticas de atendimento ao adolescente em conflito com a lei, com efetiva comunicação entre as três esferas de governo, considerando a intersetorialidade e a complexidade do atendimento. (FONACRIAD, 2008)

Em 2009, a Carta do FONACRIAD foi endereçada aos Governadores, não tratou diretamente de um lócus institucional, mas abordou a destinação de recursos para a proposta orçamentária para a política pública de atendimento a criança e ao adolescente, e ainda:

> Elaboração e implementação do Plano Estadual de Atendimento Socioeducativo com abrangência das políticas de: Segurança, Educação, Saúde, Assistência Social, Cultura, Esporte, Trabalho, Lazer, Justiça, Direitos Humanos, de forma integrada contemplando também programa para egressos. (FONACRIAD, 2009)

Em 2010, na carta do 41º. Encontro Nacional do Fonacriad, em Brasília, registrou que o sistema socioeducativo só teria sua efetividade quando o conceito de incompletude institucional for traduzido em ações concretas das políticas setoriais e ainda que há particularidades e situações diferenciadas do sistema socioeducativo de cada Estado, e ainda, reportou-se as políticas setoriais e que estas priorizem ações relativas ao atendimento socioeducativo, sendo consideradas as prioridades de cada política: Educação, saúde, assistência social, segurança pública, trabalho, cultura, esporte e lazer.

Essa carta do fórum cita a previsão do Sinase (resolução do Conanda), no item 4.2.2 "...devem estar vinculadas necessariamente a área responsável pela política de Direitos Humanos...", que concerne a localização do órgão de execução de medida socioeducativas na área de Direitos Humanos, enquanto organização das diversas políticas dos Estados e posicionamentos divergentes. Porém, não sugere encaminhamento para definição de um lócus institucional unificado para política de atendimento socioeducativo nos Estados.

2.3.2 Qual o atual "lócus" de vinculação Político Administrativo da Política de Atendimento Socioeducativo

Atualmente no Brasil, a Política de Atendimento Socioeducativo de restrição e privação de liberdade (medida socioeducativa de semiliberdade e internação), está vinculada a diferentes frentes políticas e administrativas nos Estados da Federação e Distrito Federal. Enquanto as medidas socioeducativas em meio aberto (Liberdade Assistida-LA e Prestação de Serviço à Comunidade-PSC), estão orientadas sob o olhar da Política de Assistência Social, previsto no SUAS (Sistema Único de Assistência Social), e descrito na Tipificação Nacional dos Serviços Socioassistenciais (Resolução N. 109 do Conselho Nacional de Assistência Social) como um serviço de Proteção Social Especial, de média complexidade, as medidas socioeducativas de semiliberdade e internação seguem as políticas definidas pelos Estados e Distritos Federal ficando a mercê de entendimentos e mudanças a cada troca de governo.

Na compreensão do local ideal para vinculação político administrativa da Política de Atendimento Socioeducativo no país, a referência é o SINASE resolução do Conanda e a lei do Sinase[17], sendo essas orientações, diretrizes e normativas legais que direcionam as ações práticas dos gestores do FONACRIAD. Porém há uma indefinição desse lócus se considerados os dois documentos. Na resolução do

---

17 O Sistema Nacional de Atendimento Socioeducativo foi instituído primeiramente pela Resolução 19/2006 do CONANDA e posteriormente por Lei No. 12.594 de 18 de janeiro de 2012.

Conanda, há uma clara definição do local e área responsável por essa política: SINASE Resolução 19 do CONANDA: "Os órgãos gestores do Sistema Socioeducativo, de natureza pública-estatal, devem estar vinculados, necessariamente, a área responsável pela Política de Direitos Humanos" (SINASE, 2006), e já no texto da Lei do Sinase (Lei No. 12.594), em seu artigo segundo há uma indefinição e mais:

> Art. 2º O Sinase será coordenado pela União e integrado pelos sistemas estaduais, distrital e municipais responsáveis pela implementação dos seus respectivos programas de atendimento a adolescente ao qual seja aplicada medida socioeducativa, com liberdade de organização e funcionamento, respeitados os termos desta Lei. (Brasil, 2012)

Essa indefinição clara entre as duas normas referenciais, no que a lei diz "liberdade de organização e funcionamento", acaba na prática por reforçar um 'não lugar' específico para execução dessa política pública, refletindo nas organizações estaduais as mais diversas formas de vinculação político administrativas. Que vão, por exemplo, de Secretarias de Segurança Pública e Justiça, a Secretarias de Assistência Social, passando ainda por Secretaria de Educação, Casa Civil, além das possibilidades ilimitadas de formas de organização tais como fundações, institutos, departamentos, coordenações, células, entre outros formatos.

No SINASE (Sistema Nacional de Atendimento Socioeducativo) há a previsão de vinculação da política de atendimento socioeducativo, no que concerne a localização do órgão de execução das Medidas Socioeducativas, no item 4.2.2: *"... devem estar vinculados necessariamente a área responsável pela política de Direitos Humanos..."*; e ainda há a orientação do contida na Carta de Brasília do FONACRIAD (Fórum Nacional dos Gestores Estaduais do Sistema de Atendimento Socioeducativo) de 2010 que dispõe: *"Respeito às estruturas do sistema sócio-educativo ligado ao sistema de garantia de direitos das crianças e adolescentes com seus respectivos Conselhos de Direitos Nacional, Estaduais e Municipais"*, porém evidencia-se no Brasil um grande mosaico em relação a essa Política:

Vinculação Político-Administrativa do Atendimento Socioeducativo (Semiliberdade e Internação) nos Estados da Federação e Distrito Federal	
Vinculação Político-Administrativa*	**Estados**

Justiça	AC, DF, ES, RO, SP, TO, RS
Justiça e Segurança Pública	MT, MS
Segurança Pública e Defesa Social	SC, MG
Desenvolvimento Social / Assistência Social	AM, PB, PI, CE, PE, MA, PA, SE, BA, AP, RN, RR
Outras Formas de Vinculação	RJ - Educação AL - Mulher, Cidadania e Direitos Humanos GO - Cidadania e Trabalho PR - Justiça e Direitos Humanos
	Fonte: FONACRIAD, 2012.
* 7 Estados e o Distrito Federal fazem referência a Cidadania e/ou Direitos Humanos, porém não como política prioritária e sim complemento de alguma outra política: AC, DF, SC, AM, PI, PE, AL, GO.	

No levantamento da SDH (2014), o Lócus Institucional do Sistema Socioeducativo por Região e UF (2013) aparece assim:

ÓRGÃOS GESTORES DO SISTEMA SOCIOEDUCATIVO POR REGIÕES / ESTADOS							
Medidas privativas e restritivas de liberdade			Assistência Social e Cidadania	Justiça e Segurança Pública	Trabalho	Criança e Adolescente	Educação
RG	UF	SECRETARIAS ESTADUAIS GESTORAS DO SISTEMA SOCIOEDUCATIVO	13	7	4	2	1
N	AC	Justiça e Direitos Humanos		x			
	AP	Inclusão e Mobilização Social	x				
	AM	Assistência Social e Cidadania	x				
	PA	Proteção e Desenvolvimento Social	x				
	RO	Justiça		x			
	RR	Trabalho e Bem Estar Social			x		
	TO	Defesa Social	x				
NE	AL	Ressocialização e Inclusão Social	x				
	BA	Desenvolvimento Social e Combate à Pobreza	x				
	CE	Trabalho e Desenvolvimento Social			x		
	MA	Direitos Humanos,Assistência Social,Cidadania	x				
	PB	Desenvolvimento Humano	x				
	PE	Criança e Juventude				x	
	PI	Assistência Social e Cidadania	x				
	RN	Trabalho, Habitação e Assistência Social			x		
	SE	Inclusão,Desenvolvimento e Assistência Social	x				
CO	DF	Da Criança				x	
	GO	Cidadania e Trabalho			x		
	MS	De Justiça e Segurança Pública		x			
	MT	De Justiça e Direitos Humanos		x			
SE	ES	De Justiça		x			
	MG	De Defesa Social	x				
	RJ	Educação					x
	SP	Justiça e da Defesa da Cidadania	x				
S	PR	Família e Desenvolvimento Social	x				
	SC	Justiça e Cidadania		x			
	RS	Justiça e Direitos Humanos		x			

Fonte: SDH, 2014.

Além da não observância das orientações do SINASE, o histórico recente mostra ainda que as fundações, institutos, departamentos e demais estruturas de atendimento tem sido deslocadas para outras áreas constantemente, como por exemplo, no Rio de Janeiro que somente nos anos 2000 mudou 17 vezes de vinculação política administrativa ou o Paraná que em 2007 era Instituto de Ação Social do Paraná, passa a Coordenação de Socioeducação ligada a Secretaria de Estado da Criança e da Juventude, na mudança de Governo (2010/2011) ocorre nova mudança onde passa a vincular a Secretaria de Estado da Família e Desenvolvimento Social, e na mudança de legislatura com continuidade de Governo

(2014/2015) a estrutura da Socioeducação foi para a Secretaria de Justiça e Direitos Humanos (SEJU).

Esse fator de indefinição legal na nova lei do Sinase, reforça a lógica de decisão político administrativa que coloca na mão do Gestor a decisão sobre qual a melhor política setorial a vincular a política de atendimento socioeducativo. Na prática, o que se assisti no Brasil, são mudanças conjuntas a cada mudança de gestor (em especial os Governadores), em relação a política de privação e restrição de liberdade. Essas mudanças impossibilitam um princípio básico para efetivação de uma política pública que é o de continuidade. Por mais que os espaços físicos de execução estejam lá e sejam os mesmos, uma mudança política administrativa significa um recomeço das ações técnicas, novos pactos, fluxos e referências, sendo de sobremaneira impactante na realidade do atendimento.

Considerando as medidas socioeducativas em meio aberto, uma definição de co-financiamento do Governo Federal, realizada pelo Ministério de Desenvolvimento Social (MDS), e não como uma ação da Secretaria de Direitos Humanos, dita as diretrizes para os municípios, tendo como norma básica o repasse de recurso somente para a execução das medidas socioeducativas de liberdade assistida e prestação de serviços à comunidade junto ao CREAS (Centro de Referência Especializada em Assistência Social). Está ação acaba por definir as medidas socioeducativas em meio aberto como uma política pública de Assistência Social para os municípios. Já que é vedada qualquer outra forma de financiamento, mesmo a lei não prevendo essa restrição torna inviável para os municípios uma ação de forma diferente.

O que aparece como fato determinante é que essa indefinição de lócus referencial único, nas três esferas de governo (União, Estados e Municípios), corresponde também como uma indefinição e não garantia de orçamento para execução dessa política pública. Desde a extinção da FUNABEM (Fundação Nacional do Bem-Estar do Menor)[18], não houve a proposição de outro lócus que centralize as ações e diretrizes para a área infância no país, sendo que, em especial as medidas socioeducativas, transitaram entre as mais variadas políticas setoriais.

---

18 FUNABEM: Sua extinção ocorreu em 15 de março de 1990 com o Decreto nº 99810, pelo qual foi extinto o Ministério do Interior e criado o Ministério da Ação Social ao qual a FUNABEM ficou vinculada, passando a denominar-se Centro Brasileiro de Infância e Adolescência (CBIA).

Um dos principais obstáculos à implantação e consolidação da política socioeducativa no país é a organização do sistema como um todo, pouco clara e compartimentada nas responsabilidades operacionais. A invisibilidade político-administrativa e a divisão político-operacional não facilitam a implantação e consolidação da política socioeducativa no país.

MODELO DE GESTÃO DO SISTEMA NACIONAL SOCIOEDUCATIVO

	PODER EXECUTIVO		INSTÂNCIAS DE ARTICULAÇÃO	INSTÂNCIAS DE CONTROLE
FEDERAL	ÓRGÃO GESTOR DO SISTEMA SOCIOEDUCATIVO NACIONAL SDH Coordenador Nacional do Sistema Socioeducativo		POLÍTICAS SETORIAIS	ÓRGÃOS FISCALIZADORES
	Medidas de Meio Fechado	Medidas de Meio Aberto		
	SINASE 4.1.3: Coordenar o Sistema Nacional de Atendimento Socioeducativo; formular e executar a política nacional; suplementação de recursos; elaborar o Plano Nacional do SINASE; SIPIA, Assistência Técnica a Estados e Municípios; diretrizes gerais sobre organização e funcionamento; processos de avaliação de entidade e programas.		COMISSÃO INTERSETORIAL ESCOPO: Garantir responsabilidade e transversalidade das Políticas Setoriais do SINASE. COMPOSIÇÃO: SDH, MINISTÉRIOS (MDS, MEC, Ministério da Saúde, do Esporte, de Cultura, de Planejamento, de Trabalho e Emprego, SEPPIR/PR), CONANDA, FONSEAS, CNAS, FONACRIAD, CONGEMAS	CONANDA, CGU, Congresso Nacional, TCU e Sistema de Justiça
ESTADUAL	ÓRGÃO GESTOR DO SISTEMA SOCIOEDUCATIVO ESTADUAL Coordenador Estadual do Sistema Socioeducativo		COMISSÃO INTERSETORIAL ESCOPO: Garantir responsabilidade e transversalidade das Políticas Setoriais do SINASE	Órgão de controle da Administração Estadual; Legislativo Estadual; Sistema de Justiça; Conselhos de Direitos da Criança e do Adolescente e Organização da Sociedade Civil
	ÓRGÃO GESTOR DA PRIVAÇÃO E RESTRIÇÃO DE LIBERDADE	ÓRGÃO GESTOR DA LIBERDADE ASSISTIDA E PRESTAÇÃO DE SERVIÇO À COMUNIDADE		
	Função: coordenar, monitorar, supervisionar e avaliar a implantação e o desenvolvimento do Sistema Socioeducativo; supervisionar tecnicamente as entidades; articular a intersetorialidade, estabelecer convênios, publicizar, emitir relatórios, coordenar a elaboração do Plano Estadual, SIPIA, Assistência aos Municípios; criar e manter programas de internação, semiliberdade e internação provisória - SINASE 4.2.2; 4.1.4.		COMPOSIÇÃO: Órgão Gestor, Secretarias Estaduais, Coordenação Meio Aberto, Coordenação Meio Fechado, Sistema de Justiça e Organizações da Sociedade Civil.	
MUNICIPAL	ÓRGÃO GESTOR DO PROGRAMA MUNICIPAL DE MEDIDAS SOCIOEDUCATIVAS Coordenador Municipal do Sistema Socioeducativo		COMISSÃO INTERSETORIAL ESCOPO: Garantir responsabilidade e transversalidade das Políticas Setoriais do SINASE	CMDCA; Órgão de Controle Administração Municipal, Legislativo Municipal, CCM, CT, Sistema de Justiça e Organizações da Sociedade Civil.
	COORDENAÇÃO DE PROGRAMAS DE LIBERDADE ASSISTIDA E PRESTAÇÃO DE SERVIÇO			
	Função: Coordenar, monitorar, supervisionar, e avaliar a implantação e o desenvolvimento do Sistema Socioeducativo; supervisionar tecnicamente as entidades, avaliando e monitorando; articular a intersetorialidade, estabelecer convênios, publicizar, emitir relatórios, SIPIA, coordenar a elaboração do Plano Municipal - SINASE 4.2.2; 4.1.5.			

Fonte: SDH, 2014.

Diante desse contexto, que apresenta contradições entre as diretrizes, normativas legais e orientações administrativas, que surgem algumas hipóteses quanto ao lócus político administrativo a ser proposto para essa política pública. É realizada uma análise com considerações de prós e contras para cada uma das propostas.

Sendo uma hipótese geral, a política pública de atendimento socioeducativo no Brasil, instituída como Sistema Nacional de Atendimento Socioeducativo, é uma política pública intersetorial, com saberes e práticas únicos, de articulação entre as demais políticas setoriais tais como: Educação, Assistência Social, Saúde, Segurança, Cultura, Esporte e Lazer, Trabalho, Cidadania, Justiça.

Hipóteses Específicas:

Qual o "lugar"[19] da Política Pública de Atendimento ao adolescente em Conflito com a lei?

✓ A Política de Assistência Social como responsável pela política pública de execução de medidas socioeducativas, coordenando o SINASE:

Prós:

- É a política setorial com maior vinculação da área socioeducativa (17 estados estão vinculados a assistência social);
- As medidas socioeducativas em meio aberto estão sob a execução da política setorial de Assistência Social nos municípios;

Contras:

- Visão conceitual da política como um serviço e não como programas (previsão legal); O usuário não escolhe acessar essa política, é imposto a medida ao adolescente.
- Ausência da visão da responsabilização do adolescente como elemento central na execução da medida socioeducativa, caráter penalizador da medida socioeducativa de internação;

✓ A Política de Educação como responsável pela política pública de execução de medidas socioeducativas, coordenando o SINASE:

Prós:

- Fortalecimento da proposta pedagógica em detrimento as atuais violações de direito;

- Garantia de Orçamento Público tendo em vista que a Educação tem porcentagem garantida para atuação.

Contras:

- Dimensão atual da política de Educação, que não permitiria uma prioridade e definição de especifidades ao trabalho;
- Ausência da visão da responsabilização do adolescente como elemento central na execução da medida socioeducativa, caráter penalizador da medida socioeducativa de internação;

✓ A Política Pública de Direitos Humanos como responsável pela política pública de execução de medidas socioeducativas, coordenando o SINASE:

Prós:

- Atual Referência do Governo Federal (Secretaria de Direitos Humanos), sendo a definição que consta na deliberação do CONANDA;
- Enfrentamento as atuais políticas que tem práticas de violação de direitos humanos

Contras:

- Política Pública em construção, sendo que não há referência administrativa nos municípios.
- Dimensão ampla no conceito e nas variáveis impossibilitando uma especialização e priorização no atendimento.
- Direitos Humanos não deveria ser uma política pública setorial e sim de caráter transversal para as demais políticas setoriais.

✓ A Política Pública de Atendimento Socioeducativo como uma política intersetorial autônoma, ou dentro do contexto do Sistema de Garantia de Direitos da Criança e do Adolescente, com estrutura e planejamento próprio desvinculado administrativamente de outras políticas públicas

Prós:

- Retomada da Discussão do Sistema de Garantia de Direitos da Criança e do Adolescente;
- Fortalecimento de uma política que é intersetorial, com especificidades nas suas práticas.

Contras:

- Ausência de orçamento já que teria que articular/competir com as demais políticas públicas para se estabelecer.
- A especificidade do atendimento pode causar um isolamento e estigmatização dessa política.

As quatro hipóteses de vinculação política administrativa já tem sua referência prática no país, onde 17 Estados a política socioeducativa está vinculada a secretarias de assistência social, em especial os Estados do Norte e Nordeste, o Estado do Rio de Janeiro como exemplo de vinculação político administrativa a Secretaria de Estado de Educação, confeccionando como o único Estado com vinculação da socioeducação a esta pasta, e a exemplo do Paraná onde a política de atendimento socioeducativo mudou de pastas nas 3 últimas mudanças de Governador e agora está alocada na Secretaria de Justiça e Direitos Humanos.

Porém o que é mais importante é vislumbrar a Política Pública de Atendimento Socioeducativo como intersetorial, de integração com as políticas públicas setoriais tais como: Educação, Saúde, Assistência Social, Segurança, Cultura, Esporte e Lazer, Direitos Humanos, entre outras como a possibilidade real de uma política capaz de construir metodologias que deem conta da singularidade e da complexidade das ações de privação de liberdade de adolescentes, sendo que a melhoria e qualificação desses serviços estaria diretamente ligado a sua incompletude institucional, visão e ação sistêmica, integrada as demais políticas setoriais, mas sob coordenação, financiamento e diretriz da política pública de Nacional, atualmente ligada ao Direitos Humanos, mas com uma coordenação pelo

Pro-Sinase, órgão específico para assessorar os Estados e Municípios junto a execução de medidas socioeducativas.

O que já se apresenta como fato, é a necessidade de definição de um lócus institucional único para essa política, que irá acarretar mudanças e novos resultados para uma política taxada constantemente como de violação de direitos. Sendo que o conjunto de transformações que a área de atendimento ao adolescente autor de ato infracional, de forma tão dramática, necessita e requer - além das mudanças já ocorridas no panorama legal – passa ainda pela necessidade de um corajoso e amplo reordenamento institucional e de uma efetiva melhoria das formas de atuação direta.

3. Sistema Nacional de Atendimento Socioeducativo como Mecanismo de Regulamentação da Punição

3.1 Cultura Punitiva em Ação: As unidades de internação para adolescentes como instituições totais

As unidades de internação para adolescentes em conflito com a lei estão inscritas nessa lógica do controle social e submissão. Por mais que todas não funcionem da mesma forma e que há alguns modelos isolados de boas práticas, mais por esforços de profissionais engajados e preocupados em garantir direitos humanos, todas as unidades estão inscritas e a mercê do sistema, e cumprem as regras estabelecidas como instrumento de controle social e reforço da cultura punitiva:

> (...) cumpre uma função de legitimação cada vez mais necessária à perpetuação da "ordem social" uma vez que a evolução das relações de força entre as classes tende a excluir de modo mais completo a imposição de uma hierarquia fundada na afirmação bruta e brutal das relações de força (Bourdieu, 1999, p.311)

O trabalho por mais de 10 anos no sistema de atendimento socioeducativo brasileiro permite afirmar que todas as estruturas e práticas que se realizam nessas instituições não fazem parte de uma ignorância ou acaso, ou mesmo somente o discurso de herança de outros tempos perversos. Estamos diante de recursos, práticas e projetos, dirigidos e moldados com objetivos concretos, a serviço de uma lógica punitiva voltado para as classes menos favorecidas. Ainda que se encontre nessas unidades esforços e práticas para atividades educacionais, recreativas e esportivas, estamos diante de instituições totais, forjadas para o doutrinamento e subjugar o indivíduo:

> A tendência absorvente ou totalizadora está simbolizada pelos obstáculos que se opõe frente a interação social com o exterior e ao êxodo dos membros, e que só adquirem forma material: portas cerradas, altos muros, arames farpados. (Goffman, 2008, p. 144)

Se formos tratar aqui das práticas estamos diante de jovens que passam de 16 a 20 horas por dia em seus alojamentos, trancados. Isso mesmo, pasmem, a média de atividade diária para os adolescentes em cumprimento de medida socioeducativa de internação no Brasil é bem inferior a 8 horas diárias, na maioria das unidades não chega a 4 horas diária de atividades. Isso ainda considerando deslocamentos e ações de segurança para movimentar os jovens dentro dessas unidades. A maior parte do tempo estão reclusos em seus "alojamentos", termo utilizado para se referir com humanidade as celas, trancadas, com grades, ferrolhos e cadeados. Nesse tempo e reclusão a vida desses jovens, seu mundo, se limita a relação com outros jovens privados de liberdade e agentes socioeducativos que preferem distância, fazendo um papel de carcereiros. Todos os horários, levantar, comer, tomar banho, tudo está pautado e fira ao redor das normativas de "segurança" da unidade:

> Todos os aspectos da vida se desenvolvem no mesmo lugar e frente a mesma autoridade única. Segundo, cada etapa de atividade diária de um membro está sempre em companhia imediata de um grande número de outros, a quem se dá o mesmo tratamento e de que se requer que façam juntos as mesmas coisas. Terceiro, todas as etapas das atividades se impõe desde cima, mediante um sistema de normas formais explícitas e um corpo de funcionários. (Goffman, 2008, p. 145)

Essa parece a descrição exata dos atuais Centros de Socioeducação no Brasil, Instituições totais que ainda assumem um discurso de defesa que tais ações são em nome de uma pseudo segurança. Há sempre uma normativa interna que regulamenta essas ações de segurança. E quem faz o papel de Educador Social, Agente Socioeducativo, prefere a figura do agente de segurança e mantem distância da relação humana/educativa do sujeito que está privado de liberdade. Suas funções passam a ser a de controlar, saber onde cada um deve estar e, em que momento, sendo o único objetivo a manutenção da ordem estabelecida.

> No grande ponoptismo social cuja função é precisamente a transformação da vida dos homens em força produtiva, a prisão exerce uma função muito mais simbólica e exemplar do que realmente econômica, penal ou corretiva. A prisão é a imagem da sociedade e a imagem invertida da sociedade, imagem transformada em ameaça.(Foucalt, 1997, p. 123)

As práticas dessas unidades a partir de uma estrutura carcerária convertem a medida socioeducativa de internação em um espaço "necessário" para a manutenção da ordem dentro do sistema repressivo e inumano. É certo que existe situações de violência entre os próprios internos, em ocasiões a garantia de direitos de uns passa por limitação de direitos de outros. Mas o problema, não é esta limitação, senão a anulação total de direitos, a perversão de um sistema, dificilmente apreciado por quem o dirige e controla esse cárcere, acaba convertendo esse sistema de privação de liberdade em um sistema de solução de conflitos perdedor-perdedor; todos perdem: os internos que se angustiam, animalizam, enlouquecem e até morrem; os funcionários que suportam as agressividade e com frequência a transformam em violência perdendo o equilíbrio necessário para respeitar o sujeito preso; o sistema porque se converte em ilegítimo; os cidadãos porque entendem que o custo econômico suposto para o cárcere serve para fins racionais encomendados constitucionalmente.

Nessa lógica a maioria dos Centros de Socioeducação utiliza um sistema meritocrático: se o interno se comporta bem com os educadores e obedecer às normas, mais privilégios de saída, de atividades. Este funcionamento tem ainda mais peso quando esses jovens completam a maioridade, 18 anos, se tem apresentado bom comportamento e demonstram ser obedientes, possuem uma possibilidade do envio de um relatório favorável a desinternação. No sentido contrário, os adolescentes cuja situação e de desvantagem, já que apresentam mais fatores de risco em suas famílias e seu entorno e características infantis, influenciando seu comportamento na unidade, não obtém determinados privilégios – geralmente seus comportamentos são mais rebeldes – e por vezes ficam privados até completar os 18 anos. Este é um paradoxo do sistema: o mais desamparado é a quem mais se desampara nas unidades, tendo em vista que resulta incomodo e desafiante, "dá trabalho", ainda que, na realidade se supõe que o objetivo da instituição deve ser de dar suporte aos desamparados:

> A ideologia da pena era a do treinamento, mediante controle estrito da conduta do apenado, sem que este pudesse dispor de um só instante de privacidade. Essa ideologia será expandida e formulada pelos diversos criadores de regimes e sistemas "progressivos", mas no fundo seguirá sendo a mesma: vigilância, arrependimento, aprendizagem, "moralização" (trabalhar para a felicidade). Em geral, corresponde à forma de trabalho industrial, tal como era concebida e praticada na época: a vigilância estrita do trabalhador na fábrica, o controle permanente pelo capataz, a impossibilidade de dispor do tempo livre durante o trabalho, etc. (Zaffaroni e Pierangeli, 2002, p. 279)

Outro elemento chave de controle a serviço do sistema é a previsão legal de reavaliação da medida socioeducativa a cada seis meses:

> Art. 121. A internação constitui medida privativa da liberdade, sujeita aos princípios de brevidade, excepcionalidade e respeito à condição peculiar de pessoa em desenvolvimento.
> § 1º Será permitida a realização de atividades externas, a critério da equipe técnica da entidade, salvo expressa determinação judicial em contrário.
> § 2º A medida não comporta prazo determinado, devendo sua manutenção ser reavaliada, mediante decisão fundamentada, no máximo a cada seis meses.

Sob um discurso positivo de necessidade revisão do caso a qualquer tempo e no máximo a cada 6 meses, além da submissão e discricionariedade do poder judiciário, estamos diante de uma eficaz ferramenta a serviço do sistema punitivo e de controle instalado. Segundo Goffman, "é característico mantê-los na ignorância das decisões que se tomam sobre o próprio destino". Este desconhecimento do que se deve fazer e do tempo que lhe resta para cumprir a medida socioeducativa, produz preocupações e ansiedades, e são elementos subjetivos de controle do comportamento dos internos.

Outra questão relevante é que esses centros, em geral, têm muito poucos espaços (às vezes nenhum) de intimidade e tranquilidade para o adolescente poder ficar sozinho, espaços fundamentais e necessários para esta etapa da vida em que se deixa a construção como criança e começa a constituir-se como adulto. Como reflete Goffman (2008) "O interno quase nunca está completamente sozinho, sempre há algum que pode vê-lo ouvi-lo, mesmo que se trate de seus companheiros de internação".

Enquanto há preocupações com terminologias e conceitos teóricos, as práticas são de segregação. Estamos diante de prisões para menores onde são rotulas de "Centros de Socioeducação". Os adolescentes são organizados por módulos e fases, em função do comportamento, e em alguns estados, de acordo com a facção criminosa a que pertence. Nos 10 anos de atuação junto as unidades de internação para adolescentes não conheci nenhuma unidade que observasse a prescrição do ECA e posteriormente do SINASE: "Art. 123. (...) obedecida rigorosa separação por critérios de idade, compleição física e gravidade da infração" (BRASIL, 1990).

As unidades de privação de liberdade fazem parte do Sistema de Controle social, ou seja, todos esses trabalhadores do Sistema Socioeducativo estão a serviço do capital. Todos os profissionais que atuam nas medidas socioeducativas, judiciário, ministério público, defensoria, polícia militar, todos membros do Sistema, são agentes a serviço desse Sistema de Controle Social, e suas tarefas giram em torno de manter a ordem social. O denominador comum dos adolescentes que estão privados de liberdade é que são jovens de classes menos favorecidas e todo seu entorno possui um baixo nível de influência positiva no seu contexto.

Outro registro estarrecedor é as unidades de atendimento socioeducativo como local de óbito de adolescentes, os números são assustadores, segundo o levantamento da SDH (2014, referente aos anos de 2012 e 2013), foram a óbito, em 2012, no sistema socioeducativo brasileiro de privação de liberdade, trinta (30) adolescentes, conforme informado pelos Estados. Já em 2013, foram a óbito 29 adolescentes, conforme informados pelas UFs do país, considerando assim uma média superior a dois adolescentes por mês. As três principais causas de óbito em unidades de internação foram em decorrência de conflito interpessoal (17 adolescentes, 59%), conflito generalizado (cinco adolescentes, 17%) e suicídio (14% do total, quatro adolescentes). Causas de Óbito de Adolescentes e Jovens em Unidades de Internação - Total Brasil (Comparativo 2012-2013):

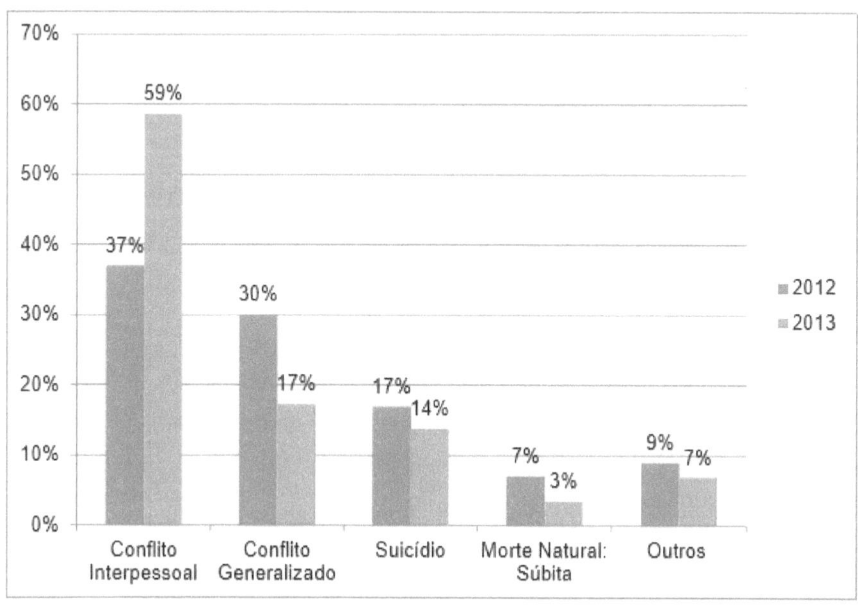

É para sociedade capitalista, e não para os adolescentes, é para que serve o Sistema Nacional de Atendimento Socioeducativo, se configura assim como se pratica: uma instituição destinada a manter a ordem, castigando quem está nela (profissionais e adolescentes) e mantendo os usuários distantes da sociedade. Sempre que houver um conflito de interesses sempre a violação recairá sobre os adolescentes, vide superlotação, internação como primeira medida socioeducativa, internação provisória como uma pena curta entre outros.

Uma das funções desse sistema de controle social consistem em supervisionar as pessoas que apresentem características de "risco", supostamente com o fim de evitar danos e ajudar, "socioeducar" esse adolescente. Se trata do "panótipo" o "olho que tudo vê", que trata de examinar os comportamentos transgressores. Como aponta Foucalt (1997), o verdadeiro fim deste exame de controle é outro, senão de "normalizar" aos indivíduos com a finalidade que não criem perturbações e faze-los produtivos.

Nas unidades de privação de liberdade os poucos cursos que se tem, e não são oportunidades para todos, foca nesse conceito de educação para o trabalho, mas com ofertas de qualificação para subempregos, que atentam para os interesses do capital. Nessa lógica tentar convencer alguém de que mude seu comportamento pode considerar educação, mas querer obriga-los a todos fazer as mesmas coisas acaba compondo um quadro de massificação, é uma tirania terapêutica, que pode ser mais ou menos benevolente, paternalista, até assistencialista, mas seu fim é uma tirania.

Em alguma medida, a preocupação excessiva que existe a respeito dos conceitos e efeitos que essas instituições têm sobre os jovens infratores, pode ser interpretado como um indicador de certa hipocrisia social, onde é utilizado conceitos como: educação, reinserção social, socioeducação, etc, onde se busca um caráter positivo dessa intervenção. Mas o certo e que nem sempre o que se diz se faz, às vezes, as grandes palavras, conceitos rebuscados, podem esconder práticas opostas ao discurso ideário dessas unidades. Sendo grandes instituições reguladores de punição e violadoras de direitos.

Somente um trabalho reflexivo e teórico, com a pretensão de valorar e conhecer as práticas desenvolvidas, permite tomar consciência do sentido que adota estas atividades práticas. Propor ações, demonstrar limitações, os acertos e erros ajuda a adotar pontos de partida, referenciais, a partir dos quais podemos melhorar e construir coerência entre aquilo que se pretende e o que realmente ocorre nessas instituições de privação e liberdade de adolescentes.

3.2 Redução da Maioridade Penal e a Justiça como Vingança: como superar o mito da impunidade

Numa sociedade onde o fetiche da mercadoria ocupa lugar central na reprodução das relações sociais, o culto do aprisionamento, da tolerância zero, da xenofobia, do medo e da generalização da segurança[20] e, ainda, um momento onde se apresenta parte das manifestações a partir das "sacadas gourmet" com panelaços em aço inox, discursos retrógados de retomada de um Estado de exceção em detrimento da democracia, além do surgimento de práticas justiceiras reforçadas por figuras públicas ala Bolsonaro´s[21], fica cada vez mais difícil argumentar e convencer contrariamente a redução da maioridade penal.

Seja numa mesa de bar entre amigos, em casa enquanto veem novela ou mesmo nos momentos de militância em eventos na área de direitos humanos de crianças e adolescentes, os ecos pelo fortalecimento do atual Estado cada vez mais penal, punitivo e segregador, soam com mais força e estardalhaço.

Em 2015 voltaram à tona no Congresso Nacional votações de projetos de Lei que diminuem a maioridade penal de 18 para 16 anos, que na verdade são PEC (Projeto de Ementa Constitucional). Inicialmente uma proposta de redução da maioridade para 16 anos foi rejeitada pela câmara dos deputados, porém houve uma manobra por parte do Presidente da Câmara[22] para que o projeto inicial voltasse para votação e foi aprovado.

O texto aprovado sugere que adolescentes, a partir dos 16 anos, podem receber pena e ser julgados como adultos, mas somente em casos onde os crimes forem cometidos com violência ou grave ameaça, crimes hediondos, homicídio doloso, lesão corporal grave ou lesão seguida de morte. A diferença em relação ao texto que foi reprovado pela câmara no dia anterior é que foram excluídos da redução os crimes de tráfico e roubo qualificado. Porém para avançar necessita ainda de análise de

---

20 Corrobora-se das mesmas afirmações contidas no livro "Entre Proteção e Punição: O controle sociopenal dos adolescentes", de Maria Liduina de Oliveira e Silva. – São Paulo: Editora Unifespe, 2011.

21 Referência aos seguidores do Deputado Federal Jair Messias Bolsonaro (PSC-RJ) que se tornou ícone de um discurso fascista, nacionalmente conhecido por suas posições nacionalistas e conservadoras, e por considerar a tortura uma prática legítima entre outros discursos de extrema-direita.

22 Deputado Federal Eduardo Consentino Cunha (PMDB/RJ)

comissões internas da Câmara, votação em segundo turno e posterior votação no Senado.

É preciso continuar a luta em defesa da não punição e encarceramento em massa da juventude, é necessário não retroceder em nome dos que tem, cotidianamente, seus direitos violados. Mas é importante ter cuidado para não recair em uma defesa romântica do Estatuto da Criança e do Adolescente, como se a lei por si só fosse capaz de mudar uma realidade de práticas históricas, como foi a esperança de alguns. Há então uma necessidade de se munir com dados, estudos, propostas que demonstrem que há de fato uma omissão por parte do sistema de justiça juvenil, poder executivo e legislativo, reforçando a lógica de um Estado Penal:

> Reduzir maioridade significa encarcerar os adolescentes junto com os adultos em prisões fétidas, superlotadas, em guerra cotidiana e silenciosa, chamadas de escolas do crime. (...) reduzir maioridade significa condenar duplamente aqueles que já vivem em ambientes violentos. (...) reduzir maioridade penal significa reduzir perspectivas de futuro para quem ainda tem chance de aprender a refazer seu caminho. (...) reduzir a maioridade significa o castigo do Estado ausente, inoperante e violador de direitos que depois de errar entra para punir. (Oliveira, 2010, p.33)

O Congresso Nacional há pouco tempo de aprovou e foi sancionada uma lei de execução de medidas socioeducativas[23], e ainda anterior, a resolução do Conanda[24], mesmo assim não houve mudanças efetivas nas práticas. Com essas considerações e legislações ainda assistimos o aprisionamento dos adolescentes e jovens pobres, por atos infracionais de natureza leve, unidades de internação com mais de 300 adolescentes, onde deveria haver no máximo 90, sem falar das medidas socioeducativas em meio aberto com "práticas cartoriais" sem intervenções técnicas, e aqui não consideramos uma do caráter pedagógico das medidas socioeducativas que não acontece no cotidiano do atendimento.

O que pode parecer uma confusão de ideias ao misturar redução da maioridade penal com a perspectiva ideal de execução das medidas socioeducativas, na verdade é só mais uma das inquietações que podem reforçar o argumento positivo da redução da maioridade penal, ou seja, se o sistema não

---

23 Lei No. 12.594 de 18 de janeiro de 2012, Lei que institui o Sistema Nacional de Atendimento Socioeducativo (Sinase) e regulamenta a execução das medidas destinadas a adolescente que pratique ato infracional.
24 O Sistema Nacional de Atendimento Socioeducativo foi instituído primeiramente pela Resolução 19/2006 do CONANDA.

funcional, que vá para o sistema penitenciário, claro, muita sabedoria aí, temos aqui no Brasil um grande modelo de política pública penitenciária (SIC). Ambos os sistemas produzem injustiça ao invés de justiça, mas o modelo penitenciário é ainda mais perverso.

O que nos resta então, de argumento? É preciso primeiro saber para que se pretende a redução da maioridade penal, onde se baseiam os argumentos calorosos a favor dessa medida. Porque se o objetivo é a redução da violência e do cometimento de atos infracionais é importante salientar que não há uma correlação entre a idade e o cometimento de delitos, e é mito afirmar que adolescentes cometem mais crimes que adultos, pelo contrário, em números absolutos e proporcionais há muito mais casos de violência e crimes cometidos por maiores de 18 anos do que por menores. Estudos campo da criminologia, das ciências sociais, do direito (Volpi, 2009, Saraiva, 2002) têm demonstrado que não há relação direta de causalidade entre a adoção de soluções punitivas e repressivas e a diminuição dos índices de violência.

Se o objetivo é a punição mais eficaz dos autores de atos infracionais, é importante saber que há uma responsabilização dos adolescentes que cometem atos análogos a crimes. A partir dos 12 anos, qualquer adolescente é responsabilizado pelo ato cometido contra a lei, respondendo a medidas socioeducativas. Outra informação importante é de que menos de 10% dos adolescentes apreendidos no Brasil (SDH 2014) cometeram atos infracionais análogos a crimes de homicídios e violência contra outras pessoas, isso significa que a redução da maioridade penal pura e simples empurraria para o sistema carcerário um universo de 90% de adolescentes que hoje passam pela medida socioeducativa de internação, a mais gravosa. A definição do adolescente como a pessoa entre 12 e 18 anos incompletos implica a incidência de um sistema de justiça especializado para responder a infrações penais quando o autor se trata de um adolescente. A imposição de medidas socioeducativas e não das penas criminais relaciona-se justamente com a finalidade pedagógica que o sistema deve alcançar, e decorre do reconhecimento da condição peculiar de desenvolvimento na qual se encontra o adolescente.

Ainda tem surgido alternativas quanto a necessidade de se ampliar os estudos e discussões acerca do aumento do tempo da medida socioeducativa de internação, que hoje tem como limite máximo 3 anos. Nessa lógica são apontadas variáveis que levem em consideração a idade do adolescente (alternativas diferentes para quem tem 12 anos e para quem tem 16 ou 17 anos), e ainda a natureza do ato infracional cometido, não sendo assim uma mudança que afete todo o sistema de atendimento socioeducativo e sim a parcela de adolescentes que cometem atos infracionais com violência ou grave ameaça a pessoa, aumentar o tempo de internação para atos infracionais de natureza grave.

A questão é que, essa "pseudoalternativa", continua agindo no efeito e não a causa. Reforça e atende aos clamores sociais de que a imposição de uma lei mais rígida pudesse influenciar na redução dos índices de violência, onde na verdade contempla-se o desejo de vingança (travestido de justiça) de uma parcela significativa da sociedade. Tal possibilidade só reforça a atual lógica punitiva perversa, onde o que impera é à vontade "dar o troco", estigmatizar, segregar, sem olhar a quem.

Há uma necessidade de qualificar essa discussão, não se trata de uma posição contrária a redução da maioridade penal pura e simples, temos que sair do superficial. Não queremos enxergar que estamos falando da responsabilização penal de adolescentes e jovens pobres, parte excluída até classe trabalhadora, pauperizada, que, muitas vezes, não serve nem para o exército industrial de reserva. Tem que haver mudanças de paradigmas, o que deve ser abordado é o controle social imposto, não só controle estatal, mas a serviço do capital, mediado pelas relações de poder ootabelecidas pelo capital, o Estado e a sociedade. Estamos falando de regulação e dominação, reprodução da lógica do capital, se ainda ficarmos inventando alternativas, só estaremos a serviço dos ideais da classe dominante.

Se observado os parâmetros mundiais a redução da maioridade penal é uma alternativa em desuso, segundo dados da UNICEF (Fundo das Nações Unidades para Infância e Adolescência), 78% dos países fixam a maioridade penal em 18

rança,

f 2015.

idade

apto a
conflito
jue ao
de sua
Je sua
im agir
eu agir.
social
rge da
utor de
se tem
ECA,
níveis

omete

n ser

ão da

ão do

Esse

esse

estão

cumprindo medida socioeducativa em instituições tão perniciosas quanto as prisões de adultos.

É o Mito da Impunidade, como afirma Volpi (2009) e Saraiva (2008), uma percepção equivocada de que não há responsabilização dos adolescentes infratores. Aqui a afirmação vai além, não sendo somente a compreensão de que não há responsabilização e punição aos adolescentes infratores, e sim a afirmação de que na verdade estes vão sim presos (no sentido de privados de liberdade), porém sob rótulo da "internação", da medida socioeducativa de internação em estabelecimento educacional[25].

Nos relatos contrários a redução da maioridade penal a demonstração do argumento de responsabilização do adolescente autor de ato infracional é sempre evidente e vem nos primeiros argumentos, sendo essas afirmações a busca de superação do Mito da Impunidade:

> A responsabilização do adolescente é assegurada pela Lei n° 12.594/2012 que instituiu o Sistema Nacional de Atendimento Socioeducativo – SINASE, e previu 03 objetivos para as Medidas Socioeducativas: a responsabilização do adolescente; a integração social, garantia dos direitos individuais e sociais e a desaprovação do ato infracional. Portanto, a lei colocada em prática implicará num processo educativo ao invés de punitivo simplesmente. Onde deverá combinar apoio e limite, ensinar a consequência dos atos e preparar para o retorno ao convívio social em novos padrões. Isso sim tornado realidade pode mudar o rumo das coisas. (Oliveira, 2010, p.12)

No Manifesto "As 18 Razões CONTRA a Redução da Maioridade Penal", o primeiro item trata do Mito da Impunidade sobre o argumento da responsabilização:

> 1°. Porque já responsabilizamos adolescentes em ato infracional: A partir dos 12 anos, qualquer adolescente é responsabilizado pelo ato cometido contra a lei. Essa responsabilização, executada por meio de medidas socioeducativas previstas no ECA, têm o objetivo de ajudá-lo a recomeçar e a prepará-lo para uma vida adulta de acordo com o socialmente estabelecido. É parte do seu processo de aprendizagem que ele não volte a repetir o ato infracional. Por isso, não devemos confundir impunidade com imputabilidade. A imputabilidade, segundo o Código Penal, é a capacidade

---

25 No Estatuto da Criança e do Adolescente: Art. 112. Verificada a prática de ato infracional, a autoridade competente poderá aplicar ao adolescente as seguintes medidas: VI - internação em estabelecimento educacional;

da pessoa entender que o fato é ilícito e agir de acordo com esse entendimento, fundamentando em sua maturidade psíquica. (18 Motivos Contra a Redução da Maioridade Penal, 2013)

Ou ainda como destaca Welington Saraiva, na linha de desconstruir o Mito da Impunidade:

> Na verdade, ao contrário do que se divulga, adolescentes são passíveis de responsabilização por ato infracional no Brasil a partir dos 12 anos, de acordo com o Estatuto da Criança e do Adolescente (Lei 8.069, de 13 de julho de 1990). A diferença é que a consequência de seus atos não a prisão dos maiores de 18 anos, mas o cumprimento de medida socioeducativa, pois a finalidade da lei é mais recuperar esses jovens do que puni-los. (SARAIVA, 2015, p. 98)

Já João Batista da Costa Saraiva, dedica uma obra inteira "Descontruindo o Mito da Impunidade – Um ensaio de Direito (Penal) Juvenil", onde reforça toda a lógica de argumentos que demonstram que esse adolescente é responsabilizado com a aplicação de medidas socioeducativas:

> Ao contrário do que sofismática e erroneamente se propala, o sistema legal implantado pelo Estatuto da Criança e do Adolescente contempla um modelo de responsabilidade juvenil, fazendo estes jovens, entre 12 e 18 anos, sujeitos de direitos e de responsabilidades e, em caso de infração, sancionando medidas sócio-educativas, inclusive com privação de liberdade, com natureza sancionatória e prevalente conteúdo pedagógico. A circunstância de o adolescente não responder por seus atos delituosos perante a Corte Penal não o faz irresponsável. (SARAIVA, 2002, p. 34)

Quem atua no Sistema de Garantia de Direitos da Criança e do Adolescentes sempre reforçou a necessidade de mudanças nas terminologias, a consolidação dos conceitos do Estatuto da Criança e do Adolescente em detrimento do Código de Menores. Essa necessidade de novos conceitos foi assimilada e houve avanço quanto a utilização dessas terminologias, porém houve pouquíssimos avanços nas práticas socioeducativas nas unidades de internação. Hoje o que vemos é uma ditadura das terminologias politicamente corretas enquanto os jovens são vítimas da privação pela privação, em unidades superlotados e sem estrutura condizente com o previsto no SINASE.[26]

As unidades de internação para cumprimento de medidas socioeducativas no país são, em sua maioria, instituições totais, com disciplinas punitivas e práticas perversas. Ou seja, são ações sancionatórias. Nestas condições o cárcere desses jovens se converte em um duplo castigo, já não basta "pagar pelo delito", há uma

---

26 SINASE – Sistema Nacional de Atendimento Socioeducativo, disposta como resolução do CONANDA (Conselho Nacional dos Direitos da Criança e do Adolescente) de 2006.

conversão em condenação permanente quando o jovem sai, o estigma de delinquente ira acompanha-lo, que transcende o tempo de cumprimento da pena.

Se buscarmos ainda para um dado mais estarrecedor, a Anistia Internacional, no relatório anual sobre a pena de morte no mundo, dados de 2014, constata que o Estado Brasileiro não aplica a pena de morte, e que ao menos 607 pessoas foram executadas em 22 países, através da pena de morte. Considerando somente os países das Américas, os Estados Unidos foi o único país da região que realizou execuções em 2014: 35 execuções. Segundo dados da SDH (2014), nas unidades de internação de adolescentes foram mortos 59 adolescentes nos anos de 2012 e 2013, ou seja, condenamos a morte, sob tutela do Estado, mas adolescentes em cumprimento de medida socioeducativa de internação do que um país onde os Estados têm regulamento a Pena de Morte.

O mais grave é essa negativa quanto ao caráter punitivo da medida de internação, não enxergar o caráter sancionatório e responsabilizador da medida socioeducativa, quando se reforça as terminologias positivas quanto a execução da medida socioeducativa de internação, não se demonstra o quanto punitivo e responsabilizadora é tal medida. Estamos diante de uma contradição que prejudica ainda mais os adolescentes, pois os mesmos além de serem punidos, estigmatizados e responsabilizados, ficam à mercê de um discurso do senso comum de que o tempo de internação e o tipo de responsabilização não seria o ideal.

> A medida socioeducativa tem natureza sancionatória. O programa de execução da medida socioeducativa é que deverá perseguir a finalidade pedagógica a que se propõe, seja a medida socioeducativa cumprida em meio aberto (Liberdade Assistida e Prestação de Serviços à Comunidade, notadamente), seja privativa de liberdade (internação e semiliberdade). Dito tudo isso, há que se afirmar que a discussão da questão infracional na adolescência está mal focada, com, muitas vezes, desconhecimento de causa. Ignora-se, por exemplo, que o Estatuto da Criança e do Adolescente instituiu no país um Direito Penal Juvenil, estabelecendo um sistema de sancionamento, de caráter pedagógico na finalidade buscada, mas evidentemente retributivo em sua forma, articulado sob o fundamento do garantismo penal e de todos os princípios norteadores do sistema penal enquanto instrumento de cidadania, fundado nos princípios do Direito Penal Mínimo. (SARAIVA, 2002, p. 132)

No Brasil há uma contradição entre as funções e as finalidades formais e reais dessas unidades de internação para adolescentes. Há uma defesa de que essas unidades são Centros de Socioeducação, para superar as práticas prisionais, mas na verdade há práticas prisionais e vende-se um discurso ressocializador. Cabe a constatação que não no Brasil nenhum estudo ou dado consistente sobre a reincidência dos adolescentes que cumprem medida socioeducativa de internação, somente o Estado de São Paulo tem o dado dos adolescentes que retornam para o sistema socioeducativo, sem cruzamento de dados com o sistema penitenciário.

Nessa lógica o senso comum ver as unidades socioeducativas como um lugar atrativo e não como um lugar de responsabilização dos adolescentes, o que reforça o empoderamento das alas conservadoras que buscam a redução da idade penal. Para superar o mito da impunidade é preciso assumir que as unidades de internação estão longe de cumprir seu papel de socioeducação. Fica constituído então outro mito, o da Socioeducação, mudando nomes de unidades enquanto as práticas coercitivas continuam as mesmas.

Sendo assim o Sistema de Garantia de Direitos perde em duas frentes: a do discurso e a da prática. Reforça um discurso positivo que maquia a realidade e ganha força o discurso da redução da maioridade penal, enquanto na prática não há intervenção nos métodos dentro das unidades de internação para adolescentes infratores. Há uma preocupação maior em não utilizar termos como menor, delinquente, infrator, medidas socioeducativas, do que um projeto político de intervenção no sistema. Logo deveríamos assumir que se pratica no país é uma perversa punição desses adolescentes, que está preso em unidades superlotadas e assim convencer parte da população que esse adolescente não está impune quanto pratica um ato infracional. Faz-se necessário colocar o dedo na ferida e parar de privar de liberdade a juventude negra e pobre brasileira e ainda reforçar a lógica de que não há punição, só assim será possível desmistificar o mito da Impunidade.

3.3 A intencionalidade oculta da privação de liberdade de adolescentes: o mito da Socioeducação

Com base na previsão do Sistema Nacional de Atendimento fica evidente que se buscar no atendimento ao adolescente em conflito com a lei é um processo de construção, ou reconstrução, de projetos de vida reais e possíveis de serem realizados, que alterem suas rotas de vida, desatrelando-os da prática de atos infracionais. O adolescente que adentra o mundo da criminalidade acredita ter encontrado alguma solução para os problemas que enfrenta, seja de ordem econômica, familiar, social e ou emocional. Ajudá-lo a superar essa condição exige dos profissionais a implementação de uma proposta pedagógica que lhe dê todo o suporte para que descubra novas possibilidades de existir e de encontrar um novo caminho para, gradativamente, resgatar-se como ser-no-mundo e ser-ao-mundo, como ideal seria uma busca pela emancipação humana[27]. Assim, paulatinamente, ele poderá elaborar respostas adequadas aos seus problemas, sem ficar em conflito com a lei.

Essa descrição basicamente é o que se busca quando se aborda o termo Socioeducação. Como define Costa, socioeducar é educar para a convívio social, e as unidades de atendimento deveriam construir uma metodologia de trabalho voltada para esse contexto. O Estatuto da Criança e do Adolescente (ECA) dispõe que o cumprimento das medidas socioeducativas aos adolescentes que praticam ato infracional deve contemplar objetivos socioeducacionais, tais objetivos devem garantir o acesso às oportunidades que contribuam para a sua participação autônoma na vida social. Assim, a garantia de um atendimento digno e humanizado ao adolescente que comete ato infracional ou ao qual se atribui o cometimento de tal ato é condição indispensável para que esse objetivo seja alcançado. Essa ação deve começar, necessariamente, já na apreensão do adolescente. Assim, devemos garantir uma política pública que tenha o objetivo de dar conta desse atendimento.

A socioeducação, como conceituada pelo pedagogo Antônio Carlos Gomes da Costa (2009), deve ter como fundamento os princípios de liberdade e os ideais de solidariedade e, como fim, a formação plena do educando, sua preparação para o exercício da cidadania, e sua qualificação para o trabalho. A ação socioeducativa, portanto, é a preparação do jovem para o convívio social, e para isso concorrem todas as atividades para desenvolver o seu potencial para ser e conviver, isto é, prepará-lo para conviver consigo mesmo e com os outros. Se isto não for alcançado como meta, tudo será inútil.

> Ao se falar em medidas socioeducativas, está implícito que educar é possível mesmo àqueles que apresentam um comportamento divergente, mesmo sendo uma sanção, uma punição, pois restringe o ir e vir e determina a permanência em uma instituição socioeducativa. Contudo, essa

---

27 Emancipação humana: em A questão judaica, Marx expressou a concepção de que "a emancipação humana só será completa quando o indivíduo (...) tiver reconhecidos e organizados seus próprios poderes como poderes sociais, de tal modo que não mais separe dele próprio esse poder social como um poder político" (Marx, 2010, p.103)

Seguindo esta linha de raciocínio percebemos que, a socioeducação vai além da educação familiar e da educação escolar. Ultrapassam esses dois aspectos e se bifurca em uma educação de caráter responsabilizador e de caráter protetivo para garantia de direitos, voltada para o trabalho social e educativo para jovens em conflito com a lei.

No viés prático, as ações pedagógicas devem adotar como concepção sustentadora a educação interdimensional. Considerando a educação acadêmica, em suas formulações mais avançadas, ela se baseia na integração das diversas disciplinas por meio de conteúdos transversais "multi, inter e transdisciplinaridade". Já a proposta interdimensional, procura desenvolver o trabalho educativo com base nos quatro pilares da educação, com luz no saber da antiga Grécia que desenvolvia a pessoa humana na dimensão do logos (razão), pathos (sentimento), eros (corporeidade) e mythos (espiritualidade).

Mas o que está por trás desse atendimento, que traz em sua essência uma contradição entre a privação da liberdade de um jovem e a formação do mesmo, que tem de um lado uma resposta a sociedade, a busca pela formação social, pelo aprender a ser e a conviver, após terem rompido regras e normas sociais. Como pensar a gestão de uma organização que tem como pressupostos prender e, ao mesmo tempo, formar um cidadão? Para fornecer outros elementos para a compreensão desse fenômeno foi realizada uma reflexão a partir de uma premissa: Qual a concepção do atendimento a adolescentes privados de liberdade: "Prender e Formar" ou "Prender para Formatar?", entendendo aqui formatar como punir. Mais do que buscar respostas para essa questão, o objetivo é compreender a finalidade do sistema, isso permitirá nas conclusões discutir questões relevantes a gestão do atendimento socioeducativo de privação de liberdade, considerando sua complexidade e contradições. Essa pergunta norteadora é utilizada por entender que há poucas discussões filosóficas, sociológicas sobre a implementação do atendimento aos adolescentes infratores:

> própria legislação. Isto é, sua operacionalização tem tido dificuldade para ser realizada em consonância com seu paradigma norteador. Essa crise é pior quando se trata da interpretação dos fundamentos críticos do ECA, pouco apronfundado do ponto de vista filosófico, sociológico e jurídico, apesar de essa legislação já estar em vigor há um pouco mais de vinte anos. (Oliveira e Silva, 2011, p. 99)

Enquanto ideal "prender e formar", entretanto o que se verifica na prática é a ocorrência do "prender para formatar". O trabalho socioeducativo realizado dentro das unidades carece de "revolução" dinâmica e permanente, não permitindo que o cotidiano, o dia a dia da Unidade venha a tornar o processo socieducativo uma rotina de produção em série, na qual o adolescente entra no Sistema por determinação judicial e é tratado de forma igual a todos os outros que ali estão. Enquanto não houver a universalização do Plano Personalizado de Atendimento, inclusive com propostas reais e adequadas ao projeto de vida do adolescente, infelizmente as unidades terão maior similaridade a centros de detenção. Dentro das unidades de atendimento, atualmente são utilizados uniformes, cortes de cabelo, calçados, todos padronizados, retirando de todos os adolescentes qualquer possibilidade de se destacar no grupo pela sua identidade visual. Trata-se de um processo inconsciente de desconstrução da personalidade do indivíduo, com o objetivo de "formatar" um comportamento desejado dentro da instituição, mas que não se legitima para a vida do adolescente no momento em que "ganha" a liberdade. Neste sentido, não são tratados quaisquer princípios que possam levar o adolescente a criação por si só de uma consciência e espírito crítico. Em suma, são tratados os efeitos, mas não a causa. É realizada a formatação do indivíduo enquanto institucionalizado. Até mesmo o processo de escolarização realizado dentro das unidades não é adequado a realidade socioeducativa, tendo em vista que não considera a particularidade da medida socioeducativa, tratando todos de forma igualitária. Neste caso não se segue o mais antigo dos princípios da justiça, ou seja, tratar de forma igual os iguais e de forma desigual os desiguais.

A internação do adolescente em sua maioria visa uma resposta a sociedade ou uma medida protética, tem pouca preocupação com a ressocialização do mesmo, pois a maioria dos adolescentes internados viviam esquecidos pelo poder público antes de sua internação e só foram lembrados em razão do ato infracional. Nessa perspectiva, o sistema socioeducativo é utilizado como mais uma ferramenta de dominação pelo Estado, como última tentativa, a forçar os adolescentes a curvarem-se às regras da sociedade. Logo por melhor que seja o trabalho desenvolvido em uma unidade socioeducativa, este em sua maioria é perdido pois tão logo o adolescente volte para o meio de onde veio, volta a ser esquecido se não cometer outro ato infracional.

> Se a finalidade da sanção não é somente a punição, essa deve ser exercida nos princípios da educação, por isso a medida é denominada socioeducativa. Não há dúvidas entre os operadores da justiça de que a medida socioeducativa tem como função o controle social das práticas infracionais. Contudo, a finalidade pedagógica demarcada na norma legal é compreendida e interpretada de diferentes maneiras pelos executores da medida, traduzindo-se muitas vezes em práticas institucionais que caminham no sentido contrário ao que efetivamente significa o caráter pedagógico da medida socioeducativa. (Fruchs, 2009, p. 183)

Uma vez que o Estado esteja na tutela do adolescente, enquanto este estiver no cumprimento de medida socioeducativa, deverá garantir os direitos básicos preconizados na constituição e no ECA. Antes de "prender" o que se questiona é se este mesmo Estado não poderia dar melhores condições dignas à família e aos próprios adolescentes, visando o acesso aos bens sociais e garantia de inclusão de maneira igualitária aos demais cidadãos para a ascensão social destes. Infelizmente muitas vezes o acesso as condições materiais indispensáveis para o desenvolvimento físico-psíco-social destes adolescentes vêm com a apreensão destes nas instituições de privação ou restrição de liberdade.

> (...) com o ECA, engendrou-se uma nova mecânica de controle social- que não é tão somente dirigido aos pobres. É controle sociopenal formalmente instituído com fundamentos no direito penal juvenil, permanente e continuamente definido pelos fluxos inteligentes e prela ética da sociedade da transparência, num Estado Democrático de Direitos. Esses fluxos de controle, sejam penais ou não, continuam controlando os potencialmente perigosos, com base no paradigma da defesa da sociedade, que é um princípio do direito penal. (Oliveira e Silva, 2011, p.227)

A privação de liberdade é punição, é parte da retribuição imposta pelo Estado. Prende-se para punir. A tentativa de agregar valores morais ao castigo é uma forma de mitigar a aflição da medida. No mesmo sentido a nomenclatura "medida socioeducativa de internação em estabelecimento educacional". É eufemismo. Sócio-educar está para a internação assim como, ressocializar está historicamente para a pena. Por melhor que seja o programa essa realidade não pode ser ignorada. Todavia não encontramos até hoje outra forma de impor limites às pessoas que desrespeitam direitos alheios. E provavelmente não encontraremos outra forma, exceto, se deixarmos de lado direitos e garantias fundamentais, ética e valores morais e aceitarmos o emprego das tecnologias de segurança para o controle corporal dessas pessoas.

A grande questão é "Por que estes adolescentes seguiram este caminho", o por que hoje estarem em uma unidade socioeducativa? Parte desses não tiveram oportunidades em toda a sua vida, e o fato de estar em uma Unidade deve ser visto com uma possibilidade de aprendizado, de conhecimento, e sair daqui com reais oportunidades para a construção de um novo projeto de vida. Assim, a concepção correta seria a privação de liberdade como um processo formativo, pois as unidades seriam locais para subsidiar processos de escolhas aos adolescentes. A vida de todos é baseada em experiências e vivencias, e apenas assim podemos fazer algo que possa realmente transformar estes adolescentes, que é a possibilidade de escolher o caminho, fazer suas escolhas, tomar suas decisões. Prender para formatar, para punição, é um conceito errôneo, pois o fato de estar sem liberdade não significa que automaticamente é feita uma mudança na vida de um adolescente, ou qualquer pessoa.

> Diante desse registro, que evidencia o breve ciclo de perversidades, violações e arbitrariedades, permanece a velha figura do "infrator adolescente" subordinado a um Sistema de Administração da Justiça Juvenil que gerencia vidas, naturalizando a questão social como penal, na ordem capitalista. É um sistema que, ao invés de promover justiça, promove injustiça, e arbitrariedades institucionais cuja existência tem a idade do Brasil. (Oliveira e Silva, 2011, p. 220)

A concepção de atendimento aos adolescentes deve estar alicerçada na construção de uma sociedade que garante direitos, conduzindo de maneira obrigatória à proposta de permitir o desenvolvimento do indivíduo de forma responsável em relação a si e a sociedade. A proposição de Prender e Formar exige a contínua reflexão e interação dos envolvidos no processo, pois, a necessidade de responder à sociedade, a tendência a minorar as dificuldades nos levam a execução de Prender para Formatar, exigir que o adolescente se adapte às "normas e preceitos" institucionais. A expectativa seria uma penalização, responsável, com projeto político pedagógico, a busca pela autonomia desse sujeito, pois não é possível pensar num processo formativo/educativo sem responsabilização, e muitas vezes para chamar o adolescente para refletir sobre sua responsabilidade é preciso que ele seja temporariamente privado de liberdade recebendo o atendimento necessário para desenvolver uma nova forma de pensar e agir.

Uma vez que seja determinada a privação de liberdade de um adolescente, se faz necessário dar condições de promoção do processo formativo, tendo como objeto a necessidade de desenvolvimento do sujeito e a carência/prejuízos no processo formativo sofrido anteriores à sua privação e que podem ter relação direta com o envolvimento no cometimento de atos infracionais. No entanto, é preciso estabelecer o trabalho conjunto de promoção da família ou responsáveis que receberão o adolescente após o processo socioeducativo.

A socioeducação, assim como todo o sistema de ensino do Brasil, infelizmente está adaptando o indivíduo ao meio, falta muito para construirmos um processo educativo emancipador. Há duas perspectivas a discutir: "Prender e Formar" refere-se ao ideal da proposta socioeducativa que se refere a formar sujeitos para a vida em sociedade, mas o questionamento a se fazer é formar para quê sociedade? Então o que se faz é punir como uma resposta a anseios da sociedade. Neste aspecto colocamo-nos diante do real que perpassa o atendimento socioeducativo que representa a perspectiva "Prender para formatar" já que há uma aparente a necessidade de tornar este adolescente "apto" a conviver em sociedade. Prender e Formar: é esse o caminho a possibilidade de formar o adolescente no período de internação considerando sua individualidade e contando com seu protagonismo onde ele poderá ser o condutor de uma nova história. Mas o sistema tenta privar por privar, é a prisão no sentido da palavra: o formatar é tirar da pessoa o seu protagonismo e individualidade é moldá-la conforme a percepção alheia e não a sua.

A concepção formadora seria a melhor proposta considerando a concepção sociopedagógica, as práticas socioeducativas, a dinâmica funcional pretendida, o modelo arquitetônico previsto, as legislações infanto-juvenil sancionadas e finalmente o adolescente enquanto sujeito de direito e respeitada a sua singularidade, aproveitando seu passado para repensar o presente e projetar um futuro, contribuindo com a formação deste cidadão, devolvendo-lhe a dignidade e mostrando-lhe os caminhos que não aqueles trilhados até o momento.

Tal qual a escola que numa sociedade desigual representa a igualdade, ou no termo jurídico que mais representa o liberalismo: a isonomia, coloca-se os adolescentes como iguais, promove meios de formatá-los ao tipo esperado pela sociedade da competição, diante destes meios os adolescentes correspondem da seguinte forma, uns menos, uns mais, uns mais ou menos. Legitimamos desta forma, tal qual uma escola, a existência daqueles jovens nota 10, daquela nota média, daqueles abaixo da média, estes mais próximos de ficarem abaixo da terra também.

Em um plano formal e normativo, a apreensão do adolescente deve conjugar e atender ao caráter sancionatório e formativo e um discurso favorável à garantia de direitos. Todavia, existe um objetivo que é velado, de prendê-los para a garantia da paz social. Nesse sentido, as práticas são diferentes das previsões legais. Na prática, não existem reais interesses, investimentos e recursos disponíveis para atingir os objetivos estabelecidos para a MSE. Dessa forma, que as MSE aprisionam para segregar. Nos faz refletir sobre o modus operandi que desenvolvemos o trabalho socioeducativo. As obrigações enquanto poder executivo de privar um jovem de liberdade após o devido processo legal estabelece-nos obrigações preconizadas nas normativas nacionais e internacionais que balizam e orientam a forma com a qual deve direcionar o atendimento socioeducativo. O objetivo geral do trabalho que é desenvolver um processo socioeducativo, capaz de suscitar um novo projeto de vida para os adolescentes, baseado em valores éticos e na participação social cidadã, daí a necessidade de formação também dos profissionais, e a construção coletiva de um para a definição do método de trabalho. A chave de compreensão dessa premissa é o método de trabalho que os gestores utilizarão para conduzir a relação educador-educando. Os parâmetros arquitetônicos contribuem, os recursos humanos conduzem, a estrutura e materiais apoiam, todavia, o método direciona e mostra o caminho por meio de princípios e diretrizes. As instituições não podem querer dar novos rumos a vida desses jovens, pois não podemos retirar a essência deste adolescente, mas as instituições podem fornecer instrumentos e técnicas que subsidiem seu processo de escolha.

A cultura que prevalece nas instituições de privação de liberdade favorece um funcionamento voltado à "formatação", a repressão, a punição e "gratificação" segundo uma lógica de "merecimento" e ao fechamento em si mesma. Tal tendência não é exclusiva dos Centros Socioeducativos e possui importantes fatores históricos relacionados à institucionalização de crianças e adolescentes e ao aprisionamento de pessoas em geral. Entendemos que a efetivação da socioeducação nos ambientes de privação de liberdade está na contramão desse processo, exigindo, mais do que uma proposta consistente, uma prática pautada em esforços diários. O cotidiano[28] na unidade de internação possibilita identificar que as práticas profissionais na instituição são alvo de demandas das mais diversas ordens: normativas, restritivas, sancionatórias, protetivas, psicológicas, psiquiátricas, de vigilância, de segurança, de reclusão, de exibição midiática, da moral, da saúde do corpo e da mente, da disciplina, da família, e a lista segue sem fim. Diante desta situação, a atuação dos profissionais que constituem a instituição socioeducativa, não raro, se depara com a exigência de "respostas" rápidas, seguras e eficazes, correndo o risco de perder a direção e tornar inconsistente, ou ser levada pela tendência acima mencionada. Conhecer os fundamentos da proposta de atendimento aos adolescentes e colocar periodicamente a prática em questão, promovendo seu aprimoramento, é a oportunidade de reconhecer no ambiente institucional oportunidades formadoras e não meramente formatadoras, punitivas.

---

28 Em "O cotidiano e a História" de Agnes Heller defini: "A vida cotidiana não está "fora da história, mas no "centro" do acontecer histórico: é a verdadeira "essência" da substância social. (...) A vida cotidiano é a vida do indivíduo. O indivíduo é sempre, simultaneamente, ser particular e ser genérico." (Heller, 2000, p.20)

4. O Atendimento a Adolescentes Infratores na Espanha

4.1 Aportes para Compreensão de Nossa Travessia

Para uma investigação e compreensão ampliada do objeto de estudo, durante o transcorrer do curso de doutorado, começamos a avaliar as experiências de outros países quanto ao atendimento aos jovens autores de atos infracionais. Os estudos e mudanças no panorama legal e nas práticas das políticas da Espanha ganhavam destaque, em especial pela recente experiência na mudança do panorama legal em relação a maioridade penal, nesse país. Essa mudança chamava atenção para compreender até que medida essa mudança do panorama legal atendia anseios e clamores sociais quando a garantia de direitos de adolescentes, ou estaria a serviço de interesses das classes dominantes a serviço do capital.

Outro conhecimento prévio era que a execução da política de atendimento a adolescentes infratores na Espanha havia sido referenciada como atribuição das Comunidades Autônomas, e a Comunidade Autônoma da Catalunha, que tem a cidade de Barcelona como capital, era das poucas que realizava esse atendimento 100% com responsabilidade do Estado, como uma política exclusivamente pública, sem atuação de organizações sem fins lucrativos, modelo de referência aproximado ao que acontece a privação de liberdade de adolescentes no Brasil. Nessa perspectiva começo contato com a Universidade Autônoma de Barcelona, através do Departamento de Sociologia, que me indica como referência o Prof. Dr. José Adelantado Gimeno, que tem sua tese de doutorado baseada em conceitos da privação de liberdade: "Ordem Cultural e Dominação: o cárcere e as relações disciplinares", seria o princípio da construção de um conhecimento que referencia a política de atendimento a menores infratores na Espanha em relação ao Sistema de Atendimento Socioeducativo (SINASE) no Brasil.

O passo seguinte foi a construção de um plano de pesquisa que subsidiasse o pleito da Bolsa Sanduiche junto a Capes, através do Programa de Doutorado Sanduiche no Exterior – PDSE. Com a contribuição, respaldo e avaliação da orientadora Profa. Dra. Silene de Moraes Freire foi elaborada a proposta do estágio doutoral no exterior, com construção do plano de pesquisa, pleito de cartas de cartas de aceite do orientador brasileiro e do coorientador no exterior, para então submeter a avaliação da Programa de Pós Graduação em Serviço Social (PPGSS) da UERJ, e assim remeter para avaliação da Capes, sendo contemplado pela Bolsa Sanduíche para realização da pesquisa, estudos e estágio doutoral junto ao departamento de Sociologia da Universidade Autônoma de Barcelona, sob a tutoria do Prof. Dr. José Adelantado Gimeno, no período de Agosto a Dezembro de 2015.

O Plano de Pesquisa no exterior estabelecia como objetivo compreender e analisar o processo histórico de construção da Política de Atendimento a Adolescentes (Menores) infratores na Espanha, a partir de reflexões teóricas e conhecimento das práticas para propor ações que efetivem e consolidem a política pública do Sistema de Atendimento Socioeducativo no Brasil. E como objetivos específicos: conhecer, identificar e analisar estudos teóricos que possibilitem a compreensão do atendimento a adolescentes infratores na Espanha; compreender o modelo de gestão e as condições da política pública de atendimento socioeducativo espanhol e comparar com a sistema nacional de atendimento socioeducativo brasileiro; participar de grupos de estudos que promovam a reflexão crítica acerca da política social e compreensão do papel do Estado nessas políticas públicas.

A efetivação da proposta do estágio doutoral e pesquisa no exterior é consolidada com a participação do grupo de estudos "Grup de Recerca en Desistiment del delicte i polítiques de reinserció", indicado pelo Prof. Dr. José Adelanto Gimeno e sob a coordenação do Prof. Dr. Joel Martí, o referido grupo de estudos compreendia o debate em Seminários de Investigação, com a apresentação das pesquisas desenvolvidas, construções teóricas e discussões. Entre as temáticas discutidas nesses Seminários destaque para a pesquisa de Gabriel Tenembau "Normalización sin encierro. Medidas alternativas à la privación de libertad para adolescentes en la Ciudad de México y Montevideo", e a pesquisa do Prof. Joel Martí e Josep Cid: "Estat actual de la recerca - Factores explicativos del desistimiento y obstáculos à la reinserción".

Além da participação nos seminários, foi possível acompanhar uma disciplina de Política Social sob a regência do Prof. Dr. José Adelantado Gimeno, que permitiu uma compreensão das relações complexas entre estrutura social e políticas sociais a partir da reestruturação dos regimes de bem-estar europeus. Essas ações possibilitaram o levantamento de referências bibliográficas, trocas de experiências e ampliação da fundamentação teórica e realização de pesquisa para a tese. Concomitante foi possível mapear, realizar contato e conhecer as políticas públicas espanholas de atendimento a adolescentes infratores, tendo contato e referência da política de execução de alternativas de atendimento para menores infratores junto a "Agencia de la Comunidad de Madrid para la Reducación y Reinserción del Menor Infractor", que é o órgão responsável pelas políticas de atendimento a menores infratores de Madrid na Espanha.

Nesse contexto de participação dos seminários e do grupo de estudos na Universidade Autônoma de Barcelona, que tivemos contato com a teoria da Criminologia Crítica, que rompe com a sociologia criminal liberal, e tem suas origens no pensamento de Marx:

> A criminologia crítica, oriunda das teorias conflituais marxistas, rompe com a sociologia criminal liberal. Há uma mudança de paradigma. Partindo da idéia de rotulação, do labelling approach, vem mostrar o conflito social, que busca explicar os processos de criminalização das classes subalternas, historicamente constituintes da clientela do sistema penal. Tal conflito resta verificado dependente do plano econômico da coletividade. Inspirado em Marx – não necessariamente de forma ortodoxa –, tal modelo criminológico opta por um método histórico-analítico de verificação do fenômeno criminal, com perspectivas macrossociológicas (acumulação de riqueza e sua relação com a criminalidade), ou mesmo microssociológicas (incidência da rotulação nos indivíduos). Interpreta-se o desenvolvimento histórico das agências de poder. (Lopes, 2012, p. 05)

É a compreensão de que os delitos têm sua origem em conflitos socioeconômicos, ou seja, a Justiça é classista, seletiva, tanto no direito quanto no sistema penal. São propostas teóricas a partir da interpretação do crime sob a perspectiva das classes subalternas, a revisão dos bens jurídicos protegidos pelo direito penal, a redução da utilização de cárcere como pena e a interferência nas relações socioeconômicas, a criminologia crítica propõe alternativas ao processo de encarceramento. Entre os consensos dos autores da criminologia crítica podemos referência a Maguire (2008):

> 1. El Conflito, la dominación e a represión son elementos característicos da sociedade capitalista.
> 2. La mayoria del delito en las sociedades capitalista es resultado de las contradiciones inherentes a la organización social de ese modo de produción.
> 3. Las leyes y el sistema penal generalmente protegen los interesses de los poderosos y prejudican a los pobres.
> 4. El sistema penal tiene sentido solo en um contexto mas amplio de justiça social (Maguire, 2008, p. 134)

Esse contato com a criminologia crítica reforçou a compreensão que analisar a questão da política de atendimento a adolescentes infratores requer a saída do foco no sujeito, no indivíduo, no delito, e recair a análise para o macro, o contexto dentro do Sistema Capitalista que está inserido esse atendimento e o papel do

Estado, nesse caso um Estado Penal na execução dessa política. E a partir dos panoramas de mudanças nas normativas legais fica evidente, que as leis não são suficientes para a efetivação dos direitos – dos adolescentes ou daqueles que se pretendem defendidos pelo endurecimento penal.

Na Espanha o foco de mudanças nâo recaí sobre as terminologias e sim sobre as práticas, tema que será abordado na construção entre as relações de convergências e divergências entre a política espanhola e a brasileira. Constata-se que as alterações acontecem de forma mais ágil, no paranorama legal espanhol, num ritmo que permite mensurar as práticas e avaliar realmente os programas com dados e informações. Porém essas mudanças em relação a justiça juvenil na Europa, serão incorporadas tardiamente na Espanha, em comparação aos demais países da Europa. No que se refere a legislação, o modelo de atendimento e julgamento de jovens infratores ficou travada até 1992, com os princípios do positivismo e do correcional repressivo da Lei dos Tribunais de Menores de 1948.

Tradicionalmente na Espanha, os sistemas de execução judicial correspondentes a menores[29] de idade estão integrados dentro dos serviços sociais. A partir da Lei 4/1992, de 5 de junho, as comunidades autônomas assumem as competências em matéria de atendimento a menores infratores. Em 2000, através da Lei Organiza 5/2000, de 12 de janeiro, sugere a responsabilidade penal do menor, com várias mudanças no panorama de atendimento, inclusive na idade penal. Se enfatiza como princípio básico a necessidade de a pessoa menor de idade cumprir a medida judicial em local próximo a sua residência, em virtude da premissa de transferência entre as Comunidades Autônomas das competências em matéria de execução de medidas judicias. A nova concepção que se adota atualmente é o surgimento da justiça penal de menores, obedecendo a convicção da conveniência de tratar o menor infrator fora do ordenamento jurídico de adultos, no qual se encontrava inserido.

Há um órgão nacional responsável pelas diretrizes, dados, supervisão e fiscalização do atendimento a adolescentes infratores, porém a execução da política de atendimento se encontra integrada por região, nas 17 regiões com autonomia política, chamadas comunidades autônomas. O órgão nacional responsável é a La

---

29 Nesse capítulo se utilizará o termo Menor, considerando as previsões legais da Espanha e a utilização do referido termo nas bibliografias e estudos teóricos citados no decorrer do texto.

Dirección General de Servicios para la Familia y la Infancia, dependiente del Ministerio de Sanidad, Servicios Sociales e Igualdad del Gobierno de España.

Em relação ao limite de idade para se considerar responsável o menor varia de legislação de país para país. Na Espanha, até a entrada em vigor do novo Código Penal de 25 de maio de 1996, que elevava a idade penal para 18 anos, estava situado nos 16 anos. O que supunha considerar imputável um menor a partir dessa idade e capaz de ser submetido ao processo incriminador de caráter penal a partir dos 16 anos. Na prática está elevação de idade não entrou em vigor em 1996, e somente com 2000, com a lei que regulamentou a responsabilidade penal dos menores de 18 anos.

É interessante a constatação que a evolução legal na Espanha em relação ao atendimento a adolescentes infratores experimentou o rebaixamento da maioridade penal para 16 anos, clamor que se assisti no Brasil e na América Latina, e voltou a estabelecer para 18 anos, como uma tendência internacional. Porém ao estabelecer em 14-15 anos 16-17 anos, estabelece um paradoxo de direito penal juvenil. Utilizando as mesmas terminologias do sistema penal adulto, porém com diretrizes de atendimento próprias. O que ocorre na Espanha também foi a passagem da doutrina da situação irregular para a doutrina com princípios da proteção integral, porém sob a normativa do direito penal juvenil.

De acordo com a Lei Orgânica de 5/200, o projeto de atenção educativa deverá se pautado pelo princípio de que responsabilidade penal dos menores apresente frente a dos adultos, um caráter primordial de intervenção educativa que transcenda a todo os aspectos de regulação jurídica. E se aplicará para exigir a responsabilidade pelo cometimento de fatos tipificados como delitos e faltas graves no Código Penal, as pessoas maiores de 14 anos e menores de 18 anos:

> (...) el 'modelo de responsabilidad', si bien reconoce la necesidad de reservar al menor um trato diferenciado respecto al régimen próprio de los adultos, tampoco ignora el riesgo de que bajo dicho velo argumentativo se despoje de garantías a la imposición de lo que es uma auténtica pena. Su punto de partida es el reconocimiento de la imputabilidad del menor, aunque disminuida, y, por ello, de la posibilidad de diseñar un régimen de responsabilidad penal. Justamente porque reconoce dicha naturaleza a las sanciones que contempla, parte del carácter eminentemente restrictivo de derechos de cualquier intervención sobre el menor a la par que se esfuerza en dotarle detodas sus garantías tanto desde un punto de vista sustantivo como procesal. (Gómez Rivero, 2002, p. 6)

O que se identificou nas pesquisas e estudos em relação ao panorama nacional do atendimento a adolescentes infratores na Espanha foi a diversidade de metodologias de intervenção nas comunidades autônomas, que permite a constatação e modelos e opções de intervenção que se complementam, indo além da ação somente de privar de liberdade. A Lei de 5/2000, como já havia corrido em relação a legislação de 4/1992, concedeu competência para executar as medidas judiciais impostas por Juízes de menores as comunidades autônomas, baixo o controle desse governo. Desta maneira a aposta seria deixar o âmbito de intervenção educativa sob a responsabilidade dos serviços autônomos juntamente com demais serviços oferecidos, visando uma proteção integral desse menor, (Izquierdo Moreno, 2005).

Depois de transcorrido mais de uma década da entrada em vigor da Lei Orgânica Reguladora da Responsabilidade penal de menores, e neste tempo sofreu distintas reformas (L.O. 7/2000, L.O. 9/2000, L.O. 9/2002, L.O. 15/2003 y L.O.8/2006), promovidas como o objetivo de prover a nova lei ferramentas necessárias para adaptar se a realidade dos menores que cometem atos delitivos considerados graves. Mesmo assim, a prevalência recai sobre as medidas não privativas de liberdade, diferença fundamental em relação as práticas no Brasil, que tem a internação de adolescentes como uma das práticas principais:

> en la actualidad existe una amplia oferta de intervenciones educativas y tratamientos con infractores juveniles, tanto educativas y laborales, como de ocio y tiempo libre, de educación psicosocial, de tratamiento e intervenciones con menores y sus familias. Por ello una primera conclusión positiva acerca de esta amplia oferta de actuaciones educativas y de tratamiento es que, probablemente, estén contribuyendo a la prevención de futuros delitos y a evitar que muchos jóvenes infractores consoliden y perpetúen una carrera delictiva. (Bernuz, 2005, p. 122).

Para melhor compreensão de como está estabelecido o atendimento ao adolescente infrator na Espanha, destacamos o contexto e conceituação de delinquência juvenil, um panorama histórico do atendimento das normativas e diretrizes legais do atendimento, a apresentação de dados relacionados a essa política. Para finalmente, realizar uma análise das convergências e contradições apresentadas nos modelos de política pública espanhola frente ao modelo de atendimento socioeducativo já estudado pelo pesquisador no Brasil, desafiando-nos a renunciar definições pré-estabelecidas e generalizadas.

4.2 A Delinquência Juvenil na Espanha

As abordagens acerca da temática da delinquência juvenil na Espanha, são construídas considerando uma clara definição de termos, a política de atendimento é a proposta a partir do direito penal juvenil, isso significa que haverá pena para atos de delinquência juvenil, fica evidente, no entanto que se esconde um complicado e problemático mundo por trás do termo delinquência juvenil nos estudos espanhóis, em especial nos estudos de criminologia crítica (Izquierdo Moreno, 2005, Conde, 2013, Genovés e Montoro González 1992, Herrero, 2002). Algumas de suas manifestações mais espetaculares, assim como no Brasil (mas em outras proporções), assombram diariamente as páginas da imprensa: roubos, brigas, tráfico. E há um discurso de que a delinquência juvenil se apresenta cada dia com mais violência e assiduidade em terras espanholas. A imprensa trata da mesma forma espetaculosa o delito, não há demonstração comparativa com os delitos adultos que são maioria também, como no Brasil, não há visão crítica na imprensa de que os delitos são produto e consequências lógicas de uma sociedade pouco digna e hipócrita, e que produz famílias terrivelmente debilitadas.

Segundo a "Comisión General de Investigación Criminal", a maioria dos jovens delinquentes procedem de famílias cujo status econômico se pode qualificar de estratificação media, em segundo lugar figuram os jovens delinquentes de estratificação baixa e por último, em pequena escala, os pertencentes a famílias de auto nível econômico. Estes dados são confirmados por uma pesquisa realizada entre a população de jovens privados de liberdade (Izquierdo Moreno, 2005). Igualmente em pesquisa similar revelou que a formação cultural e moral diminuía à medida que aumentava o indicie de criminalidade (Genovés, 1992). O que fica evidente nesse dado econômico não é que a maioria não esteja nas classes sociais mais baixas, como pode estar num saber superficial a partir de uma análise rasa, argumento já descartado, que pode vincular delinquência e pobreza. O que vemos aqui é uma reprodução da estratificação social espanhola, onde a grande maioria da população é considerada de renda média. Fica evidente então o poder do capital, onde o atual ambiente social tem exigências econômicas, onde os problemas materiais possuem uma grande influência:

> "El niño al carecer de afecto se vuelca en las cosas materiales. Los factores ambientales incidem en el desarrollo del joven facilitando el aceso a la delicuencia. Las causas hay que buscarlas en el "consumismo" que creal al joven la necesidad de uso y disfrute de un conjunto de artículos, cuya imposibilidad material de compra les llevaron a delinquir, sobre todo dada la falta de centros de reunión, diversión y deporte donde poder emplear el tiempo de ocio de forma libremente sana" (Izquierdo Moreno, 1995, p. 139)

Pelos estudos teóricos já se superou o mito da "conduta antissocial proveniente de fatores pessoais", a de que o delinquente é mal desde que nasce, há clareza de que a delinquência é influenciada por fatores de tipo ambiental e modernamente citado por grupos de convivência nociva. Segundo Garrido Genovés (1992), a definição de delinquência juvenil:

> (...) como una figura cultural, porque su definición y tratamiento legal responde a distintos factores en distintas naciones, reflejando una mezcla de conceptos psicológicos y legales. Técnicamente, el delincuente juvenil es aquella persona que no posee la mayoría de edad penal y que comete un hecho que está castigado por las leyes. (Genovés, 1992, p. 38)

Os maiores focos de delinquência, miséria e pobreza se localizam nas cidades mais populosas, nos bairros onde faltam escolas e vivencias suficientes. Se oferece a estes jovens uma liberdade sem contrapartida, sem exigências, sem compromissos, sem responsabilidades por uma parte, e por outra não é oferecido ideais nobres e metas sublimes, nesse sentido é possível afirmar que o diagnóstico e a etiologia da delinquência juvenil são muito complexos e implica fatores antropológicos, psicológicos e sociológicos de várias ordens, fatores individuais e fatores ambientais. Entendido aqui delinquente como todo aquele que transgrida as normas estabelecidas, em geral tem como finalidade a obtenção de bens materiais para a satisfação direta ou indireta de determinadas necessidades reais ou criadas artificialmente pela sociedade. Há aqui de se considerar para a delinquência juvenil o prazer do proibido, que proporciona ao jovem uma satisfação de êxito e autoafirmação pessoal, como se fosse uma espécie de contestação dos limites impostos.

De forma geral o critério utilizado para definição de delinquência juvenil é baseado em dois elementos (Izquierdo Moreno, 1995), primeiro, cometimento de um ato considerado como delito, segundo que o autor do ato seja menor de idade, na legislação atual menor de 18 anos na Espanha. No entanto, por mais que esses critérios se empreguem na maioria dos países do mundo, existem diversas interpretações sobre o que se constitui um ato delitivo, e quem são os menores não só de um país para outro, mas também em diferentes jurisdições de um mesmo país:

La definicón del término "delincuencia juvenil" al parecer usada por primera vez en Inglaterra en el año de 1815m con motivo de haber sido condenados a la pena muerte cinco niños de ocho a doce años de edad por un Tribunal de Old Baile, y en estados Unidos por educadores y filántropos americanos en 1823, presenta serias dificultades, por haber sido utilizado con distintas significaciones, lo cual ha suscitado y suscita ideas diferentes en sociedades, momentos y lugares distintos (Izquierdo Moreno, 1995, p.169)

Na Espanha, o que se encontra na literatura são estudos de criminologia e direito penal juvenil, não há uma preocupação em terminologias que não impliquem a penalização ou a judicialização da questão do menor infrator, ao contrário se assume uma postura de que o delito deve ser causa penal, por mais que se diferencie legalmente do Direito Penal Adulto. Outra lógica é a prevalência de fato de penas alternativas a privação de liberdade, ficando essa como última alternativa (na teoria e na prática) como ação de exceção. Por mais que o conceito de delinquente juvenil tenha conotação pejorativa, e que resulte assim duro qualificar a menores culpados por atos penais não tão graves, o mesmo termo utilizado para jovens que cometeram assassinatos e outros delitos graves.

Na história foi tentado aplicar outras denominações que não resultassem afirmação pejorativa, tais como (Izquierdo Moreno, 1995): "Menores Inadaptados, Menores de Conducta Antisocial e Menores Extraviados". Porém esses termos já caíram em desuso pelos mais variados motivos, sendo que nos estudos o termo mais utilizado atualmente é Delinquência Juvenil, e em alguns casos jovens infratores, sendo que quando é utilizado jovens infratores se contextualiza dentro das ações de Delinquência Juvenil e de Justiça Juvenil. Nesse sentido o conceito de delinquência juvenil vem expressado por um substantivo e um adjetivo. Mediante o substantivo se expressa um fenômeno, cuja incidência pode dar se também entre adultos. E o adjetivo é o que limita, e adapta o fenômeno ao grupo de pessoas jovens. A delinquência juvenil, em um critério mais restrito, seria uma forma de inadaptação as complexas normas da vida social adulta que se expressa mediante atos que se encontram, nesse momento histórico, proibidos pela lei tendo sanções legais previstas.

O que se vê então é a necessidade de superar estigmas e não nega-los, não existe nenhuma doença chamada delinquência, estamos tratando de um problema comunitário, cujas vias de solução se encontram na integração social e reinserção do delinquente – não reinserir a margem, como é o modelo atual – e nesse sentido não há razão alguma para fazer da figura do delinquente um mito com o qual podemos justificar as posturas fechadas e discriminatórias, se faz necessário compreender as falhas da sociedade atual, e aprender com sistemas menos repressivos. Nessa perspectiva a delinquência juvenil não é nenhuma novidade, está presente em outras épocas da história, no entanto, o que se encontra e se afirma, é que a delinquência juvenil atual es nova em sua forma e em sua precocidade, não em sua essência.

4.2.1 A História da Internação de Menores em Instituições na Espanha

No decorrer da história as instituições responsáveis por atender jovens infratores na Espanha, e seus regulamentos legais mantiveram um interesse basicamente correcional frente ao adolescente infrator, não houve uma preocupação pelo sentido macro do cometimento do delito, nem o porquê das transgressões das normas e padrões sociais ou morais. Ao contrário, sustentavam sempre uma forte repressão sobre as condutas antissociais esquecendo de observar o abismo existente entre prevenção e educação (Moya, C.; Galvañ, F.; Nieto, M.C.,1996 e Ríos, J. 1995). Porém as mudanças na concepção e na origem da delinquência e sobre as pautas de desenvolvimento da infância conduzem a uma sucessão de modelos de intervenção que vão surgindo para estabelecer como pontos de referência para os diferentes ordenamentos jurídicos (Torriente, 1997)

As instituições de "reforma o de curación", foram historicamente batizadas com nomes diversos – "escuelas de reforma reformatorios, escuelas industriales, escuelas de beneficencia, etc." (La Heras, 1927, Salvadó, 1917), todas elas em sua organização e regime respondiam ao único fim de moralizar e reformar as crianças e adolescentes infratoras. Nos relatos técnicos eram instituídas de um espírito não prisional, até nos mais pequenos detalhes procuravam não reproduzir aos internos a ideia de estar reclusos em um estabelecimento penal. Nessas casas não havia muros elevados, nem sólidas portas, nem calabouços, nada que se remeta ao severo aparato da prisão. Os registros levam a supor estancias claras e alegres, espaços higiênicos, ginásios, aulas acolhedoras, enfim, a sensação de colégios ou instituições puramente pedagógicas (La Heras, 1927). Mas é claro que na prática desde os primórdios os estabelecimentos não correspondiam ao modelo descrito, o que se apresentavam eram vastos casarões de tipo penitenciário, onde menores reclusos eram submetidos a um regime mais inspirado em ideais retributivas e de castigo do que em princípios pedagógicos correcionais, onde a equipe carecia de preparação adequada para a tarefa reformadora, mas tais instituições vão desaparecendo pelo caminho e é de se esperar que de tratam de um recordação distantes.

A instituição de educação correcional mais antiga da Espanha seria criada em 1725, em Sevilla, fundada por Toribio de Velasco, uma instituição tipo asilar destinada ao amparo de crianças que sobreviveu pouco a morte de seu fundador (Salillas, 1919), Um século depois se instalava em Barcelona(1820), a criação de uma instituição reformadora denominada "Escula de jóvenes presidiarios" e se estabeleceu um regulamento em que se todo o plano pedagógico, e alguns anos depois no presídio de Valencia, funcionava uma seção para jovens, inspirada no mais puro espírito correcional punitivo.

Desde essas experiências até a década de 1930, as instituições reformadoras sofreram transformações cuja principal característica é o de passar de uma atuação de rotina para as bases de funcionamento de experiência e para o estudo cientifico. É onde se encontra os primeiros relatos acerca das separações por sexo, separação do sistema de quarteis em grandes edifícios para o internamento em instituições de tipo familiar que permitiriam individualizar o tratamento. Aparece também a discussão da educação para o trabalho, onde o foco de preparação do jovem para a indústria ou profissão que serviria de sustento. E por fim o desenvolvimento de estudos científicos nas instituições, conhecimento da personalidade desse menor para individualizar o tratamento (Riocerezo, 1956).

A base do tratamento aplicado nessas instituições eram a concepção justa da educação correcional, ou seja, um mínimo de repressão e o máximo de meios para o desenvolvimento pessoal do sujeito. As antigas concepções relativas a estas instituições, porém ainda registram o espírito punitivo próprio do direito penal, assim, eram instituições repressivas e se dava maior importância ao fim correcional, próprio do regime penitenciário, mesmo que menos severo do que o aplicado ao regime adulto. Porém nos documentos de referência já aparecem alguns princípios normativos diferentes (Riocerezo, 1956, Salillas, 1919, La Heras, 1927, Salvadó, 1967, Calón, 1934):

1. Ausência de todo sentido penal e repressivo, nada que possa remeter ao cárcere. Supressão dos grandes estabelecimentos dignos de quarteis, construções tipo penitenciárias, e sua substituição por construções tipo familiares, cujo aspecto, organização e regime tendem a proporcionar a criança e ao jovem a situação de um lar. O Regime disciplinar há de inspirar o máximo possível no da família, pelo qual ainda havia registro de proibição celas de castigo, cela escuras, diminuição de alimentos, assim como as correções com castigos corporais.

2. A educação moral aparece como uma das modalidades mais importantes da atuação reformadora. Aqui há uma clara correlação dessas instituições reformadoras com a atuação das igrejas. Ensino religioso, como essencial na prática cotidiana dos centros reformadores, como um elemento de consolidação moral e de valores.

3. A Educação Intelectual tem também lugar central nesse contexto de readaptação social. Não aparece como mera instrução intelectual, e sim como um movimento de instrução onde a cultura e novos saberes podem proporcionar ao menor meios para lutar pela vida e evitar a recaída em novos delitos. Há o registro de que as crianças que ingressavam essas instituições estavam em um estado de "completa ignorância", outros com uma preparação escolar muito deficiente, além de nenhuma correlação escolar entre idade e série. Nesse sentido há muita citação acerca de métodos pedagógicos distintos, criando métodos próprios aplicados a educação correcional.

4. A Educação profissional com outro fator importante na reeducação. O entendimento da sua importância é absoluto em todos os estudos, há só divergências quanto a finalidade imediata desta atuação educativa. Alguns são partidários do trabalho por si mesmo, como fim de ocupar as horas excedentes

de estudos e substituir o ócio e o descanso, como um meio de fatigar as crianças e os jovens para que não haja tempo nem forças para ações de rebeldias (Riocerezo, 1956, Salillas, 1919). Outros citam (Salvadó, 1967, Calón, 1934) a definição da educação para o trabalho profissional como finalidade unicamente econômica para diminuir os autos gastos que originam essas instituições correcionais. Porém o que é mais difundido é o princípio de colocar esse jovem a serviço do mercado, como um instrumento de moralização, deixa-lo pronto para subempregar em alguma indústria ou setor em crescimento.

5. Também se concebia grande importância a educação física, era considerada absolutamente necessária. Há registro da cópia de ações escolares Inglesas e Norte Americanas, onde a organização de esportes e as práticas esportivas vão adquirindo cada vez mais importância nas instituições correcionais.

6. Além dessas ações entra em cena nessa ação reformadora as avaliações e exames frequentes nos menores. O exame médico e psicológico já passa a ser realizado por técnicos do Tribunal antes da atuação da instituição e depois, para nesse tempo avaliar a melhora moral, mental e física do menor. Sua continua observação ensinará também aos educadores quando há chegado a hora de colocar fim ao internamento e colocá-lo de volta a vida em liberdade.

É nesse contexto "progressista", segundo Torrente (1997) que já na década de 1930 aparece outros tipos de instituições reformadoras, já sobre a vigilância dos Tribunais de menores que decidem pelos encaminhamentos. Funcionários ou delegados de menores visitam com maior frequência as instituições para fiscalizar, informando da conduta e a da vida na instituição. O Tribunal teria que conhecer a todo o momento e estado dos jovens para atuar de maneira eficaz prolongando o internamento, modificando ou dando fim. Além disso as crianças e adolescentes deveriam ter a sensação de que o Tribunal vela por ele e não o abandona.

Nesse sentido podemos citar algumas instituições que surgiram, a "Casa Reformatório del Salvador" en Amurrio (Alava); a "Casa Escula Los Arcos" em Madrid, que era um simpático Chalé que se albergava uma colônia familiar integrada por um grupo de mais ou menos 20 delinquentes. Além da Granja Agrícola de Plegamans (que pertencia ao Tribunal Tutelar de Barcelona), onde um número grupo de jovens recebia educação profissional em atividades campesinas.

Considerando o século passado, na Espanha, seguiu uma transformação desde a tradição tutelar, cuja origem remonta aos Séculos XVI-XVII e que terá na Lei de "Tribunales Tutelares de Menores em 1948" sua manifestação tutelarista mais recente (Torriente, 1997, Morales 1975).

> En la Ley de Tribunales Tutelares de Menores de 1948, se preveían cuatro tipos diferentes de internamiento para menores:
> - En centros de observación.
> - En centros de educación.
> - En centros de reforma.
> - Con carácter educativo.
> - Con carácter correctivo.
> - De semilibertad.
> - Establecimientos especiales para menores anormales (Torriente, 1997, p. 41)

Há algumas definições e tipificações na Lei de 1948:

> Los Tribunales Tutelares de Menores conocen objetivamente de la facultad reformadora (sobre menores de dieciséis años que cometan infracciones del ordenamiento penal o de la legislación provincial y municipal), de la facultad protectora (sobre menores de la citada edad prostituidos, licenciosos, vagos y vagabundos, y contra el indigno ejercicio del derecho a la guarda o educación) y delenjuiciamiento de mayores de dieciséis años (por determinadas conductas tipificadas en el Código penal, en relación con los menores). El proceso carece de garantías, sin intervención de abogado, con recurso de apelación ante un órgano administrativo, etcétera. Sin embargo, este texto legal, de larga vigencia, ha representado un hito muy importante en la evolución legislativa de la jurisdicción de menores española. (Ostos, 2011, p. 05)

Essa lei vigora até 1992, com um modelo de justiça tutelar, a lei da década de 1990 fica conhecida como "Ley Orgánica 4/92 Reguladora de la Competencia y el Procedimento de los Juzgados de Menores" (Torriente, 1997). A filosofia do Modelo Tutelar que vigorou até 1992 considerava o menor como um enfermo a que se fazia necessário curar. Para tanto, seu objetivo de intervenção tinha como fim último a imposição de medidas de tratamento para a correção do menor; em nenhum caso se demonstrava oportuno considera-lo culpado de ter cometido o delito, o que se observava e declarava era que este menor estaria imerso em um grave perigo físico e moral.

> Es el modelo que caracteriza a un Estado Social de Derecho y el que ha estado vigente en España hasta la Ley Orgánica 4/92, constituyendo el fundamento de la Ley de Tribunales Tutelares de Menores de 1948. Es en estos Tribunales Tutelares donde, bajo una actitud paternalista, el Juez adquiere toda la responsabilidad en las decisiones sobre los menores. Así, asume funciones de defensor, juzgador e incluso acusador quedando de este modo violadas todas las garantías jurídicas. Además, no sólo se limita a juzgar hechos objetivos cometidos por el menor, sino que tiene capacidad para valorar actitudes y modos de ser del mismo. (Torrente, 1997, p. 40)

Já a Lei de 1992, "Ley Orgánica 4/1992 de 5 de Junio Reguladora de la Competencia y el Procedimiento de los Juzgados de Menores", registra medidas de intervenção com menores infratores. Essa lei imputa a idade penal entre 12 e 16 anos, as sanções que objetiva essa lei se denomina medidas, diferenciando das penas, que a partir dos 17 anos o jovem já responderia como adulto. As medidas aplicadas pelos juízes então eram as seguintes: (artº 17 LTTM):

> - Amonestación o internamiento por tiempo de uno a tres fines de semana.
> - Libertad vigilada.
> - Acogimiento por otra persona o núcleo familiar.
> - Privación del derecho a conducir ciclomotores o vehículos a motor.
> - Prestación de servicios en beneficio de la comunidad.
> - Tratamiento ambulatorio o ingreso en un centro de carácter terapéutico.
> - Ingreso en un centro en régimen abierto, semiabierto o cerrado. (Rios, 1995, p.113)

Segundo Conde (2013), podem ser consideradas novidades na lei de 1992:

> a) incorporación de todas las garantías derivadas del ordenamientoconstitucional;
> b) establecimiento de un proceso y medidas de naturaleza sancionadora y educativa, entre las que se incluyen, la amonestación o internamento por tiempo de uno a tres fines de semana, libertad vigilada, acogimiento por otra persona o núcleo familiar, privación del derecho a conducir ciclomotores o vehículos de motor, prestación de servicios em beneficio de la comunidad, tratamiento ambulatorio o ingreso en um centro de carácter terapéutico, ingreso en un centro en régimen cerrado, semiabierto o abierto. La medida de internamiento no podrá exceder de dos años;
> c) creación de un marco flexible para que los jueces de menores puedan determinar las medidas aplicables a los infractores de normas penales, así como la suspensión de su cumplimiento, entre la franja de edad de 12 y 16 años, atendiendo en todo momento al interés superior del niño;
> d) atribución al Ministerio Fiscal del impulso de la investigación y de la iniciativa procesal con amplias facultades para acordar la finalización del proceso cuando considere que su continuación puede producir efectos aflictivos al menor de edad;
> e) creación de equipos técnicos interdisciplinares, dependientes funcionalmente del Ministerio Fiscal y encargados de emitir informes sobre la situación psicológica, educativa, familiar y social del menor con el fin de alcanzar el objetivo sancionador educativo perseguido; (Conde, 2013, p. 19)

Com a entrada em vigora da "Ley Orgánica 4/92" a medida de internação poderia ocorrer nos centros abertos, semiabertos ou fechados, sempre como uma medida excepcional. Os objetivos dessas medidas são segundo Moya, Galvañ y Nieto (1996): cumprimento da medida judicial imposta; separação do seu meio familiar e social por um período de tempo que deverá ser o menor possível. Elaboração de um projeto educativo individualizado a nível familiar, social e individual; participação do menor na construção desse projeto; Tomada de consciência do menor de sua situação social, familiar e pessoal; tentar incluir voluntariamente e de forma responsável o menor no projeto educativo; favorecer a integração do menor em seu meio familiar e social e criar possíveis alternativas quando isto não for possível. Ainda sobre a Lei de 1992, destaca Ostos (2011):

> (...) entre otros aspectos de interés, hay que destacar que son regulados la edad mínima, a efectos de responsabilidad criminal, que se establece en los doce años; la prohibición de acciones por particulares; la instrucción al menor de los derechos establecidos en la Ley, entre ellos los propios del detenido; la elaboración de informe a cargo del equipo técnico; la posible adopción de medidas cautelares; el nombramiento de abogado para el menor; el archivo de las actuaciones en supuestos de escasa gravedad; la celebración de unaaudiencia oral –en forma clara y comprensible- del menor ante el Juez; la posibilidad de conformidad del menor con los hechos y con la medida solicitada; una amplia relación de medidas a imponer; la posibilidad de dictado oral de la resolución (así se llama, en vez de sentencia); y el planteamiento de los recursos ante el propio Juez y, em apelación, ante la correspondiente Audiencia Provincial. (Ostos, 2011, p.12)

Em relação aos Centros de Regime Fechado, são para os casos onde haja uma necessidade de privação total de liberdade, todas as atividades ocorrem dentro do Centro. A internação supõe uma clara medida de privação de liberdade, e são conhecidos também como "centro de menores difíceis". Nesses centros tem rígidos princípios, de segurança e disciplina, há garantias ao interno e o direito a educação. (Segura Morales, 1995). Parece difícil qualquer possibilidade de socialização e integração de um menor longe de sua família e distante de seu ambiente natural de origem, sendo substituído na maioria dos casos por um espaço onde há escassez de comunicação entre os menores e os responsáveis pelo centro, onde o princípio da segurança prima sobre o do tratamento. (Valverde, 1983). Ainda segundo Ríos (1995), estes centros apresentavam deficiências tanto de pessoal como de infraestrutura.

No ano 2000, surge um novo regulamento na Espanha acerca da responsabilidade penal dos menores, a Lei Orgânica 5/2000:

Esta Ley ha supuesto la consolidación del reconocimiento del menor de edad como sujeto de derechos en el proceso penal y en ella se ha cuidado de forma especial el aspecto de las garantías, cuya protección última corre a cargo del Juez, aunque también se confiere esta función al Ministerio Fiscal en su condición de defensor de la legalidad y de los derechos de los menores de edad. La nueva ley es técnicamente mejor que la anterior y no cabe duda de que esto se debe a que fue ampliamente discutida y consensuada con todos los operadores que intervienen en al ámbito de los adolescentes infractores, sin embargo, las novedades que presenta son muy pocas respecto de las contenidas en la actualmente vigente Ley Orgánica 4/92 sobre Reforma de la Competencia y el Procedimiento de los Juzgados de Menores. (Conde, 2013).

Para concluir essa construção histórica, segue as legislações observadas na Espanha acerca do atendimento a adolescentes infratores:

• Convención sobre los Derechos del Niño, aprobada por la Asamblea General de Naciones Unidas el 20 de noviembre de 1989.
• Resolución de la Asamblea General de Naciones Unidas 40/33, de 29 de noviembre de 1985 por la que se aprueban las Reglas Mínimas para la Administración de Justicia de Menores (Reglas de Beijing).
• Resolución de la Asamblea General de Naciones Unidas 45/113, de 14 de diciembre de 1990 por la que aprueban las Reglas para la Protección de los Menores privados de Libertad.
• Resoluci ón de la Asamblea General de Naciones Unidas 45/112, de 14 de diciembre de 1990 por la que se aprueban las Directrices para la Prevención de la Delincuencia Juvenil (Directrices de Riad)
• Decreto de 11 de junio de 1948, por el que se aprueba el texto refundido de la Ley de Tribunales Tutelares de Menores (BOE no. 201, del 19 de julio de 1948)
• Ley Orgánica 6/1985, de 1 de julio del Poder Judicial (BOE no. 157, de 2 de julio de 1985)
• Sentencia del Pleno del Tribunal Constitucional 36/91, de 14 de febrero.
• Ley Orgánica 4/92, de 5 de junio, sobre reforma de la Ley reguladora de la Competencia y el Procedimiento de los Juzgados de Menores (BOE no. 140, de 11 de junio de 1992)
• Ley Orgánica 10/1995, de 23 de noviembre, del Código Penal. (BOE no. 281, de 24 de noviembre de 1995).
• Ley Orgánica 5/2000, de 15 de junio, reguladora de la Responsabilidad Penal de los Menores.
• Proyecto de Ley Orgánica de Modificación de la Ley Orgánica 10/1995, de 23 de noviembre, del Código Penal y de la Ley Orgánica 5/2000, de 12 de enero, reguladora de la Responsabilidad Penal de los Menores, em relación con los Delitos de Terrorismo.
• Informe del Consejo General del Poder Judicial al Anteproyecto de Ley Orgánica reguladora de la responsabilidad Penal de los Menores, de 12 de noviembre de 1997.
• Informe del Consejo General del Poder Judicial Anteproyecto de Ley Orgánica de Modificación del Código Penal y de la Ley Orgánica reguladora de la Responsabilidad Penal de los Menores, en materia de Delitos de Terrorismo, de 27 de septiembre de 2000. (Conde, 2013, p.32)

Compreendemos então, a partir do contexto histórico espanhol, que houve mudanças importantes no panorama legislativo local, sendo que a LORP 5/2000 consolidou importantes mudanças no perfil do menor que responde a justiça juvenil, sendo o mais relevante a mudanças de idade penal do menor que passou de 12-16 anos (L.O. 4/92) a 14-18 anos. Esta mudança supõe enfrentar um setor da juventude muito mais ativo no que se refere a delinquência, com hábitos e atitudes anti sociais mais arraigadas, como afirma Conde (2013):

> La capacidad para delinquir que presentan los adolescentes de este rango de edad (tipo y n° de delitos) es superior a la que tienen los adolescentes más jóvenes. Por otro lado, el fenómeno de la inmigración ha añadido una gran complejidad (diversidad de idiomas y culturas), a la intervención con menores infractores. El hecho de la numerosa presencia de menores extranjeros no acompanhados en nuestro país, hace que la relación con la familia, que es uno de los pilares tradicionales de la tarea educativa, sea complicado y en ocaciones imposible. A esto hay que añadir los problemas con que se encuentran los menores infractores para obtener un trabajo cuando terminan el cumplimiento de la medida judicial, siendo el empleo uno de los factores que mejor ayudan a la reinserción del joven en la sociedad. (Conde, 2013, p. 111)

A nova legislação "Ley Orgánica Reguladora de la Responsabilidad Penal del Menor" (LORPM) de 12 de enero de 2000, possui um duplo objetivo e desdobramento:

> Por una parte, responsabilizando al menor, acusándole de un delito en el marco de un proceso penal juvenil – considerándole sujeto de sanción- y, por otra parte, haciendo énfasis en el hecho de que el fin del proceso es la inserción exitosa del menor en la sociedad. Estos dos objetivos intentan lograrse con la "medida educativa" impuesta al menor, que busca tanto hacer sentir al joven que ha de asumir las consecuencias del daño que ha causado a la sociedad ("responsabilizarle"), así como ofrecerle las oportunidades educativas necesarias para que no reincida. (Fernández Molina, 2012, p. 12)

Depois de transcorrido mais de uma década da entrada em vigor da Lei Orgânica Reguladora da Responsabilidade penal de menores, e neste tempo sofreu distintas reformas (L.O. 7/2000, L.O. 9/2000, L.O. 9/2002, L.O. 15/2003 y L.O.8/2006), promovidas como o objetivo de prover a nova lei ferramentas necessárias para adaptar se a realidade dos menores que cometem atos delitivos considerados graves. Mesmo assim, a prevalência recai sobre as medidas não privativas de liberdade. Sendo necessária uma análise destas reformas, sendo realizadas a seguir.

4.3 A Regulamentação das Medidas Privativas de Liberdade na Espanha (a Lei Orgânica 5/2000, de 12 de janeiro, reguladora da responsabilidade penal dos menores)

A entrada em vigor da Lei Orgânica de 5/2000, de janeiro, reguladora da responsabilidade penal dos menores, consagrou no ordenamento jurídico espanhol o denominada "modelo de responsabilidade ou de Justiça", que era uma exigência do Código Penal de 1995 e de acordo com o Direito Internacional (normativas das nações unidas) e o Direito Comparado (Arias Giner, 2009). Assim, é uma norma sancionatória-educativa, que parte de uma consideração do menor como sujeito responsável, mas também como sujeito de um especial estatuto jurídico. Consagra assim a responsabilidade do menor, o que estima danos a partir de seus atos, mas la reação jurídica ante esses jovens, há de ser necessariamente distinta da reação jurídica aos atos cometidos por adultos. De Maneira que a reação jurídica adotada ante o ilícito penal cometido por um menor terá que considerar todo seu caráter educativo e seu ordenamento a uma finalidade educativa e de reinserção.

Assim, a LORPM 5/200, põe fim ao modelo de justiça juvenil denominado "tutelar", vigente até a LO 4/92 de 5 de junho, reguladora da competência e procedimentos dos juizados de menores, e incorporada com o novo ordenamento espanhol, com uma nova concepção dos menores, da delinquência juvenil da "Justiça de Menores". No modelo de Justiça Juvenil "Tutelar" ou "Assistencial" anterior, estava baseado em uma filosofia correcional, os menores eram considerados irresponsáveis penalmente, por conceber-se incapazes de distinguir o justo do injusto. Sobre estes então havia de se atuar com medidas "terapêuticas", dirigidas a corrigir seus problemas psicológicos e sociais, e com o objetivo de reeducar, proteger e reintegrar o menor. Frente a delinquência juvenil se formava assim uma tutela, e depois as medidas de política familiar, política social e política criminal.

O novo sistema de menores fruto da LORPM 5/200, representa a entrada de uma importante descriminalização das condutas realizadas por menores: de um lado, porque aumenta a idade penal de 16 até os 18 anos, ainda que distingue os atendimentos por idade, 14-16 e 16-18, com a previsão de tratamentos distintos; de outro, se despenalizam para essas idades os delitos denominados de "bagatela", ou de pouca transgressão.

Essa lei, reguladora da responsabilidade penal do menor, substituiu por completo a legislação penal de menores vigente até então (1948 e reformada de 1992), abrindo novas possibilidades para impulsionar a reparação a vítima, a conciliação e os programas de mediação. A aplicação da lei a população de 14 a 19 anos, e em supostos delitos menos graves ou de faltas, aos jovens até os 21 anos, amplia de modo considerável a população sobre a qual se aplica a nova lei, nesse sentido, é importante compreender a quem se aplica a nova lei:

> (...) la responsabilidad penal de menores se exige a las personas **mayores de catorce años y menores de dieciocho** por la comisión de hechos tipificados como delitos o faltas en el Código Penal o en las leyes penales especiales.
> **No se aplica a los menores de catorce años**, para los que se observan otras normas de protección y educación de menores previstas en el Código Civil y en la Ley Orgánica 1/1996, de 15 de enero sobre protección jurídica del menor, debiendo dar cuenta a la Entidad Pública que tenga atribuida la competencia sobre menores en la Comunidad Autónoma de que se trate para que adopte medidas tendentes a la reeducación y protección del menor de 14 años que hubiera observado una conducta reprochable.
> Tras la reforma de la Ley penal del menor por la LO 8/2006, de 4 de diciembre, se suprime definitivamente la posibilidad contemplada en el art. 69 del Código penal y en el art. 4 de la LORRPM, de aplicar la Legislación penal de menores a los **jóvenes-adultos comprendidos entre 18 y 21 años**. (Gutiérrez e González, 2008, p. 04)

As idades indicadas serão sempre compreendidas em relação ao momento do cometimento dos atos delituosos, sem haver mudança para o início do procedimento ou durante a tramitação do mesmo, sendo que essas datas não terão relevância para tramitação dos efeitos para a aplicação da lei. O previsto na LORPM 5/2000 aborda a variada temática juvenil, com uma perspectiva coerente e um conjunto de normativas baseado nas regras internacionais, pode se afirmar que a lei se aplica e exige a responsabilidade das pessoas maiores de 14 anos e menores de 18 pelo cometimento de atos tipificados como delitos ou faltas no Código Penal o nas leis penais especiais. E segundo Bernuz (1999), foi regida pelos seguintes princípios na sua construção:

> [...] la presente Ley Orgánica ha sido conscientemente guiada por los siguientes princípios generales: naturaleza formalmente penal pero materialmente sancionadora-educativa del procedimiento y de las medidas aplicables a los infractores menores de edad, reconocimiento expreso de todas las garantías que se derivan del respeto de los derechos constitucionales y de las especiales exigencias del interés del menor, diferenciación de diversos tramos a efectos procesales y sancionadores en la categoría de infractores menores de edad, flexibilidad en la adopción y ejecución de las medidas aconsejadas por las circunstancias del caso concreto,

Nessa perspectiva pode se apontar para as seguintes premissas inovadoras na referida lei em relação à anterior, conforme orienta Arias Giner (2009):

Como enuncia Bernuz Berneitez (1999), há claros avanços em relação a legislação anterior, com a previsão do caráter educativo da aplicação da medida, e a previsão do menor como um sujeito de direitos:

Se registra assim, uma redação legal preocupada com a recuperação social do menor infrator bem distante de um enfoque meramente repressivo. Prova que essa afirmação legal constitui um avanço normativo, e contempla a possibilidade da competência objetiva dos Juizados de Menores (previsto para o conhecimento e determinação das infrações penais cometidas por menores, a idade compreendida entre os 14 nos cumpridos e os 18 anos sem cumprir:

argumentativo se despoje de garantías a la imposición de lo que es una auténtica pena (Arias Giner, 2009, p. 04)

Desta maneira incorporou como princípios gerais: a) a consideração do adolescente como sujeito de direitos, capaz de assumir a responsabilidade por seus atos (capaz de culpabilidade); b) a limitação do modelo de justiça de menores à esfera penal pela prática de delitos; c) o princípio de mínima intervenção penal (potencializado pela necessidade de respeito ao processo de desenvolvimento físico-

Psíquico-social do adolescente); d) a aplicação de medidas alternativas ao internamento; e) a aplicação de medidas privativas de liberdade em casos de extrema gravidade e necessidade; f) a adoção das garantias penais, materiais e processuais, compatíveis com o princípio de superior interesse do menor.

Ainda como inovação a lei orgânica estabelece uma variedade de medidas aplicáveis a um menor de idade que tenha cometido uma infração penal, regulando assim as previsões:

> 1) internamiento en régimen cerrado;
> 2) internamiento en régimen semiabierto;
> 3) internamiento en régimen abierto;
> 4) internamiento terapéutico;
> 5) tratamiento ambulatorio;
> 6) asistencia a un centro de día;
> 7) permanencia de fin de sema na;
> 8) libertad vigilada;
> 9) convivencia con otra persona, familia o grupo educativo;
> 10) prestaciones en beneficio de la comunidad;
> 11) realización de tareas socioeducativas;
> 12) amonestación;
> 13) privación del permiso de conducir ciclomotores o vehículos a motor.
> (LORP 5/200)

Nesse sentido é importante o registro da descrição das medidas suscetíveis de serem aplicadas aos menores infratores na Espanha segundo Gutiérrez e González (2008):

> **Medidas privativas de libertad**
> **Internamiento en régimen cerrado.** Los menores sometidos a esta medida residirán en un centro -que cuenta con todas las medidas precisas de seguridad (videovigilancia, personal de seguridad, etc.)- y desarrollarán en el mismo las actividades formativas, educativas, laborales y de ocio. Sólo se puede salir de forma esporádica, previa autorización judicial. Este internamiento se llevará a cabo, si hubiera plazas, en el centro más próximo al domicilio del menor, sin que el traslado a otro centro pueda realizarse, salvo que sea en interés del menor y con aprobación del Juez de Menores.
> **Internamiento en régimen semiabierto.** Las personas sometidas a esta medida residirán en un centro, pero realizarán fuera del mismo actividades formativas, educativas, laborales y de ocio.

Internamiento en régimen abierto. Las personas sometidas a esta medida llevarán a cabo todas las actividades del proyecto educativo en los servicios normalizados del entorno (Colegios, Institutos, Academias, etc.), residiendo en un centro como domicilio habitual, con sujeción al programa y régimen interno del mismo. Estas medidas de internamiento contarán con dos periodos. El primero se cumplirá en el centro correspondiente y el segundo en régimen de libertad vigilada.

Permanencia de fin de semana. Las personas sometidas a esta medida permanecerán en su domicilio o en un centro hasta un máximo de treinta y seis horas entre la tarde o noche del viernes y la noche del domingo, a excepción del tiempo que deban dedicar a las tareas socio-educativas asignadas por el Juez.

Medidas no privativas de libertad

Asistencia a un centro de día. Las personas sometidas a esta medida residirán en su domicilio habitual y acudirán a un centro, plenamente integrado en la comunidad, a realizar actividades de apoyo, educativas, formativas, laborales o de ocio. Estos centros responden al propósito de intentar completar las lagunas educativas y de formación que presentan algunos menores.

Libertad vigilada. En esta medida se ha de hacer un seguimiento de la actividad de la persona sometida a la misma y de su asistencia a la escuela, al centro de formación profesional o al lugar de trabajo, según los casos, procurando ayudar a aquélla a superar los factores que determinaron la infracción cometida. Asimismo esta medida obliga a seguir las pautas socio-educativas señaladas por la entidad pública o profesional encargado de su seguimiento. La persona sometida a esta medida también queda obligada a mantener con dicho profesional las entrevistas establecidas y a cumplir las reglas de conducta impuestas por el Juez.

Prohibición de aproximarse o comunicarse con la víctima o con aquellos de sus familiares u otras personas que determine el Juez. Esta medida impedirá al menor acercarse a las personas mencionadas, en cualquier lugar donde se encuentren, así como a su domicilio, a su centro docente, a sus lugares de trabajo y a cualquier otro que sea frecuentado por ellos. La prohibición de comunicarse con la víctima, o con aquellos de sus familiares u otras personas que determine el Juez o Tribunal, impedirá al menor establecer con ellas, por cualquier medio de comunicación o medio informático o telemático, contacto escrito, verbal o visual. Si esta medida implicase la imposibilidad del menor de continuar viviendo con sus padres, tutores o guardadores, el Ministerio Fiscal deberá remitir testimonio de los particulares a la entidad pública de protección del menor, y dicha entidad deberá promover las medidas de protección adecuadas a las circunstancias de aquél, conforme a lo dispuesto en la Ley Orgánica 1/1996.

Convivencia con otra persona, familia o grupo educativo. La persona sometida a esta medida debe convivir, durante el período de tiempo establecido por el Juez, con otra persona, con una familia distinta a la suya o con un grupo educativo, adecuadamente seleccionados para orientar a aquélla en su proceso de socialización.

Prestaciones en beneficio de la comunidade. La persona sometida a esta medida, que no podrá imponerse sin su consentimiento, ha de realizar las actividades no retribuidas que se le indiquen, de interés social o en beneficio de personas en situación de precariedad. Se buscará relacionar la naturaleza de dichas actividades con la naturaleza del bien jurídico lesionado por los hechos cometidos por el menor.

Realización de tareas socio-educativas. La persona sometida a esta medida ha de realizar, sin internamiento ni libertad vigilada, actividades específicas de contenido educativo encaminadas a facilitarle el desarrollo de su competencia social.

Amonestación. Esta medida consiste en la represión del menor llevada a cabo por el Juzgado de Menores y dirigida a hacerle comprender la gravedad de los hechos cometidos y las consecuencias que los mismos han tenido o podrían haber tenido, instándole a no volver a cometer tales hechos en el futuro.

Privación del permiso de conducir ciclomotores o vehículos a motor, o del derecho a obtenerlo, o de las licencias administrativas para caza o para uso de cualquier tipo de armas. Esta medida podrá imponerse como accesoria cuando el delito o falta se hubiese cometido utilizando un ciclomotor o un vehículo a motor, o un arma.

Inhabilitación absoluta. Esta medida produce la privación definitiva de todos los honores, empleos y cargos públicos sobre el que recayere, así como la incapacidad para obtener los mismos o cualesquiera otros y la de ser elegido para cargo público durante el tiempo de la medida.

Medidas terapéuticas

Internamiento terapéutico en régimen cerrado, semiabierto o abierto. En los centros de esta naturaleza se realizará una atención educativa especializada o un tratamiento específico dirigido a personas que padezcan anomalías o alteraciones psíquicas, un estado de dependencia de bebidas alcohólicas, drogas tóxicas o sustancias psicotrópicas, o alteraciones en la percepción que determinen una alteración grave de la conciencia de la realidad. Esta medida podrá aplicarse sola o como complemento de otra medida. Cuando el interesado rechace un tratamiento de deshabituación, el Juez habrá de aplicarle otra medida adecuada a sus circunstancias.

Tratamiento ambulatorio. Las personas sometidas a esta medida habrán de asistir al centro designado con la periodicidad requerida por los facultativos que les atiendan y seguir las pautas fijadas para el adecuado tratamiento de la anomalía o alteración psíquica, adicción al consumo de bebidas alcohólicas, drogas tóxicas o sustancias psicotrópicas, o alteraciones en la percepción que padezcan. Esta medida podrá aplicarse sola o como complemento de otra medida. Cuando el interesado rechace un tratamiento de deshabituación, el Juez habrá de aplicarle otra medida adecuada a sus circunstancias. (Gutiérrez e González, 2008, p. 08-10)

Ao abordar a medida de internação em regime fechado o legislador se refere aqueles sujeitos cujos os atos delitivos tenham acontecido sobre "empleado violencia o intimidación en las personas o actuado con grave riesgo para la vida o la integridad física de las mismas" (LORPM 5/200). Ainda que de forma geral se disponha que as medidas não podem exercer dois anos, se o infrator tenha 16 anos, e se reúnem a circunstância apontadas de violência ou intimidação. Excepcionalmente, frente a atos de extrema gravidade, há a previsão de imposição de uma medida de internação em regime fechado de um a cinco anos de duração, complementada sucessivamente por outra medida de liberdade vigiada até no máximo de outros cinco anos. Porém a medida em regime fechado só poderá ser aplicada quando:

> a) Los hechos estén tipificados como delito grave por el Código Penal o las leyes penales especiales.
> b) Tratándose de hechos tipificados como delito menos grave, en su ejecución se haya empleado violencia o intimidación en las personas o se haya generado grave riesgo para la vida o la integridad física de las mismas.
> c) Los hechos tipificados como delito se cometan en grupo o el menor perteneciere o actuare al servicio de una banda, organización o asociación, incluso de carácter transitorio, que se dedicare a la realización de tales actividades. (LORPM 5/2000)

Existe ainda a possibilidade também que se decrete o internamento cautelar do menor em circunstância especial, atendendo a gravidade dos fatos, o alarme social produzido, a situação de segurança do menor e o risco deste se evadir ou obstruir a ação da justiça. A partir da última reforma da legislação que foi desenvolvida a lei LO 8/2006, o juiz tem uma margem de manobra menor e em determinadas ocasiões, dada a natureza dos atos praticados, pode adotar uma duração maior da resposta, e inclusive, obriga que este internamento seja em regime fechado. O internamento que está estipulado na lei é previsto em três possibilidades:

Com a instituição da lei LO5/2000, houve a mudança de alguns aspectos legais, e é criada uma imagem de benevolência e ineficiência da nova lei, em especial ao denominado núcleo duro da delinquência juvenil (Bernuz, 2005). Fernández Molina (2012), afirma que há realização de novas mudanças para ampliar as possibilidades de aplicação do regime fechado e ampliar o período de aplicação desta e outras medidas. A última reforma da legislação é de 2006(que será analisada na relação entre a maioridade penal no Brasil e na Espanha), o Juiz passa a ter uma margem de manobra menor e em determinadas ocasiões, dada a natureza dos atos cometidos pode adotar uma duração maior da resposta, como pode ser observado no quadro a seguir:

Hecho/Edad	14-15 años	16-17 años
Delitos graves	Las medidas pueden alcanzar hasta 3 años. Si fuera una P.S.B.C. podrá alcanzar las 150 hs y hasta 12 fines de semana en la medida de permanencia de fines de semana	Las medidas pueden alcanzar hasta 6 años. Si fuera una P.S.B.C. podrá alcanzar las 200 hs y hasta 16 fines de semana en la medida de permanencia de fines de semana*
Delitos menos graves, pero que en su ejecución se haya empleado violencia o intimidación en las personas o se haya generado grave riesgo para la vida o la integridad física	Las medidas pueden alcanzar hasta 3 años. Si fuera una P.S.B.C. podrá alcanzar las 150 hs y hasta 12 fines de semana en la medida de permanencia de fines de semana	Las medidas pueden alcanzar hasta 6 años. Si fuera una P.S.B.C. podrá alcanzar las 200 hs y hasta 16 fines de semana en la medida de permanencia de fines de semana*
Delitos que se cometan en grupo o el menor perteneciere o actuare al servicio de una banda, organización o asociación, incluso de carácter transitorio, que se dedicare a la realización de tales actividades	Las medidas pueden alcanzar hasta 3 años. Si fuera una P.S.B.C. podrá alcanzar las 150 hs y hasta 12 fines de semana en la medida de permanencia de fines de semana	Las medidas pueden alcanzar hasta 6 años. Si fuera una P.S.B.C. podrá alcanzar las 200 hs y hasta 16 fines de semana en la medida de permanencia de fines de semana*
Asesinato, Homicidio, Violación, Terrorismo y delitos que en el Código penal de adultos lleve aparejada más de 15 años de prisión**	De 1 a 4 años en un centro cerrado de internamiento + 3 años de libertad vigilada (la medida no puede ser modificada hasta que no haya transcurrido la mitad de la duración de la medida de internamiento impuesta)	De 1 a 8 años en un centro cerrado de internamiento + 5 años de libertad vigilada (la medida no puede ser modificada hasta que no haya transcurrido la mitad de la duración de la medida de internamiento impuesta)

* En estos supuestos cuando el caso revistiera extrema gravedad el Juez deberá imponer una medida de internamiento en régimen cerrado de 1 a 6 años y hasta 5 años de libertad vigilada (la medida no podrá ser modificada hasta que no haya transcurrido el primer año de internamiento)

** Cuando se trate de delitos conexos o continuados y al menos uno de ellos sea de alguno de los incluidos en esta cláusula el Juez podrá ampliar la duración del internamiento hasta los 5 años en el caso de los menores de 14 y 15 años y a 10 cuando el infractor tenga 16 o 17 años.

Fonte: Fernández Molina, 2012, p. 5

Porém não se deve esquecer a finalidade da justiça penal de menores, claramente voltada para reinserção social de seu destinatário, pela especial circunstância da idade, e que se resulta como parte integrante do fim retributivo menores:

(...) reitera a natureza sancionadora da Lei e esclarece que a reação jurídica está dirigida à intervenção de caráter educativo de especial intensidade, "rechazando expresamente otras finalidades esenciales del Derecho penal de adultos, como la proporcionalidade entre el hecho y la sanción o la intimidación de los destinatários de la norma", com o objetivo de "impedir todo aquello que pudiera tener un efecto contraproducente para el menor, como el ejercicio de la acción por la víctima o por otros particulares" (Cruz Blanca, 2001, p. 32)

Se tratando de internação em um regime fechado, se constituí de todos os recursos e programas necessários, mas contando com os recursos públicos existentes exteriores a unidade, buscando um princípio de incompletude institucional. Este tipo de ação permite construir um projeto individual real com esses menores, garantindo os direitos constitucionais dos mesmos. O que se busca ao se propor a internação, é que o menor conte com maiores possibilidades de participação social normatiza e assistida, com um maior número de apoios positivos externos que favoreçam sua inserção e, em consequência, evitem a reincidência. A LORPM 5/2000 surge então, com dupla finalidade:

(...) por un lado, enfatizando la responsabilización del menor, acusándole de un delito en el marco de un proceso penal juvenil y, por otro lado, enfatizando que el objetivo último no era tanto recibir una sanción, sino la inserción social del menor. En este sentido, las diversas medidas educativas que contemplaba la ley tenían el fin de responsabilizarle (asumir las consecuencias de sus actos), así como ofrecerle las oportunidades educativas para su reinserción. La introducción de esta Ley supuso cambios importantes en el perfil del menor, al aumentar su edad penal, ya que hubo que enfrentarse a un sector de la juventud más activo en la comisión de ilícitos y, por tanto, con comportamientos y actitudes antisociales más arraigadas. (Montero Hernanz, 2008, p. 68)

A instituição dessa normativa legal, muda completamente o perfil do atendimento a menores infratores na Espanha, não só em relação a idade como foi abordado, mas também em relação ao tipo de atendimento, medida aplicada, sendo possível observar tais mudanças na análise dos dados que seguem.

4.4 Dados do Atendimento e Perfil dos Adolescentes Infratores na Espanha

Um registro relevante e determinante é a disponibilidade de dados, tanto pelas comunidades autônomas, como pelo órgão nacional responsável pela política que é a "La Dirección General de Servicios para la Familia y la Infancia, dependiente del Ministerio de Sanidad, Servicios Sociales e Igualdad del Gobierno de España". É produzido um boletim com dados anuais da política de atendimento a menores infratores na Espanha, sendo o último ano de referência o de 2013.

O registro se dá através das medidas que estavam sendo executadas pelas Comunidades Autônomas, no dia 01 de janeiro de 2013, e inclui as medidas iniciadas no decorrer do mesmo ano, ainda que não tiverem finalizado sua execução. O número de medidas previstas no Artigo 7 da (LORPM 5/2000), chega ao número de 39.253, o que equivale a uma taxa de 1.116,1 por cada 100 mil jovens entre 14 e 21. Importante destacar que é em relação a todas as medidas, e não só as privativas de liberdade como pode ser constatado no quadro a seguir, em comparação aos anos de 2012 e 2013:

	2013 (*)		Tasas
	Absolutos	Tasas	2012
A) MEDIDAS PREVISTAS EN EL ART. 7 (LRPM)	**39.253**	**1116,1**	**1113,1**
Internamiento en régimen cerrado	704	20,0	20,6
Internamiento en régimen semiabierto	3.887	110,5	110,1
Internamiento en régimen abierto	350	10,0	10,2
Total de internamientos	4.941	140,5	**140,9**
Internamiento terapéutico	855	24,3	24,8
Tratamiento ambulatorio	1.620	46,1	39,2
Asistencia a centro de día	239	6,9	7,4
Permanencia de fin de semana	1.232	35,0	39,4
Libertad vigilada	17.429	495,6	495,1
Prohibición de aproximarse o comunicarse con la víctima	769	32,6	21,5
Convivencia con otra persona, familia o grupo educativo	928	26,8	24,4
Prestaciones en beneficio de la comunidad	6.461	183,7	192,7
Realización de tareas socioeducativas	4.175	118,7	127,5
Amonestación	362	23,5	8,9
Privación del permiso de conducir	242	14,4	11,9
Inhabilitación absoluta	0	0,0	-

* Se incluyen todas las medidas previstas en el artículo 7.

Fonte: Observatorio de la Infancia, 2013

Para todas as medidas em execução a taxa da população musculina é maior do que a população feminina. A única medida que se aproxima ligeiramente ambos os dados é da de Convivência (Taxa de 46 entre os homens e de 20,6 entre as mulheres). O levantamento nos indica que por mulher que se aplicada uma medida (prevista no artigo 7 da LORPM 5/2000), há 5,2 homens na mesma circunstância. Também não se observa grandes mudanças entre 2012 e 2013, nos dados globais. A mudança mais alta (tanto em 2013 quanto em 2012), se dá para a privação da permissão de dirigir, em segundo lugar, para a internação em regime fechado (também, para ambos os anos):

	GÉNERO				Ratio hombre / mujer	
	Masculino		Femenino			
	Abs.	Tasa	Abs.	Tasa	2013	2012
Internamiento en régimen cerrado	658	36,4	46	2,7	14,3	15,8
Internamiento en régimen semiabierto	3.436	190,1	451	26,4	7,6	8,5
Internamiento en régimen abierto	294	16,3	56	3,3	5,3	5,1
Internamiento terapéutico	733	40,5	122	7,1	6,0	6,2
Tratamiento ambulatorio	1.338	74,0	282	16,5	4,7	4,8
Asistencia a centro de día	214	12,0	25	1,5	8,6	6,8
Permanencia de fin de semana	1.042	57,6	190	11,1	5,5	3,3
Libertad vigilada	14.655	810,6	2.774	162,3	5,3	5,1
Prohibición de aproximarse o comunicarse con la víctima	642	52,9	127	11,1	5,1	7,6
Convivencia con otra persona, familia o grupo educativo	652	36,6	276	16,4	2,4	2,12
Prestaciones en beneficio de la comunidad	5.438	300,8	1.023	59,9	5,3	5,6
Realización de tareas socioeducativas	3.285	181,7	890	52,1	3,7	4,3
Amonestación	212	26,7	61	8,2	3,5	3,9
Privación del permiso de conducir	227	26,2	14	1,7	16,2	21,5
Inhabilitación absoluta	0	0,0	0	0,0	–	–
TOTAL MEDIDAS PREVISTAS EN EL ART. 7 (LRPM)	**32.826**	1.815,7	**6.337**	370,8	**5,2**	**5,2**

(*) En esta tabla solo se presentan los datos de las CCAA que han entregado información de las medidas distribuidas por género.

Fonte: Observatorio de la Infancia, 2013

Existes diferenças entre os tipos de detenções e imputações e o número de infrações, obviamente também há nas sentenças segundo o sexo. As medidas de internação tendem a um maior peso sobre os homens, em relação as mulheres há maior peso as medidas socioeducativas em meio aberto, conforme se observa no quadro sobre o tipo de medida aplicada no ano de 2013:

	% sobre sentencias Hombres	% sobre sentencias Mujeres
Total	100	100
Asistencia a un centro de día	0,6	0,5
Amonestación	2,9	6,4
Convivencia con otra persona, familia o grupo educativo	1,4	3,1
Internamiento abierto	0,7	0,8
Internamiento cerrado	3	1,2
Internamiento semiabierto	12,8	8,1
Internamiento terapéutico en régimen cerrado, semiabierto o abierto	1,9	1,5
Libertad vigilada	37,7	37,4
Prohibición de aproximarse a víctima	2,2	2,1
Prestación en beneficio comunidad	19,4	18,8
Permanencia de fin de semana	5,5	5,6
Privación permiso de conducir	0,5	0,2
Realización de tareas socio-educativas	10	13,1
Tratamiento ambulatorio	1,4	1,3

Fonte: Fundação Atenea, 2014.

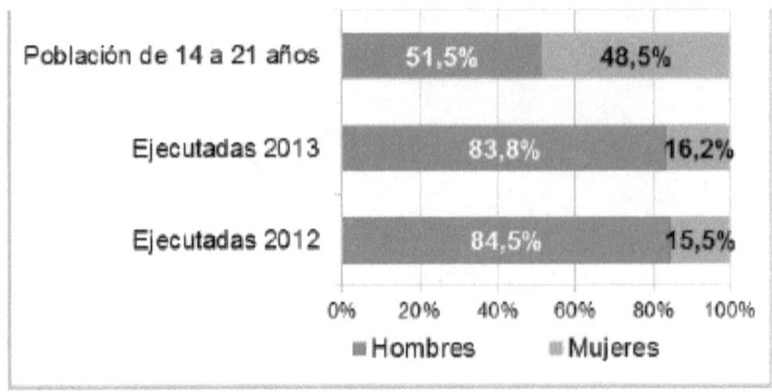

Fonte: Observatorio de la Infancia, 2013

Na sequência são apresentados os dados a partir dos tipos de infração que originaram as detenções e imputações de menores de idade no ano de 2013 na Espanha.

Delito	2013	% total tipo	%total detenciones
Contra los personas	2247	13,36	10,24
Contra la libertad	914	5,44	4,17
Libertad sexual	433	2,57	1,97
Relaciones familiares	3	0,02	0,01
Contra el patrimonio	10887	64,74	49,62
Seguridad colectiva	1146	6,81	5,22
Falsedades	165	0,98	0,75
Administración pública	3	0,02	0,01
Administración de justicia	199	1,18	0,91
Orden público	769	4,57	3,51
Otros delitos	50	0,30	0,23
TOTAL DELITOS	16816	100,00	76,65
Falta		% total tipo	
Contra las personas	1561	30,47	7,12
Patrimonio	3513	68,57	16,01
Orden público	43	0,84	0,20
Intereses generales	6	0,12	0,03
TOTAL FALTAS	5123	100,00	23,35

Fonte: Fundação Atenea, 2014.

Se observado as infrações, tanto os delitos como as faltas, têm maior prevalência aqueles realizados contra o patrimônio, e não os delitos realizados contra as pessoas. Não se deve esquecer que a existência de uma sentença implica em uma medida de internação.

Os dados seguintes demonstração a porcentagem de cada tipo de medida sobre a totalidade de sentenças emitidas segundo a idade:

	14 años	15 años	16 años	17 años
Total	100	100	100	100
Asistencia a un centro de día	0,5	0,6	0,6	0,5
Amonestación	3,7	3,1	3	4
Convivencia con otra persona, familia o grupo educativo	2,5	2	1,7	1
Internamiento (abierto, cerrado, semiabierto, terapéutico)	17	17,4	18,2	16,6
Libertad vigilada	42	39,6	38,2	33,7
Prohibición de aproximarse a víctima	2,3	1,9	2,1	2,5
Prestación en beneficio comunidad	17,9	18,8	18,2	21,2
Permanencia de fin de semana	3,5	5	5,5	6,8
Privación permiso de conducir	0,2	0,4	0,5	0,7
Realización de tareas socio-educativas	9,2	9,8	10,3	11,8
Tratamiento ambulatorio	1,2	1,4	1,6	1,3

Fonte: Fundação Atenea, 2014.

Analisando os dados fica evidente que não existe uma diferença importante entre as sentenças de internação segundo o grupo de idade, mas sim em relação ao tipo de internação, existindo maior porcentagem de sentenças referentes ao internamento de fim de semana na população infratora de 14 anos.

No quadro abaixo o registro quanto aos tipos de delitos por ano, fica evidente que a maioria dos atos praticados por menores são crimes contra o patrimônio:

	2008	2009	2010	2011	2012	2013
I. Contra las Personas	9,67	10,62	11,34	12,84	12,07	13,36
II. Contra Libertad	3,76	3,71	4,23	4,50	4,90	5,44
III. Libertad Sexual	2,26	2,05	1,89	1,78	1,95	2,58
IV. Relaciones Familiares	0,05	0,06	0,03	0,03	0,04	0,02
V. Contra Patrimonio	68,12	66,03	68,28	66,64	66,82	64,75
VI. Seguridad Colectiva	9,37	10,33	7,80	8,35	7,94	6,81
VII. Falsedades	0,83	0,95	0,73	0,96	0,78	0,98
VIII. Admón. Pública	0,01	0,01	0,00	0,01	0,00	0,02
IX. Admón. Justicia	1,00	0,77	0,74	0,87	1,16	1,18
X. Orden Público	4,64	5,05	4,49	3,82	4,10	4,57
XI. Legislación Especial	0,02	0,00	0,00	0,00	0,00	0,00
XII. Otros delitos	0,29	0,43	0,48	0,19	0,24	0,30
	100	100	100	100	100	100

Fonte: Fundação Atenea, 2014.

O perfil da população cumprindo medidas em centros de internação de menores tem evoluído na última década, porém, segundo levantamento da Fundação Atenea (2014), ainda apresenta uma série de variáveis comuns:

- Perfil masculino, siendo pocas las mujeres que delinquen y muy poca su presencia en centros de internamiento, lo que hace que cumplan sentencia en los centros que cuentan con módulo de mujeres, que no siempre es el más cercano a su domicilio.
- Alto consumo de sustancias, fundamentalmente cannabis, em muchas ocasiones como forma de evasión.
- Un contexto familiar con graves problemas de funcionalidad;
- Un alto grado de fracaso y abandono escolar. (Fundação Atenea, 2014, p. 98)

A estas características podemos ainda incluir ao perfil desses jovens, a proveniência de contextos de alto risco de exclusão e grandes aglomerados urbanos.

4.5 Convergências, Contradições, Limites e Mediações entre a Política de Atendimento a Menores Infratores na Espanha e o Sistema Nacional de Atendimento Socioeducativo no Brasil

Para se efetuar uma análise das convergências, contradições limites e mediações apresentadas nos modelos de política pública espanhola de atendimento ao menor infrator, frente ao modelo de atendimento socioeducativo já estudado pelo pesquisador no Brasil, houve um cuidado para não se estabelecer um estudo comparativo, pois estamos diante de contextos históricos, modelos políticos, práticas Estatais completamente diferentes. Nesse sentido desafiando-nos a renunciar definições anteriores e generalizadas, e partir para uma análise que referencie as experiências nos diferentes contextos, a partir das suas realidades.

A primeira verificação, é em relação a utilização das terminologias, tanto no contexto acadêmico como no contexto das políticas públicas, na Espanha não há uma preocupação quanto ao impacto dos termos como menor, delinquente, infrator, pena, sendo que na conjuntura brasileira, houve grande mobilização para a substituição dos termos por adolescente em conflito com a lei, medida socioeducativa, por exemplo. Em alguma medida, a preocupação excessiva que existe a respeito dos conceitos e terminologias e não sobre efeitos que essas instituições têm sobre os adolescentes infratores, pode ser interpretado como um indicador de certa hipocrisia social, onde é utilizado conceitos como: educação, reinserção social, socioeducação, etc, onde se busca um caráter positivo dessa intervenção. Mas o certo é que nem sempre o que se diz se faz, às vezes, as grandes palavras, conceitos rebuscados, podem esconder práticas opostas ao discurso ideário dessas unidades. Sendo grandes instituições reguladoras de punição e violadoras de direitos no contexto brasileiro. E a necessidade da compreensão dessa lógica punitiva estabelecida pelo sistema e de responsabilidade do Estado, que foi reforça a partir do contato com a criminologia crítica.

Não há uma preocupação, como no Brasil, por definições de terminologias que diferenciam ou não estigmatizem esse jovem delinquente. A preocupação recaí sobre o sistema e o papel desse frente ao sistema do capital. Assim é importante retirar o foco do particular, colocando a culpa no indivíduo: "o particular, neste contexto, é entendido como a culpabilização individual pelas condições de vida das pessoas às quais se socorre e não como problemas coletivos, produzidos histórica e socialmente" (Nascimento e Scheinvar, 2005, p. 2). Na Espanha não se rompe com a utilização do termo menor, no Brasil, surge essa necessidade, se realiza um esforço para que utilizado o termo "adolescente em conflito com a lei", em detrimento de menores infratores, adolescentes infratores, delinquentes juvenis, etc.

É evidente que a preocupação com as terminologias no Brasil reforça a necessidade de conter a estigmatização e quebrar paradigmas. A instituição do ECA em 1990, traz nas terminologias um dos métodos para romper com a tradição menorista que havia sido implantada desde 1923, com a criação do Juizado de Menores, "é neste momento que a palavra menor passa a se associar definitivamente a crianças pobres, a serem tuteladas pelo Estado para a preservação da ordem e asseguramento da modernização capitalista em curso" (Batista, 2003, p. 69). O critério para internação de crianças e adolescentes em instituições de privação de liberdade era a pobreza, o que já demonstrava o que depois a criminologia crítica chamaria de seletividade penal. Como não havia propostas de efetiva alteração da condição de pobreza material desses sujeitos, era possível que ficassem durante longos anos privados de liberdade, exercendo um caráter meramente punitivo da sanção aplicada.

Porém esse reforço da mudança de terminologias no Brasil, contribui para obstrução da visibilidade dos reais problemas no contexto do atendimento aos adolescentes em conflito com a lei. Nesse sentido, a partir dessa constatação dos estudos realizados na Espanha, é construída outra reflexão importante para nosso estudo: no Brasil, até que ponto há preocupações excessivas com a utilização de terminologias e conceitos teóricos, que acabam por mascarar as práticas no cotidiano de atendimento socioeducativo que são práticas de segregação e violação de direitos. Estamos diante de prisões para menores infratores que são rotuladas de "Centros de Socioeducação", estaria aí também mais um simulacro do Sistema Nacional de Atendimento Socioeducativo.

Na Espanha o foco de mudanças não recaí sobre as terminologias e sim sobre as práticas. Constata-se que as alterações acontecem de forma mais ágil, num ritmo que permite mensurar as práticas e avaliar realmente os programas com dados e informações. Porém essas mudanças em relação a justiça juvenil na Europa, serão incorporadas tardiamente na Espanha, em comparação aos demais países da Europa. No que se refere a legislação, o modelo de atendimento e julgamento de jovens infratores ficou travada até 1992, com os princípios do positivismo e do correcional repressivo da Lei dos Tribunais de Menores de 1948. Ambas práticas de atendimento, brasileiras e espanhola, eram baseadas na cultura tutelarista, porém com as mudanças no paranora legal, no Brasil com o ECA e, 1990, e na Espanha com a LORPM 05/200, são registrados avanços no contexto do atendimento a adolescentes infratores e consequente melhora na garatia de direitos desses adolescentes. No Brasil pode se destacar mais a garantia do devido processo legal, do que grandes mudanças nas estruturas de atendimento nas unidades socioeducativas.

4.5.1 As Alternativas para a Privação de Liberdade: princípio educativo x punição

Para além das terminologias, o elemento chave que merece destaque é a maior quantidade de alternativas de intervenções técnicas previstas na legislação para responsabilização do menor infrator, vão para além do universo punitivo, como é destaque no Brasil, logo, na prática a grande maioria dos adolescentes não é privado de liberdade pelo cometimento de atos infracionais, antes porém é privilegiado outras alternativas, utilizando a internação do adolescente em regime fechado somente em casos extremos. Enquanto no Brasil as medidas socioeducativas previstas no ECA, em seu artigo 112 são: advertência; obrigação de reparar o dano; prestação de serviços à comunidade; liberdade assistida; inserção em regime de semiliberdade e internação em estabelecimento educacional. Sendo caracterizadas por medidas socioeducativas em meio aberto a prestação de serviço à comunidade e a liberdade assistida, medida socioeducativa de restrição de liberdade a semiliberdade e medida socioeducativa de privação e liberdade a internação em estabelecimento educacional. No arcabouço de possibilidades previstas na LORPM 05/2000, há 13 possibilidades: 1) internamiento en régimen cerrado;2) internamiento en régimen semiabierto; 3) internamiento en régimen abierto; 4) internamiento terapéutico; 5) tratamiento ambulatorio; 6) asistencia a un centro de día; 7) permanencia de fin de sema na; 8) libertad vigilada; 9) convivencia con otra persona, familia o grupo educativo; 10) prestaciones en benefício de la comunidad; 11) realización de tareas socioeducativas; 12) amonestación; 13) privación del permiso de conducir ciclomotores o vehículos a motor.

Além do número superior de alternativas a privação de liberdade, conceitualmente a própria legislação LORPM 05/2000, estabelece que as medidas de privação de liberdade são: a internação em regime fechado, a internação em regime semiaberto, a internação em regime aberto, e a permanência de fim de semana, deixando claro o caráter de responsabilização e sancionatório dessas medidas. Ou seja, não se fala em restrição de liberdade, ampliando o conceito de regime de privar de liberdade para toda e qualquer ação que exercerá coerção no direito de ir e vir em qualquer circunstância e não somente, como é tratado no Brasil, a privação de liberdade quando o adolescente estiver internado. Essa mudança de concepção reforça o discurso e prática que esse adolescente é responsabilizado pelos seus atos em todas as modalidades de medidas, e não somente quando privado de liberdade em regime de internação.

As medidas não privativas de liberdade, como é identificado na Espanha, seria no Brasil o que chamamos de medidas em meio aberto (Liberdade Assistida e Prestação de Serviço à Comunidade), e para além dessas duas alternativas que também são previstas e executadas no território espanhol há a previsão de: asistencia a un centro de día; convivencia con otra persona, familia o grupo educativo; realización de tareas socioeducativas; amonestación; privación del permiso de conducir ciclomotores o vehículos a motor. Aqui pode se identificar que a previsão de medida socioeducativa se aproxima com algumas alternativas previstas como medidas protetivas (Art. 101 do ECA)[30], porém há uma distinção clara, nesse caso, que pressupõe responsabilização do adolescente, ao tratar como medida sancionatória e não protetiva é também realizado o efeito da resposta social ao delito cometido.

Outro elemento determinante e diferencial não observado no componente legislativo brasileiro é a previsão de tratamento terapêutico como uma medida de intervenção ao delito. O registro aqui é o tratamento tanto do diagnóstico de doenças e transtornos mentais quanto a toxicodependência. Enquanto no Brasil não há alternativas para esse atendimento e se referência na rede de saúde pública o método e atendimento especializado para esses casos, na Espanha há previsão legal e unidades apropriadas para as medidas terapêuticas, sendo previsto o internamento terapêutico em regime fechado, semiaberto ou aberto e ainda o tratamento ambulatorial. Essa não especialização no atendimento para adolescentes que cometem o delito em virtude de transtornos/doenças mentais e/ou em decorrência do uso abusivo e dependência de drogas, faz com que todos os adolescentes que cometem atos infracionais tenham como única opção de intervenção para os casos mais graves a internação, ficando assim nas mesmas unidades os adolescentes com transtornos mentais e dependência química, não permitindo uma especialização adequada do atendimento.

Toda essa estrutura ampla de possibilidades de intervenção com adolescentes infratores na Espanha, evidencia uma clara opção pela alternativa da educação em detrimento das práticas punitivas. Por mais que no Estatuto da Criança e do Adolescente[31], para a medida socioeducativa internação pede se a

---

30 Art. 101. Verificada qualquer das hipóteses previstas no art. 98, a autoridade competente poderá determinar, dentre outras, as seguintes medidas: I - encaminhamento aos pais ou responsável, mediante termo de responsabilidade; II - orientação, apoio e acompanhamento temporários; III - matrícula e frequência obrigatórias em estabelecimento oficial de ensino fundamental; IV - inclusão em serviços e programas oficiais ou comunitários de proteção, apoio e promoção da família, da criança e do adolescente; V - requisição de tratamento médico, psicológico ou psiquiátrico, em regime hospitalar ou ambulatorial; VI - inclusão em programa oficial ou comunitário de auxílio, orientação e tratamento a alcoólatras e toxicômanos; VII - acolhimento institucional; VIII - inclusão em programa de acolhimento familiar; IX - colocação em família substituta.

31 Art. 121. A internação constitui medida privativa da liberdade, sujeita aos princípios de brevidade, excepcionalidade e respeito à condição peculiar de pessoa em desenvolvimento.

observância do princípio da brevidade e da excepcionalidade, e o SINASE enquanto resolução do CONANDA, aborde a necessidade de prevalência das medidas socioeducativas em meio aberto em detrimento das medidas de restrição e privação de liberdade, o que se assiste no Brasil é a prevalência da utilização da internação provisória e da internação.

Se realizarmos um recorte nos dados referente as duas medidas similares de intervenção no Brasil e na Espanha, a internação em regime fechado (medida socioeducativa de internação) e a internação em regime semiaberto (medida socioeducativa de semiliberdade), os dados demonstram real sentido de encarceramento de adolescentes para cada país:

País	Espanha				Brasil			
Tipo Ano	**2012**		**2013**		**2012**		**2013**	
De Medida	Ad.	%	Ad.	%	Ad.	%	Ad.	%
Semiliberdade	3.692	84%	3.887	85%	1.860	9%	2.272	10%
Internação	713	16%	704	15%	18.572	91%	20.794	90%

Fonte: Dados Compilados pelo Autor, 2016

Fica evidente a prevalência pela alternativa mais grave no Brasil, enquanto na Espanha a privação de liberdade é utilizada somente em casos extremos. Por mais que no Brasil a previsão legal também defina isso, na prática há uma inversão. Enquanto na realidade espanhola, se considerados só os adolescentes em internação e semiliberdade, 84% das medidas aplicadas são de semiliberdade e 16% de internação em regime fechado. No Brasil essa lógica se inverte, para cada 10 adolescentes com medidas socioeducativas de internação 9 estão em restrição total de liberdade (internados) e 1 está em semiliberdade, ou seja, a opção é o encarceramento. Outro dado preocupante que pode ser constatado no quadro é o aumento contínuo no número de internações no Brasil entre os anos de 2012 e 2013, enquanto na Espanha os dados são de estabilidade. Pela falta de dados técnicos no Brasil não é possível compreender se há um real aumento no número de cometimentos de atos infracionais ou somente um aumento no número de medidas aplicadas.

Outra impossibilidade de se basear no Brasil por falta de dados confiáveis é relação entre as medidas socioeducativas em meio aberto e as medidas de restrição e privação de liberdade, pois não existe dados sistematimatizados com metodologia científica confiável dos dados relativos as medidas socioeducativas em meio aberto, esse elemento por si já é fator determinante que prejudica a avaliação sistemática dessa política pública.

Enquanto isso, na Espanha a "Dirección General de Servicios para la Familia y la Infancia, dependiente del Ministerio de Sanidad, Servicios Sociales e Igualdad del Gobierno de España", através do Observatório da Infância, emite boletins anuais com os dados de estatísticas base impostas aos menores infratores, nesse levantamento, já citado anteriormente podemos constatar ainda que do total das medidas judiciais executavas, a privação de liberdade (considerando os regimes fechados espanhóis[32]), não passa de 13% das medidas aplicadas, ou seja há de fato a prevalência das medidas menos gravosas e alternativas a privação de liberdade em detrimento da alternativa punitiva:

Porcentagem por Tipo de Medida Aplicada a menores infratores na Espanha - 2013

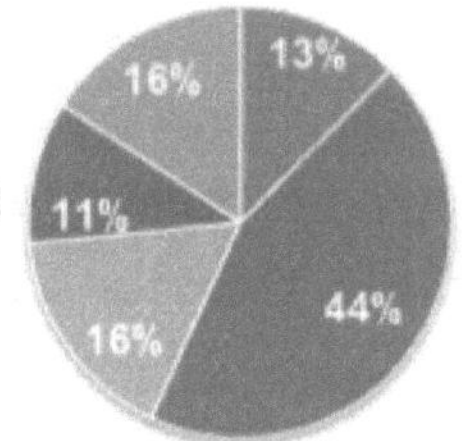

Fonte: Observatorio de la Infancia, 2013

No que se refere ao panorama legal normativo, a legislação brasileira tem registros bastante progressistas e inovadores, como por exemplo a previsão dos princípios que devem reger a medida socioeducativa (Art. 35 da Lei do Sinase 12.594/2012[33]), que além da individualização do atendimento prevê a construção do

---

32 Medidas em Regime Fechado: a internação em regime fechado, a internação em regime semiaberto, a internação em regime aberto, e a permanência de fim de semana.

33 Art. 35. A execução das medidas socioeducativas reger-se-á pelos seguintes princípios: I - legalidade, não podendo o adolescente receber tratamento mais gravoso do que o conferido ao adulto; II - excepcionalidade da intervenção judicial e da imposição de medidas, favorecendo-se meios de autocomposição de conflitos; III - prioridade a práticas ou medidas que sejam restaurativas e, sempre que possível, atendam às necessidades das vítimas; IV - proporcionalidade em relação à ofensa cometida; V - brevidade da medida em resposta ao ato cometido, em especial o respeito ao que dispõe o art. 122 da Lei nº 8.069, de 13 de julho de 1990 (Estatuto da Criança e do Adolescente); VI - individualização, considerando-se a idade, capacidades e circunstâncias pessoais do adolescente; VII - mínima intervenção, restrita ao necessário para a realização dos objetivos da

Plano Individual de Atendimento (PIA), porém há um distanciamento entre essas previsões e as práticas no cumprimento das medidas socioeducativas. No referencial legal espanhol, há registros de avanços quanto a individualização, normativas dos centros de internação:

> Los centros estarán divididos en módulos adecuados a la edad, madurez, necesidades y habilidades sociales de los menores internados y se regirán por una normativa de funcionamiento interno cuyo cumplimiento tendrá como finalidad la consecución de una convivencia ordenada, que permita la ejecución de los diferentes programas de intervención educativa y las funciones de custodia de los menores internados. (Fundação Atenea, 2014, p.13)

Há então o respeito e as práticas quanto a essa normativa legal, enquanto no Brasil as unidades não conseguem sequer garantir direitos a divisão dos adolescentes internados no interior unidades como a separação por critérios de idade compleição física e gravidade na infração (Art. 123 do ECA[34]), ao mesmo a garantia de atividades pedagógicas, quiçá um dia veremos a consolidação de uma metodologia que efetive os planos individuais de atendimento. Ainda nessa lógica da previsão legal, a Lei do Sinase, assim como a LORPM 05/2000, prevê que os adolescentes deverão cumprir medidas em meio aberto quando não houver vagas de internação[35] em centros de privação de liberdade, porém no Brasil, mesmo 4 anos após a aprovação da lei, ela não foi colocada em prática, o que se assiste é o inchaço do sistema com unidades superlotadas e acima da capacidade.

Na Espanha não há unidades superlotadas, o critério legal de cumprir a medida socioeducativa alternativa a privação em caso de não haver vagas é respeitado, porém, o dado mais importante é que esse critério é muito pouco utilizado, considerando Segundo dados da "Dirección General de servicios para la

---

medida; VIII - não discriminação do adolescente, notadamente em razão de etnia, gênero, nacionalidade, classe social, orientação religiosa, política ou sexual, ou associação ou pertencimento a qualquer minoria ou status; e IX - fortalecimento dos vínculos familiares e comunitários no processo socioeducativo.

34 Art. 123 A internação deverá ser cumprida em entidade exclusiva para adolescentes, em local distinto daquele destinado ao abrigo, obedecida rigorosa separação por critérios de idade, compleição física e gravidade da infração. Parágrafo único. Durante o período de internação, inclusive provisória, serão obrigatórias atividades pedagógicas.

35 Art. 49 Lei do Sinase, Inciso II - ser incluído em programa de meio aberto quando inexistir vaga para o cumprimento de medida de privação da liberdade, exceto nos casos de ato infracional cometido mediante grave ameaça ou violência à pessoa, quando o adolescente deverá ser internado em Unidade mais próxima de seu local de residência;

Familia y la Infancia", em 2012, na Espanha existiam 90 Centros de internação de menores com 2.944 vagas.

No Brasil, outro dado que se evidencia preocupante, como prioridade clara para a opção de encarceramento, é que no contexto do atendimento socioeducativo a partir do levantamento da SDH (2012), todo o reforço do investimento foi realizado na construção de unidades de privação de liberdade (internação provisória e internação) em detrimento da construção de espaços de restrição de liberdade (semiliberdade):

Unidades Socioeducativas			
Programas		Instituições	
		2010	2011
Exclusivas	Internação	124	123
	Internação Provisória	55	43
	Semiliberdade	110	110
	Atendimento Inicial	16	10
Mistas	Internação, Internação Provisória e Atendimento Inicial	130	162
		435	448

Fonte: SDH, 2012

Vale destacar ainda que são 448 unidades de restrição e privação de liberdade no Brasil, sendo que 17% (75) estão inadequadas aos parâmetros do Sinase e 14% (62) em condições ruins ou péssimas, o que reafirma a necessidade de investimento no reordenamento da rede física instalada. Ou seja, há somente 6% das unidades adequadas aos parâmetros do Sinase, sendo que 74,68% são considerados parcialmente adequados (SDH, 2012).

Além da inadequação física dos espaços, o que fica evidente no atendimento socioeducativo, no contexto das unidades de restrição e privação de liberdade, é a ausência de uma metodologia de atendimento. O que se deve buscar no atendimento ao adolescente em conflito com a lei é um processo de construção, ou reconstrução, de projetos de vida reais e possíveis de serem realizados, que alterem suas rotas de vida, desatrelando-os da prática de atos infracionais. O adolescente que adentra o mundo da criminalidade acredita ter encontrado alguma solução para os problemas que enfrenta, seja de ordem econômica, familiar, social e/ou emocional. Ajudá-lo a superar essa condição exige dos profissionais a implementação de uma proposta pedagógica que dê todo o suporte na descoberta de novas possibilidades de existir e de encontrar um novo caminho para, gradativamente, resgatar-se como ser-no-mundo e ser-ao-mundo. Assim, paulatinamente, esse adolescente poderá elaborar respostas adequadas aos seus problemas sem ficar em conflito com a lei.

Para além desses dados, o que se evidencia como grande avanço na política de atendimento a adolescentes infratores na Espanha, são os programas oferecidos no contexto das Comunidades Autônomas que propõe alternativas e programas de tratamento que priorizam ainda mais a individualização do atendimento. Em visita do pesquisador a "Agencia de La Comunidad de Madrid para La Reeducación y Reinsercón del Menor Infractor", órgão responsável pela política de atendimento a adolescentes infratores da Comunidade Autonoma de Madrid, é um organismo autônomo, dependente da "Consejería de Presidencia, Justicia e Interior de la Comunidade de Madrid", foi possível conhecer o "Programa Central de Tratamiento Educativo y Terapeutico para Menores Infractores".

Nesse documento que reflete as práticas desse órgão, e fica evidenciado o desenvolvimento de numerosos programas e autuações, entendendo que só com o avanço da investigação e dos conhecimentos científicos atuais pode se obter maior garantia de ocupar seus objetivos. Muitos desses programas desenvolvidos estão sendo pioneiros não na Espanha como também a nível internacional:

> (...)firmándose numerosos Convenios de colaboración con diferentes países europeos e hispanoamericanos, con Universidades y organismos académicos y con asociaciones sinánimo de lucro que apoyan la labor con los menores infractores. Los programas desarrollados desde la Agencia en colaboración con universidades o asociaciones de reconocido prestigio, expertas en la materia de que se trate, van dirigidos, entre otros, a menores que cumplen medida judicial por delitos de agresión sexual, a aquellos que han cometido violencia filioparental, que presentan problemas de consumo de drogas o trastornos significativos de la conducta. (Gomez e Biezma, 2014, p. 05)

Essa parceria com universidades possibilita a construção de programas que especifiquem o tratamento mais adequado para cada tipo de intervenção com os adolescentes, e retratam que a atuação com os menores infratores deve se apoiar em três bases fundamentais de intervenção e uma quarta que atenda ao contexto familiar:

> 1. La intervención educativa y formativa en todos sus amplios contenidos: escolarización, formación profesional, deporte, educación no formal con las rutinas de la vida cotidiana, actividades de educación en valores y desarrollo personal.
> 2. La inserción laboral, como eje fundamental de inserción social, que comprende tanto desde el
> primer momento de búsqueda de empleo y desarrollo de las aptitudes para conseguirlo como el mantenimiento y el apoyo al menor durante el desarrollo y consolidación en el mismo.
> 3. La intervención terapéutica y profesional que atienda las necesidades criminógenas específicas, es decir, los factores de riesgo dinámicos presentes en cada caso. En este sentido, la Agencia desarrolla trabajos pioneros y, entendemos, de especial interés como el desarrollo de Programas Generales y Especializados de Tratamiento.
> 4. Debemos añadir a estos tres ejes un cuarto aspecto, que si bien ya se abordaba, sigue cobrando vital importancia a medida que avanzamos en el trabajo investigador y en la recogida de datos, y éste no es otro que la intervención con la familia. La información que obtenemos desde diferentes ámbitos, corrobora el papel fundamental de la interrelación familiar: el maltrato familiar ascendente o violencia filioparental, la pertenencia a grupos violentos o su influencia en el desarrollo de las carreras delictivas de los menores son algunos aspectos en los que la ascendencia de la familiase revela como fundamental. (Gomez e Biezma, 2014, p. 05)

A individualização do tratamento é um dos eixos fundamentais desses programas de intervenção. No art. 27.1 da LORPM 05/2000 "sobre la situación psicológica, educativa y familiar del menor, así como sobre su entorno social, y en general sobre cualquier outra circunstância relevante a los efectos de la adopción de alguma de las medidas previstas". Essa previsão tem um valor fundamento, não só no sentido de personalizar o tratamento, mas também, o de atender ao ato delitivo como uma compreensão e resposta específica, considerando que as circunstâncias a que se referem a prática do ato infracional deve marcar a especificidade tanto do me menor sujeito da intervenção, como do delito que, finalmente, no é senão uma atuação concreta e determinada da pessoa. Para concretização dessa proposta, na Comunidade Autonoma de Madrid são propostos os seguintes programas:

Programas Gerais: "Programa para la Predición del Riesgo de Reincidencia (a través del inventário de gestión e intervención para jovenes); Programa Central de Tratamiento Educativo-Terapeutido para menores infratores".

Programas Específicos: Programa de Intervenção para Maltrato Familiar Ascendente; Programa de Intervenção para Agressores Sexuais; Programa de Atenção a Drogo dependência; Programa de Atenção a mães com filhos menores de três anos; Programa de Tratamento Terapeutico para Saúde Mental.

O desenvolvimento desses diferentes programas ferais de tratamento permite uma intervenção personalizada da conduta infratora, que se revela fundamental no atendimento socioeducativo. Caracteriza assim uma prevalência de ações que não visem só a punição do adolescente e sim a compreensão do que está por trás e anteriormente ao cometimento do delito. De maneira geral, no Brasil, os adolescentes são reconhecidos somente por sua condição transgressora, se esquecendo que da avaliação das circunstâncias sociais em que estes estão imersos. Somente com esse tipo de intervenção, será possível entender a transgressão, a infração e o delito, sendo que em muitos casos as consequências são fruto da realidade vivenciada por estes.

Nesse sentido ficou evidenciado que as oportunidades a alternativas para o atendimento aos adolescentes infratores vão além das previsões legais. É reforçado o papel do Estado na busca de alternativas para amenizar o efeito punitivo e a utilização das medidas mais gravosas, fica manifestado a necessidade da construção de propostas metodológicas de intervenção que privilegiem o atendimento individual. No contexto do SINASE, somente a previsão legal para a realização dos Planos Individuais de Atendimento não tem sido suficiente para garantir a realização dos mesmos, sendo uma alternativa para concretização disso a parceria com as universidades, como acontece no caso da Comunidade Autonoma de Madrid.

4.5.2 O Papel do Estado na Execução das Medidas Socioeducativas: o Lócus Político Administrativo no Brasil e na Espanha

O papel do Estado na execução das medidas aplicadas a adolescentes infratores é fundamental, porém em algum momento assistimos a desresponsabilização do Estado na responsabilidade por essas políticas públicas, onde são muitas vezes colocadas em segundo plano, inviabilizando o cumprimento dos objetivos das medidas socioeducativas. No caso brasileiro, a Lei do Sinase[36], institui a responsabilidade dos entes federativos frente a execução das medidas socioeducativas, sendo no âmbito federal formular e coordenar a execução da política nacional de atendimento socioeducativo, no âmbito estadual criar,

---

36 Capítulo II da Lei 12.594/2012, Art. 3º Compete à União; Art. 4º Compete aos Estados; Art. 5º Compete aos Municípios

desenvolver e manter programas para a execução das medidas socioeducativas de semiliberdade e internação, e no âmbito municipal criar e manter programas de atendimento para a execução das medidas socioeducativas em meio aberto.

Essa definição de papeis era extremamente necessária para efetivação dessa política pública, porém, na prática o que se concretizou foi a não definição de um lócus institucional único para essa política, sendo com diferentes frentes no Governo Federal, Estados e Municípios. Atualmente no Brasil, a Política de Atendimento Socioeducativo de restrição e privação de liberdade (medida socioeducativa de semiliberdade e internação), está vinculada a diferentes frentes políticas e administrativas nos Estados da Federação e Distrito Federal. Enquanto as medidas socioeducativas em meio aberto (Liberdade Assistida-LA e Prestação de Serviço à Comunidade-PSC), estão orientadas sob o olhar da Política de Assistência Social, previsto no SUAS (Sistema Único de Assistência Social), e descrito na Tipificação Nacional dos Serviços Socioassistenciais (Resolução N. 109 do Conselho Nacional de Assistência Social) como um serviço de Proteção Social Especial, de média complexidade, as medidas socioeducativas de semiliberdade e internação seguem as políticas definidas pelos Estados e Distritos Federal ficando a mercê de entendimentos e mudanças a cada troca de governo. No levantamento da SDH (2014), o Lócus Institucional do Sistema Socioeducativo por Região e UF (2013) aparece assim:

ÓRGÃOS GESTORES DO SISTEMA SOCIOEDUCATIVO POR REGIÕES / ESTADOS							
Medidas privativas e restritivas de liberdade			Assistência Social e Cidadania	Justiça e Segurança Pública	Trabalho	Criança e Adolescente	Educação
RG	UF	SECRETARIAS ESTADUAIS GESTORAS DO SISTEMA SOCIOEDUCATIVO	13	7	4	2	1
N	AC	Justiça e Direitos Humanos		x			
	AP	Inclusão e Mobilização Social	x				
	AM	Assistência Social e Cidadania	x				
	PA	Proteção e Desenvolvimento Social	x				
	RO	Justiça		x			
	RR	Trabalho e Bem Estar Social			x		
	TO	Defesa Social	x				
NE	AL	Ressocialização e Inclusão Social	x				
	BA	Desenvolvimento Social e Combate à Pobreza	x				
	CE	Trabalho e Desenvolvimento Social			x		
	MA	Direitos Humanos, Assistência Social, Cidadania	x				
	PB	Desenvolvimento Humano	x				
	PE	Criança e Juventude				x	
	PI	Assistência Social e Cidadania	x				
	RN	Trabalho, Habitação e Assistência Social			x		
	SE	Inclusão, Desenvolvimento e Assistência Social	x				
CO	DF	Da Criança				x	
	GO	Cidadania e Trabalho			x		
	MS	De Justiça e Segurança Pública		x			
	MT	De Justiça e Direitos Humanos		x			
SE	ES	De Justiça		x			
	MG	De Defesa Social	x				
	RJ	Educação					x
	SP	Justiça e da Defesa da Cidadania	x				
S	PR	Família e Desenvolvimento Social	x				
	SC	Justiça e Cidadania		x			
	RS	Justiça e Direitos Humanos		x			

Fonte: SDH, 2014.

Além da não observância das orientações do SINASE, o histórico recente mostra ainda que as fundações, institutos, departamentos e demais estruturas de atendimento tem sido deslocadas para outras áreas constantemente, como por exemplo, no Rio de Janeiro que somente nos anos 2000 mudou 17 vezes de vinculação política administrativa ou o Paraná que em 2007 era Instituto de Ação Social do Paraná, passa a Coordenação de Socioeducação ligada a Secretaria de Estado da Criança e da Juventude, na mudança de Governo (2010/2011) ocorre nova mudança onde passa a vincular a Secretaria de Estado da Família e Desenvolvimento Social, e na mudança de legislatura com continuidade de Governo

(2014/2015) a estrutura da Socioeducação foi para a Secretaria de Justiça e Direitos Humanos (SEJU).

Essa indefinição clara entre as duas normas referenciais, no que a lei diz "liberdade de organização e funcionamento", acaba na prática por reforçar um 'não lugar' específico para execução dessa política pública, refletindo nas organizações estaduais as mais diversas formas de vinculação político administrativas. Que vão, por exemplo, de Secretarias de Segurança Pública e Justiça, a Secretarias de Assistência Social, passando ainda por Secretaria de Educação, Casa Civil, além das possibilidades ilimitadas de formas de organização tais como fundações, institutos, departamentos, coordenações, células, entre outros formatos. O que aparece como fato determinante é que essa indefinição de lócus referencial único, nas três esferas de governo (União, Estados e Municípios), corresponde também como uma indefinição e não garantia de orçamento para execução dessa política pública. Desde a extinção da FUNABEM (Fundação Nacional do Bem-Estar do Menor)[37], não houve a proposição de outro lócus que centralize as ações e diretrizes para a área infância no país, sendo que, em especial as medidas socioeducativas, transitaram entre as mais variadas políticas setoriais.

Na Espanha, há um órgão nacional responsável pelas diretrizes, dados, supervisão e fiscalização do atendimento a adolescentes infratores, porém a execução da política de atendimento se encontra integrada por região, nas 17 regiões com autonomia política, chamadas Comunidades Autônomas. O órgão nacional responsável é a "Dirección General de Servicios para la Familia y la Infancia, dependiente del Ministerio de Sanidad, Servicios Sociales e Igualdad del Gobierno de España".

Nas Comunidades Autônomas há órgãos específicos para execução das medidas aplicadas a adolescentes infratores, e todas essas ações são executadas sob a responsabilidade dessas 17 comunidades autônomas, ou seja, diferente do que ocorre no Brasil com um processo de municipalização das medidas socioeducativas em meio aberto e as medidas de restrição e privação de liberdade sob responsabilidade dos Estados e Distrito Federal, no contexto espanhol não há municipalização do atendimento, todas as ações determinadas pela justiça para

---

37 FUNABEM: Sua extinção ocorreu em 15 de março de 1990 com o Decreto nº 99810, pelo qual foi extinto o Ministério do Interior e criado o Ministério da Ação Social ao qual a FUNABEM ficou vinculada, passando a denominar-se Centro Brasileiro de Infância e Adolescência (CBIA).

adolescentes infratores ficam com execução sob a responsabilidade única das Comunidades Autônomas sob regência das diretrizes da "Dirección General de Servicios para la Familia y la Infancia"

A vinculação da política de atendimento a menores infratores por parte das comunidades autônomas, tinha como pressuposto colocar em prática uma desvinculação dos sistemas de proteção da infância dos programas de reforma de menores infratores, passando esses a depender em alguns casos dos Departamento de Justiça (Herrero-Vior, 2010). Segundo Montero Hernanz (2008), esta desvinculação entre proteção e reforma iria de encontro tanto pela mudança de conceituação da nova legislação, retirando o caráter reformador e corretivo, como um aumento dos casos e atenção do sistema de justiça juvenil, requerendo uma gestão que não pode assumir os dois organismos existentes, de proteção à infância e de execução de medida judicial. Nesse sentido tal medida provocou também que em algumas Comunidades Autônomas ocorreu também a mudança de competências sobre a justiça juvenil, assumindo o atendimento a menores infratores dentro dos departamentos de justiça.

Seguindo essa linha de configuração a justiça juvenil nas Comunidades Autônomas deveria seguir três modelos, segundo Montero Hernanz (2008):

> • Dependência administrativa de Servicios Sociales bajo una misma direccióngeneral pero en dos servicios diferentes.
> • Dependencia administrativa de Servicios Sociales con direcciones generales independientes una para protección y otra para reforma.
> • Dependencia administrativa diferencial encuadrándose el servicio de protección dentro de servicios sociales y el servicio de reforma dentro del departamento de justicia. (Montero Hernanz, 2008, p. 34)

A dependência administrativa tem seu reflexo nas estratégias de desenvolvimento dos centros e sua coordenação com os serviços externos. A classificação por comunidades autônomas se configura da seguinte maneira:

Servicios sociales	Dependiendo del mismo servicio:	Aragón Baleares Canarias Cantabria Castila La Mancha Navarra
	En servicios diferentes:	Castilla y león Extremadura Galicia Murcia
Dependiendo de justicia		Andalucía Asturias Cataluña La Rioja Madrid País Vasco Valencia

Fonte: Fundação Atenea, 2014.

Em 2013, a Espanha contava com 87 centro de internação de menores. Destes, 39 são de entidade pública e 48 pertencem a entidades colaboradoras[38]. A proporção de ambos é praticamente a mesma. Assim, se dispõe de 2,1 centros para cada 100 mil menores. Em relação as vagas nos Centros, se dispõe de um total de 2.932, o que equivale a 83,9 vagas para cada 100 mil menores. As comunidades com maior disposição de vagas por 100 mil habitantes são. Melila, Ceuta, Astúrias, Valencia, Andaluzia e Cantábria. No quadro abaixo os centros que são próprios, administrados por entidades colaboradoras, e número de vagas e tacas por 100 mil/menores.

Enquanto no Brasil há descentralização político administrativa na execução das medidas socioeducativas, sendo as em meio aberto atribuição dos municípios, e as do meio fechado atribuições dos Estados e Distrito Federal, na Espanha há a concentração da política pública de atendimento nas Comunidades Autônomas. Essa diferença é determinante para vários princípios, como por exemplo, continuidade, no contexto brasileiro há uma ruptura quando os adolescentes cumprem a medida de internação e recebe a medida socioeducativa em meio aberto, não comunicação entre as equipes, o trabalho com adolescente praticamente retoma do início, e por vezes esse adolescente acaba duplamente

---

38 Entidades colaboradoras: há previsão legal de estabelecer convênios ou acordo de colaboração com entidades que não sejam públicas, porém sem fins lucrativos, para administração dos Centros de Internação para menores infratores na Espanha.

180

penalizado. Outro princípio é o de financiamento, poucos os Estados fazem repasse para os municípios para a execução das medidas em meio aberto, como está na previsão legal.

Mais um apontamento é necessário quanto as atribuições, o entendimento espanhol é que, por se tratar de sanções, de responsabilidade penal, essas devam ser executavas sob a gestão e atribuição das Comunidades Autônomas e não pelos municípios. No Brasil, a execução das medidas socioeducativas em meio aberto (Liberdade Assistida e Prestação de Serviço à Comunidade), estão sob responsabilidade do SUAS (Sistema Único de Assistência Social), sendo executado pelos CREAS (Centros de Referência Especializada de Assistência Social), onde é ofertado um variado leque de outras políticas públicas de assistência social, sendo atendido no mesmo espaço, e muitas vezes pela mesmo equipe a vítima e o autor do ato infracional. Nesse sentido há uma diferença fundamental, a medida socioeducativa é de caráter sancionatório, é uma pena a ser cumprida, diferente das demais ações da política de assistência social onde é o usuário que busca o serviço. Essa discussão é necessária, mas pouco discutida do Brasil, e com a normativa legal que definiu a municipalização das medidas em aberto ser recente, não há qualquer movimento de discussão dessa problemática.

4.5.3 A relação público x privado na execução das medidas socioeducativas

Para situar a responsabilidade do Estado na execução das medidas socioeducativas é preciso compreender os movimentos do sistema de capital em relação as atribuições do poder público, as forças que remontam a possibilidade de privatização, terceirização, modelos de cogestão, parcerias, atuações das ONGs, além da definição das atribuições no Brasil em relação ao Governo Federal, Estados e Municípios e no caso da Espanha, compreender a previsão legal que define as atribuições das Comunidades Autônomas. Para essa compreensão será contextualizada a realidade brasileira e depois a espanhola.

Nessa perspectiva é importante atentar acerca da discussão atual e presente das responsabilidades dos diferentes entes (União, Estados e Municípios), em especial as atribuições de co-financiamento, e da atuação organizações não governamentais na execução das Medidas Socioeducativas, questão essa que teve grandes avanços e definições com a aprovação da lei do Sinase, em relação à execução das medidas socioeducativas. Antes ainda, é preciso destacar acerca das diretrizes da Política de Atendimento, lembrado por Costa:

> A Política de Atendimento é regida por um conjunto de diretrizes (Artigo 88), que concretizam e expressam um conjunto de princípios estruturantes: descentralização (municipalização); participação (criação de conselhos de direitos); especialização (criação e manutenção de programas específicos); sustentação (manutenção de fundos nacional, estaduais e municipais); integração (atuação intercomplementar e sinérgica entre as áreas de segurança, justiça e serviço social no atendimento ao adolescente em conflito com a lei); e mobilização (sensibilização, conscientização dos diversos segmentos da sociedade e da opinião pública como um todo). (Costa, 2009, p.04)

Considerando essas diretrizes, fica evidente a necessidade da atuação conjunta das esferas públicas e sociedade civil (leia-se organizações não governamentais sem fins lucrativos), na execução das medidas socioeducativas. Isso significa uma clara definição técnica, de interpretação legal, e ainda, por princípio (Costa, 2009), da impossibilidade dessa execução por parte de empresas privadas, tendo essas como alternativas para contribuir na execução dessa política. Porém é preciso aprofundar, em especial a discussão acerca da execução das medias socioeducativas restritivas e privativas de liberdade. Em que pese aqui uma defesa da execução direta das medidas socioeducativas pelo poder público (Municipal: Liberdade Assistida e Prestação de Serviços Comunidade; Estadual: Semiliberdade e Internação), isso justificado pela possibilidade de consolidação enquanto uma política pública, com garantia de continuidade de financiamento, especialização e ainda a responsabilidade do Estado, entenda-se aqui também a responsabilização do gestor. Atualmente está em pauta à atuação das ONGs na execução das medidas socioeducativas, havendo registro de grandes avanços e consolidações em especial nas medidas socioeducativas em meio aberto.

Em tempo, é importante registrar, que a discordância acerca da execução das medidas socioeducativas de restrição de liberdade (Semiliberdade) e privação de liberdade (Internação), por ONGs, se deve considerando a responsabilidade das medidas de contenção e segurança como atribuição única e exclusiva do Estado. Ou seja, todas as ações que envolvam a perda ou restrição de direitos (no caso a liberdade), deverão ser executadas diretamente pelo Governo Estadual. No entanto, há várias iniciativas de "cogestão", incluindo as Organizações Não Governamentais na execução dessas medidas, em especial nas responsabilidades técnicas e educacionais, ficando a cargo do Estado às ações relativas à segurança. Assim é possível concluir que há argumentos que indicam a possibilidade de execução das medidas em meio aberto por ONGs, e alguns autores que essa possibilidade para a Semiliberdade (Costa, 2009), e ainda maiores entendimentos acerca da vedação da execução direta por ONGs, das medidas de restrição e privação de liberdade, em especial da internação, ficando essas a cargo do Estado. Para aprofundar a questão é apresento o registro de três posições citadas pelo Costa (2009), do qual este reforça para a terceira posição:

> • A primeira é a dos que defendem que a execução da medida de internação é de competência exclusiva do poder público estadual, estando os municípios e as organizações não governamentais vedadas de executá-la;
> • A segunda, situada no extremo oposto, é a dos que entendem que se trata de uma competência concorrente entre estados e municípios e que este regime de atendimento pode ser aplicado indistintamente por organizações governamentais e não governamentais;
> • A terceira é a dos que reconhecem que a internação implica duas ordens de exigência: a educação do adolescente para o convívio social sem reincidir na prática de ato infracional (socioeducação), e as medidas de contenção e segurança requeridas pela proteção dos demais cidadãos. Se considerarmos que a socioeducação é uma modalidade de trabalho educativo, concluiremos que o trabalho social e educativo desenvolvido junto ao adolescente em regime de internação não deve ser considerado um monopólio do Estado. Por outro lado, as medidas de contenção e segurança não podem e não devem ser consideradas um território aberto à ação das ONGs. Por que isso ocorre? Porque a privação de liberdade e o emprego do uso da força, quando necessários, são monopólio do Estado. (Costa, 2009, p.6)

Essa discussão tem se pautado como polêmica, porém o posicionamento dessa temática deve ser encarada como questão fundamental ao se pensar a política pública de atendimento socioeducativo. O entendimento é de que a atuação direta do agente público na execução garante avanços a essa política. Em especial a privação de liberdade, não há dúvida que essa responsabilidade deve ser do Poder Público Estadual, sendo que as ONGs podem e devem atuar como instituição parceira da execução de programas de apoio, numa clara evidencia a necessidade de se buscar a presença de outros atores na instituição, numa lógica de incompletude institucional. A possibilidade de "cogestão" e a discussão de prós e contras desse modelo, não se esgotam nessa proposta, porém se faz necessário sinalizar que a execução direta e plena pelo poder público tem se mostrado como a alternativa mais próxima ao ideal no contexto brasileiro.

Na Espanha há entendimento e normativos diferentes, além da descentralização a LORPM 5/2000, autoriza a possibilidade de que entidades autônomas possam estabelecer os convênios ou acordos de colaboração com outras entidades, que podem ser públicas, da administração do Estado, local ou de outras Comunidades Autônomas, ou mesmo privadas sem fins lucrativos, para a execução das medidas e atendimento a menores infratores. Esta opção traz um elemento importante a se considerar, pois tal medida não prevê somente a descentralização, mas também aventa a possibilidade de privatização do sistema de execução de medidas, incluídas as privativas de liberdade, sendo no quadro abaixo a definição da distribuição dos Centros de Internação de Menores Infratores com gestão própria das Comunidades Autônomas e de Entidades Colaboradoras[39]:

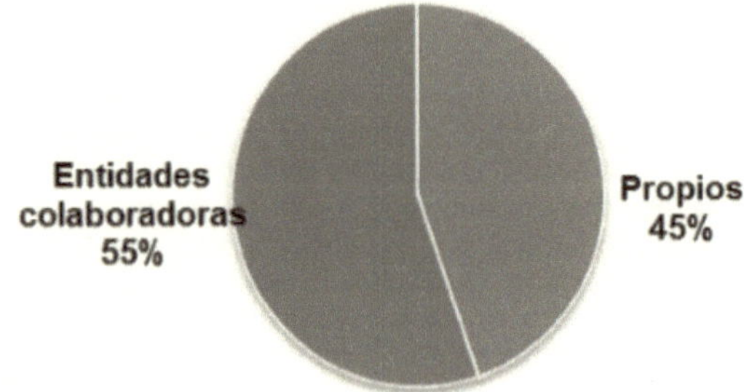

Fonte: Observatorio de la Infancia, 2013

Tipo de Gestão das Medidas Privativas de Liberdade de Adolescentes nas Comunidades Autônomas da Espanha – 2013

---

39 Entidades colaboradoras: há previsão legal de estabelecer convênios ou acordo de colaboração com entidades que não sejam públicas, porém sem fins lucrativos, para administração dos Centros de Internação para menores infratores na Espanha.

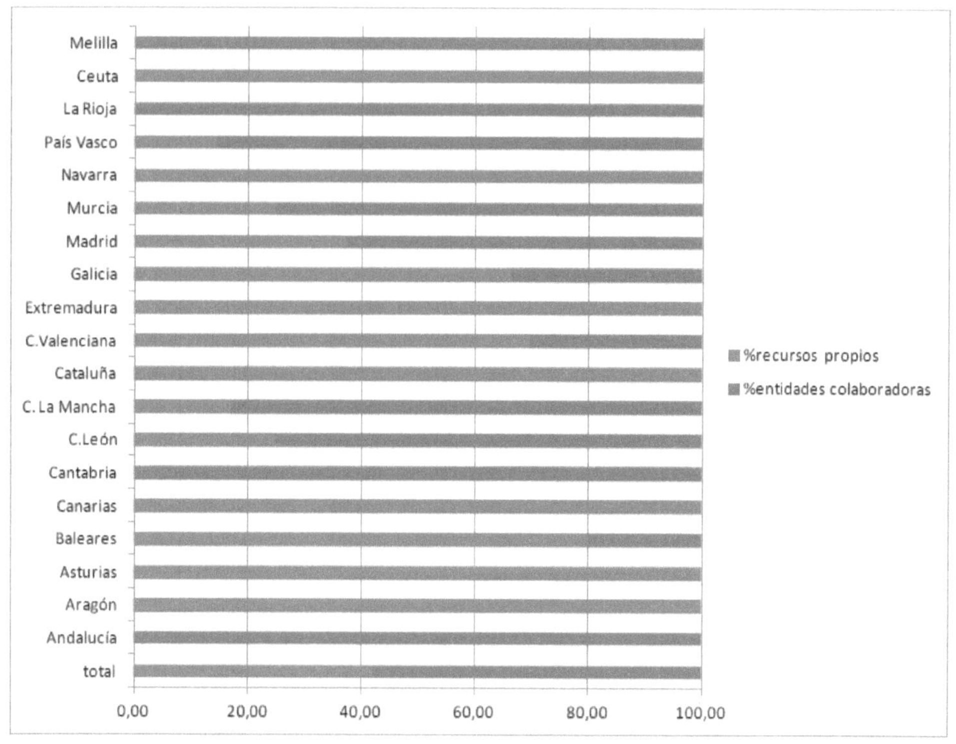

Fonte: Fundação Atenea, 2014

A opção de algumas Comunidades Autônomas de apostar por centros públicos gestionados diretamente pela administração confronta com a apostas de outras comunidades que recomendam e praticam a gestão dos serviços ofertados diretamente por entidades privadas. Este aspecto, pouco explorado do ponto de vista empírico na Espanha, permite concluir que o planejamento e execução de ambas as frentes se deem de forma diferente. Em princípio, o que estaria mais aparente diante do debate público seria que a principal diferença estaria na condição dos trabalhadores:

> (...) los rabejadores de servicios públicos tenderiam un perfil más cercano al de un funcionário especializado que realiza su trabajo en condiciones laborales de Mayor estabilidad y garantía en cuanto a privilegios y derechos adquirdos, que pueden consolidar uma carrera profesional en este ámbito; frente a ellos, los trabajadores de servicios concertados contarían con una situación laboral más inestable y peores condiciones laborales que genera con frecuencia una rotación mayor de los profesionales, ante el abandono de los que llevan más tiempo a la búsqueda de mejores condiciones laborales. (Fundação Atenea, 2014, p. 72)

Nesse sentindo concluímos então que as modificações legais e a transformação das competências para as Comunidades Autônomas, produziu também uma transformação nos modelos de gestão dos centros de internação de menores, podendo estes serem de responsabilidade privada, responsabilidade pública e um terceiro modelo de responsabilidade pública com gestão privada. Estes diferentes modelos de gestão e competências propriciam diferentes tipos de serviços e atendimentos nos Centros. Segundo dados da "Dirección General de servicios para la Familia y la Infancia", em 2012, na Espanha existiam 87 Centros de internação de menores com 2.932 vagas. Destes centros 57,8% tem a gestão realizada por entidades colaboradoras, com distribuição irregular segundo cada Comunidade Autônoma.

	TOTAL	Propios	Entidad colaboradora	Nº total de plazas	Nº total centros / 100.000 menores	Nº total plazas / 100.000 menores
Andalucía	15	1	14	766	2,1	106,4
Aragón	2	1	1	50	2,1	53,0
Asturias	1	1	0	68	1,6	111,4
Baleares	4	3	1	79	4,8	93,9
Canarias	2	2	0	144	1,2	84,8
Cantabria	4	0	4	40	10,5	104,6
Castilla y León	8	2	6	129	4,8	76,8
Castilla La Mancha	6	1	5	113	3,5	65,2
Cataluña	8	8	0	307	1,5	56,2
Ceuta	1	1	0	24	11,8	283,3
Extremadura	1	1	0	46	1,1	48,9
Galicia	6	4	2	125	3,4	71,3
Madrid	8	3	5	329	1,7	71,1
Melilla	1	1	0	48	11,0	528,3
Murcia	2	1	1	123	1,6	96,8
Navarra	1	1	0	20	2,1	41,6
Pais Vasco	7	1	6	106	5,0	76,3
La Rioja	1	1	0	–	4,4	–
Valencia	9	6	3	415	2,4	110,6
TOTAL	**87**	**39**	**48**	**2932**	**2,5**	**83,9**

Fonte: Observatorio de la Infancia, 2013

No Brasil, por mais que a gestão das unidades de internação para adolescentes esteja sob responsabilidade do poder público estadual, é recorrente ainda a atuação de ONGs na contratação dos funcionários e responsabilidade nas funcionalidades unidades, numa cara precarização das relações de trabalho estabelecidas no interior das unidades. Outro destaque importante é a adoção por alguns estados brasileiros, pelo modelo de gestão compartilhada, como exemple os estados do: Amapá, Ceará e São Paulo (Silvério, 2011). Nesse princípio é criado um modelo de cogestão para o repasse de recursos para entidades não governamentais sem fins lucrativos para a execução da medida socioeducativa de internação[40]. Ou seja, assim como na Espanha, no Brasil já um movimento também para a utilização da atuação de ONGs e consequente precarização e desresponsabilização do Estado na execução das medidas socioeducativas de internação.

4.5.4 Maioridade Penal no Brasil e na Espanha: o pêndulo punitivo sob os adolescentes infratores

É importante salientar que Brasil e Espanha, respeitam os princípios das normas preconizadas pela Organização das Nações Unidades que regulamento a atuação com adolescentes infratores, do qual os dois países são signatários. Porém o Brasil adota um modelo de proteção integral, que teve início com o ECA em 1990, já a Espanha adota um modelo de responsabilidade penal juvenil, ambos os modelos obedecem a uma perspectiva sancionatória-educativa, considerando sempre o superior interesse do menor. Porém a adoção desses dois modelos diferentes será determinante para subsidiar a discussão acerca da redução da maioridade penal nesses dois países.

Na Espanha, até a entrada em vigor do novo Código Penal de 25 de maio de 1996, que elevava a idade penal para 18 anos, estava situado nos 16 anos. O que supunha considerar imputável um menor a partir dessa idade e capaz de ser submetido ao processo incriminador de caráter penal a partir dos 16 anos. Na prática está elevação de idade não entrou em vigor em 1996, e somente com 2000, com a lei que regulamentou a responsabilidade penal dos menores de 18 anos.

Assim, a maioridade penal na Espanha pode ser compreendida, como estabelece Cuesta e Blanco (2006):

> En primer lugar, se han elevado los límites de edad y,tras la última reforma, la jurisdicción de menores sólo se ocupa de hechos y conductas cometidos por personas entre 14 y 18 años. Además, el límite de 18 años no puede ser considerado ya un limite absoluto de responsabilidad penal, puesto que el

---

40 Para maiores informações sobre a gestão compartilhada, Gestão Compartilhada na Execução da Medida Socioeducativa de Internação: Múltiplas Dimensões. Silvério, E. P, 2011 em http://www.uniban.br/pos/adolescente/pdfs/teses/2011/Elson%20Silverio.pdf

nuevo sistema es un sistema de "responsabilidade penal": los menores de 18 años pueden ser también declarados responsables si cometen una de las infracciones tipificadas por la legislación penal. Con arreglo al nuevo modelo, los menores de 14 son los únicos que no pueden ser penalmente responsables (art. 4). Por consiguiente, la minoría de edad (18) sólo impide la aplicación del CP de adultos; pero la declaración de responsabilidad penal únicamente puede darse en ausencia de causas de justificación, inimputabilidad o exculpación; requisito necesario para ser penalmente responsable es, pues, también la culpabilidad, y los menores de 18 (pero mayores de 14) pueden ser imputables, capaces de culpabilidad. En definitiva, ha de entenderse que, a pesar de las apariencias, la LO 5/2000 rebajó a 14 el límite mínimo de la imputabilidad, si bien, entre 14 y 18 años, el sistema establecido para declarar la responsabilidade penal es un sistema sustantivo, procesal y ejecutivo especial. (Cuesta e Blanco, 2006, p. 07)

Atualmente a idade penal mínima para ser considerado com responsabilidade penal são os 14 anos, porém com a lei específica para menores entre 14 e 18 anos diferente do que é estabelecido para os adultos, ou seja, podemos falar em direito penal juvenil. A idade máxima estabelecida para que se aplique a lei aos menores que cometem delitos está pautada nos 18 anos, porém a lei pode aplicar a pessoas maiores de 18 e menores de 21 quando o juiz de instrução assim o considere, nesse sentido:

Los menores de 18 años no son responsables conforme a éste, sino de acuerdo con la Ley de responsabilidad penal de los menores (que no habla de responsabilidad personal ni social, sino claramente penal). En lo relativo a la edad inferior (actualmente, los catorce años), no siempre ha sido la misma; incluso, en el momento presente, un sector social aboga por su establecimiento em los doce años, a diferencia de por arriba, en que el límite de los dieciocho años no encuentra crítica alguna (una vez derrogada definitivamente la posibilidad contemplada en la LO de 2000 de extender su competencia a los jóvenes de edad comprendida entre los dieciocho y los veintiún años, posibilidad que nunca entró em vigor, tras sucesivas suspensiones legales). (Ostos, 2011, p.38)

É interessante a constatação que a evolução legal na Espanha em relação ao atendimento a adolescentes infratores experimentou o rebaixamento da maioridade penal para 16 anos (em 1.992), clamor que se assisti no Brasil e na América Latina, e voltou a estabelecer para 18 anos (em 1.996, entrando em vigor somente em 2.000 com a LORP 5/2000), como uma tendência internacional. Porém ao estabelecer em 14-15 anos 16-17 anos, estabelece um paradoxo de direito penal juvenil. Utilizando as mesmas terminologias do sistema penal adulto, porém com diretrizes de atendimento próprias. O que ocorre na Espanha também foi a passagem da doutrina da situação irregular para a doutrina com princípios da proteção integral, porém sob a normativa do direito penal juvenil.

Porém a Espanha cede quanto aos clamores sociais quanto endurecimento da normativa penal em relação aos menores, que se manifestou com a reforma legal de dezembro de 2006. Tais mudanças na legislação atenderam a anseios populares e reforçam o caráter punitivo e de Estado Penal da política espanhola. Deste modo, posteriormente as sucessivas reformas, (L.O. 7/2000, L.O. 9/2000, L.O. 9/2002, L.O. 15/2003 y L.O.8/2006), promovidas como o objetivo de prover a nova lei ferramentas necessárias para adaptar se a realidade dos menores que cometem atos delitivos considerados graves. Nesse sentido ficou evidente que a mudança do panorama legal elevando a idade penal para de 16 para 18 ocorreu por pressão da comunidade internacional, e não por uma preocupação com a melhor forma de responsabilização desses sujeitos. Essa constatação se dá a partir do momento que na primeira oportunidade, é realizada uma reforma aumentando o tempo de privação de liberdade para esses adolescentes.

Observamos a construção de uma resposta mais contundente a delinquência juvenil, de especial intensidade que foi titulada por alguns autores de excessiva (Bernuz y Fernantez, 2008), e acaba por tomar parte do todo da legislação. Se apresenta na prática como ineficaz, desde o ponto de vista da intervenção educativa, já que existe a crença generalizada entre os agentes do sistema de justiça de menores de que o se consegue em um ano, na soma dos demais anos de intervenção e privação de liberdade dificilmente conseguirá novos avanços (Ornosa, 2003 y Garrido et. al, 2006), assim trata de uma medida simbólica porque muitas de suas precisas não são um intento de acalmar o alarde social promovido pela delinquência juvenil violenta (Fernández y Tarancón, 2010).

Essas mudanças, a partir de 2006, na regulamentação, não é só excessiva, ineficaz e simbólica, mas também supõe em algumas previsões legais uma clara violação dos tratos internacionais ratificados pela Espanha, mais concretamente o da Convenção de Direitos de Crianças e Adolescentes de 1989. As recomendações que realizam as Nações Unidas aos Estados, firma que a privação de liberdade deve ser sempre a última medida cuando se tenha esgotado todas as possibilidades anteriores (Fernández Molina, 2012), incluindo aqui uma medida menos gravosa que a aplicada aos adultos.

Assim é possível compreender essas mudanças legais a partir da tabela que segue com o registro da aplicação de medidas em função da idade. Comparação entre a "LORPM, de 12 de enero de 2000, y la LO 8/2006, de Reforma, de 5 de diciembre de 2006":

Edad-Ley/ Delito	14-16 años LORPM	14-16 años LO 8/2006	17-18 años LORPM	17-18 años LO 8/2006
Con violencia o intimidación o con grave riesgo	2 años máximo. Puede aplicarse régimen cerrado	3 años máximo. Puede aplicarse régimen cerrado	Hasta 5 años. Puede imponerse régimen cerrado	Hasta 6 años. Puede imponerse régimen cerrado
Extrema gravedad	2 años máximo. Puede aplicarse régimen cerrado	3 años máximo. Puede aplicarse régimen cerrado	Régimen cerrado de 1 a 5 años. Periodo de seguridad hasta transcurrido 1 año de cumplimiento.	Régimen cerrado de 1 a 6 años. Periodo de seguridad hasta transcurrido 1 año de cumplimiento
Asesinato, violación, terrorismo	Necesariamente régimen cerrado de 1 a 4 años. En concursos de delitos hasta 5 años	Necesariamente régimen cerrado de1 a 5 años. En concurso de delitos hasta 6 años	Necesariamente régimen cerrado de 1 a 8 años. Periodo de seguridad la mitad de la medida. En concurso de delitos (necesariamente uno de ellos terrorismo) hasta 10 años	Necesariamente régimen cerrado de 1 a 8 años. Periodo de seguridad la mitad de la medida. En concurso de delitos hasta 10 años
Delitos graves o delitos actuando en banda, organización o asociación		3 años máximo. Puede aplicarse régimen cerrado		Hasta 6 años. Puede imponerse régimen cerrado. En caso de extrema gravedad necesariamente régimen cerrado de 1 a 6 años

Fonte: Fernández y Tarancón, 2010.

Esse endurecimento na norma fez com que os prazos de cumprimento das penas, em regime aberto ou fechado, foram alterados. As penas aplicadas a jovens de quatorze a quinze anos - que eram de no máximo dois anos - foram alteradas para até cinco anos. Para os jovens de dezesseis a dezoito, as penas máximas passaram de cinco anos para oito anos. Entretanto, a mudança mais polêmica é o conceito de "período de seguridade", que prevê para crimes de extrema gravidade, assassinato ou terrorismo, a possibilidade do adolescente jovem, ao completar dezoito anos, e já cumprido um período da medida no sistema penal juvenil, poderá ser transferido para um presídio comum, de acordo com a decisão do juiz.

No Brasil, se assiste um clamor social, motivados por sentimento de vingança e a lógica perversa punitiva, para mudanças no panorama legal e uma maior punição para os adolescentes infratores, seja pela redução da maioridade penal, seja pelo aumento do tempo da medida socioeducativa de internação. A Constituição Federal de 1988, em seu artigo 228, deixa claro que são penalmente inimputáveis os menores de dezoito anos sujeitos às normas da legislação especial.

Sendo que atualmente o ECA considera criança a pessoa até doze anos de idade incompletos, e adolescente, aquela entre doze e dezoito anos de idade, sendo os adolescentes autores de atos infracionais passíveis de receber a medida socioeducativas, sendo a mais gravosa a medida socioeducativa de internação, e ainda que em nenhuma hipótese o período máximo de internação excederá a três anos.

Em 2015 voltaram à tona no Congresso Nacional votações de projetos de Lei que diminuem a maioridade penal de 18 para 16 anos, que na verdade são PEC (Projeto de Ementa Constitucional). Inicialmente uma proposta de redução da maioridade para 16 anos foi rejeitada pela câmara dos deputados, porém houve uma manobra por parte do Presidente da Câmara[41] para que o projeto inicial voltasse para votação e foi aprovado.

O texto aprovado sugere que adolescentes, a partir dos 16 anos, podem receber pena e ser julgados como adultos, mas somente em casos onde os crimes forem cometidos com violência ou grave ameaça, crimes hediondos, homicídio doloso, lesão corporal grave ou lesão seguida de morte. A diferença em relação ao texto que foi reprovado pela câmara no dia anterior é que foram excluídos da redução os crimes de tráfico e roubo qualificado. Porém para avançar necessita ainda de análise de comissões internas da Câmara, votação em segundo turno e posterior votação no Senado.

Ainda tem surgido discussões que apontam como alternativas a necessidade de se ampliar os estudos e discussões acerca do aumento do tempo da medida socioeducativa de internação, que hoje tem como limite máximo 3 anos. Nessa lógica são apontadas variáveis que levem em consideração a idade do adolescente (alternativas diferentes para quem tem 12 anos e para quem tem 16 ou 17 anos), e ainda a natureza do ato infracional cometido, não sendo assim uma mudança que afete todo o sistema de atendimento socioeducativo e sim a parcela de adolescentes que cometem atos infracionais com violência ou grave ameaça a pessoa, aumentar o tempo de internação para atos infracionais de natureza grave.

---

41 Deputado Federal Eduardo Consentino Cunha (PMDB/RJ)

A questão é que, essa "pseudoalternativa", continua agindo no efeito e não na causa. Reforça e atende aos clamores sociais de que a imposição de uma lei mais rígida pudesse influenciar na redução dos índices de violência, onde na verdade contempla-se o desejo de vingança (travestido de justiça) de uma parcela significativa da sociedade. Tal possibilidade só reforça a atual lógica punitiva perversa, onde o que impera é à vontade "dar o troco", estigmatizar, segregar, reproduzindo historicamente uma tradição da sociedade burguesa que é a de sempre eleger os 'inimigos da ordem' entre os membros das classes subalternatizadas pelo capital.

Há uma necessidade urgente melhor de qualificar essa discussão, não se trata apenas de defender uma posição contrária a redução da maioridade penal pura e simples, temos que sair do superficial e analisarmos a complexidade desse fenômeno. Faz-se mister enxergar que estamos falando da responsabilização penal de adolescentes e jovens pobres, parte excluída até do trabalho formal exercido pela classe trabalhadora, pauperizados, que, muitas vezes, não são considerados nem para o exército industrial de reserva. Tem que haver mudanças de paradigmas para que haja mudanças na prática, o que deve ser abordado é o controle social imposto, não só o controle estatal, mas a serviço do capital, mediado pelas relações de poder estabelecidas pelas relações sociais da sociedade capitalista, o Estado e a sociedade, estamos falando de regulação e dominação, reprodução da lógica do capital, se ainda ficarmos inventando alternativas, só estaremos a serviço dos ideais da classe dominante.

É possível observar assim que se trata de um movimento do mesmo pêndulo burguês que tende ao cerceamento de direitos e a punição que o ocorreu na Espanha. No Brasil, essas mudanças no panorama legal tendem a demorar mais para acontecer, porém o movimento hegemônico, essa construção de cima para baixo, com o viés para a punição e o aumento do aparato de controle social continua a aumentar, para punir os "eleitos" como inimigos da ordem, esses adolescentes, que acabam por serem acorrentados[42] a essa cultura da punição. Condenados historicamente ao que Freire (2007) definiu como ' pena de morte social'.

---

42 Termo utilizado em referência a um adolescente em conflito com a lei que foi acorrentado a um poste no Rio de Janeiro, por supostos 'justiceiros', que argumentam na defesa da justiça pelas próprias mãos.

Para concluir essa análise, é preciso ressaltar a opção da normativa da Espanha pelo Direito Penal Juvenil, ou seja, o conceito central é o de aplicação de uma pena. No caso brasileiro, pela adoção do ECA como um modelo de proteção integral, é utilizado o termo medida socioeducativa. Essa sútil, porém, determinante, diferença conceitual aponta para uma outra contradição evidenciada no presente estudo: enquanto a Espanha utiliza o termo pena, são as formas de aplicação e execução das medidas socioeducativas no Brasil que realmente punem os adolescentes. Ou seja, aqui assistimos um sistema majoritariamente punitivo, onde a principal alternativa é o encarceramento, porém não são poucos os reforços de um discurso positivo de "internação em Centros de Socioeducação", que mascara o que realmente acontece com esses adolescentes.

Não há aqui uma defesa ingênua que a simples mudança de normativa para a adoção do direito penal juvenil seria capaz de superar os estigmas e discussões acerca da redução da maioridade penal, porém, como discutido no capítulo três, sem o necessário debate acerca de como o adolescente autor de ato infracional no Brasil tem sido responsabilizado, penalizado não será possível conter essa gana por vinganças que tem no discurso da redução da maioridade penal um mantra a favor do controle social e de um Estado cada vez mais penal.

Se torna necessário a compreensão desse contexto, a partir do conceito de questão social, como resultado das contradições inerentes à sociabilidade do capital, e o contexto de delinquência juvenil e a consequente política de encarceramento em massa dessa juventude pobre como uma "nova" face da questão social. Em outras palavras, tratamos de uma questão inscrita na dinâmica de classe e circunscrita no âmbito do capital, como já dito. Ela é apreendida como expressão ampliada das desigualdades sociais, fundadas pela sociabilidade do capital. O que se assiste é um discurso preocupado em gerenciar as mazelas da questão social, sem problematizar a sociabilidade do capital e, com ela, a ordem econômica estabelecida, da qual não é senão sua expressão.

> No âmbito do pensamento liberal, a objetividade da "questão social" é dissolvida em torno da polêmica entre a responsabilidade pública de resolvê-la através do Estado ou da sociedade civil e da responsabilidade individual daqueles que sofrem o tormento da miséria. Essa polêmica continua muito presente na atualidade, principalmente por parte dos representantes do neoliberalismo que defendem a desresponsabilização do Estado ante as sequelas da "questão social". (Pimentel, 2012, p. 16)

Fica evidente que tanto no Brasil quanto na Espanha uma percepção de que na raiz da "questão social" encontram-se políticas governamentais favorecedores da esfera financeira e do grande capital produtivo. E que a execução de uma política de atendimento a adolescentes em conflito com lei, nada mais é que a reprodução dessa mesma lógica. E que, se não houver uma discussão pormenorizada do papel do Estado na execução de políticas públicas, sem antes compreender e apreender a lógica implicada pelo capital haverá um reforço do favorecimento do grande capital produtivo.

5. Considerações Finais

"A Esperança da Humanidade

A vida política, porém, veio como um trovão desviar-me dos meus trabalhos. Regressei uma vez mais à multidão.
A multidão humana foi a maior lição da minha vida. Posso chegar a ela com a inerente timidez do poeta, com o receio do tímido; mas, uma vez no seu seio, sinto-me transfigurado. Sou parte da essencial maioria, sou mais uma folha da grande árvore humana.

Solidão e multidão continuarão a ser deveres elementares do poeta do nosso tempo. Na solidão, a minha vida enriqueceu-se com a batalha da ondulação no litoral chileno. Intrigaram-me e apaixonaram-me as águas combatentes e os penhascos combatidos, a multiplicação da vida oceânica, a impecável formação dos «pássaros errantes», o esplendor da espuma marítima.

Mas aprendi muito mais com a grande maré das vidas, com a ternura vista em milhares de olhos que me viam ao mesmo tempo. Pode esta mensagem não ser possível a todos os poetas, mas quem a tenha sentido guardá-la-á no coração, desenvolvendo-a na sua obra.
É memorável e desvanecedor para o poeta ter encarnado para muitos homens, durante um minuto, a esperança."

Pablo Neruda, in "Confesso que Vivi"

Entre as escolhas de títulos para a presente tese, entre os esboços, rabiscos, orientações, construções e reconstruções do estudo, por vezes aparecia: "o sonho da socioeducação", e agora ao citar Pablo Neruda, há ainda uma esperança de que algum dia o atendimento a adolescentes infratores não seja um instrumento meramente punitivo, sonho com o dia que esses adolescentes tenham seus direitos garantidos. Então volto a produção de conhecimento e a triste constatação de que a questão não é somente o Sistema de Atendimento Socioeducativo, mas toda uma lógica perversa, de controle social do qual essa política pública é só um pequeno pedaço da engrenagem.

Creio que essa questão resume bem a trajetória pessoal do pesquisador diante da privação de liberdade de adolescentes, do sonho de uma possibilidade de intervenção e socioeducação até a compreensão que o atendimento socioeducativo está a serviço de um sistema maior, perverso e punitivo. Um início tumultuado entre rebeliões e falta de formação no papel de "educador social" (agente socioeducativo) em um centro de internação de menores em Londrina, até a função de gestor estadual do Sistema de Atendimento Socioeducativo no Paraná e posteriormente no Rio de Janeiro. Esses mais de 10 anos de atuação e práticas profissionais, e a construção da dissertação de tese sobre a temática e agora a conclusão da tese, registram uma travessia (como num rápido filme que passa em minha mente), esforços, tempo e dedicação a esse trabalho, sem nunca ter deixado de acreditar e lutar por um melhor atendimento a esses adolescentes.

Porém, também propiciado pelo distanciamento, e me ver somente na figura de pesquisador e não mais de trabalhador do sistema, que só ocorreu nesse último ano de pesquisa (2015), foi possível visualizar a "Ilha", como na metáfora "Só é preciso visualizar a ilha como um todo, seu tamanho e dimensões, quando estamos fora dela". Essa analogia é precisa, pois, o sistema de atendimento socioeducativo é uma política pública isolada, e dentro dessa política há práticas de socioeducação, "ilhas de socioeducação em mar de violação de direitos". Sem esse olhar crítico, há expectativa era com a tese de doutorado propor soluções para o contexto de gestão do sistema de atendimento socioeducativo, mas na prática o que aconteceu foi uma construção do real papel desse sistema e de que forma sua lógica punitiva está a atendendo a interesses escusos na ordem do capital, um mero mecanismo de controle social.

O fruto dessa tese não é então uma diretriz, uma proposta de intervenção ou mesmo uma leitura/releitura dessa política, como aconteceu na dissertação de mestrado, é um manifesto que percebe que a Política de Atendimento Socioeducativo, por mais que instituída como Sistema, como reforçada para não ter um lugar. A pergunta exaustivamente repetida: "Qual o ´lugar´ do adolescente em conflito com a lei?" - Leia-se aqui, o lugar da política, das unidades, dos trabalhadores – tem como resposta uma sonora constatação: não existe lugar!

Contraditório como o próprio sistema capitalista, não ter um lugar é a missão obscura, objetivo oculto, e fingir essa busca incansável, incessante, interminável, é o grande simulacro do SINASE. Enquanto se pensa se é Assistência Social, Educação, Justiça, Segurança Pública, ao mesmo tempo que há uma luta de poderes e bastidores por esse espaço, que como diria o Professor Antonio Carlos Gomes da Costa, é o terreno baldio do sistema de garantia de direitos de crianças e adolescentes, as unidades de privação de liberdade de adolescentes continuam abarrotadas de uma juventude sem grandes esperanças: superlotação, inadequações, violação de direitos.

Nesse sentindo compreender o movimento macro desse Sistema, suas implicações e referenciar a outras práticas internacionais, no caso a Espanha, possibilitou não desistir do sonho da socioeducação, porém reinventa-lo. A ciência não nos afasta das utopias, ao contrário, nos possibilita reinventa-las, e nos faz enxergar que o caminho deve ser diferente. Os passos para construção de uma nova realidade não passar por fazer boas unidades para adolescentes infratores, elas sempre serão ruins, como diz o velho ditado: "Não há passarinho em gaiola de ouro que não queira voar!". Numa proposta de tese que buscasse soluções para ter melhor unidades de atendimento, melhoria para as "prisões para adolescentes", ou mesmo propondo melhorias para o sistema de atendimento socioeducativo, estaria propondo "gaiolas de ouro", sendo que estar preso é pior dos fatos, somente em liberdade é possível ter esperança.

Para a conclusão do estudo foi preciso compreender que historicamente, temos períodos em que as sequelas da questão social agravam-se, especialmente para as parcelas mais pobres da classe trabalhadora, e outros que parecem se atenuar trazendo a ilusão de que o sistema pode ser mais "humanizado", sendo mais sutil em suas "consequências aos pobres", contudo é fato histórico que as crises do capital são cíclicas e junto com elas sua necessidade de intensificar os níveis de exploração, ou seja, no caso da pobreza, "o aumento ou diminuição da massa de indigentes refletem as mudanças periódicas do ciclo industrial" (Marx, 2006, p.269). Nesse sentido do que adiantaria a discussão dos rumos de uma determinada política pública, se antes não fosse elucidada questões relativas ao próprio rumo da classe trabalhadora.

Assim foi necessário a compreensão desses tempos sombrios, onde, a subordinação da sociabilidade humana às coisas retrata um desenvolvimento econômico que se traduz como barbárie social. Em tempos de "capital fetiche", como refletiu Marx, verificamos a condensação e o agravamento da alienação, da invisibilidade do trabalho e a radicalização das expressões da "questão social". Fica evidente que tanto no Brasil quanto na Espanha uma percepção de que na raiz da "questão social" encontram-se políticas governamentais favorecedores da esfera financeira e do grande capital produtivo. E que a execução de uma política de atendimento a adolescentes em conflito com lei, nada mais é que a reprodução dessa mesma lógica.

Então o proposto nessas considerações finais é reafirmar que o SINASE é parte do mecanismo de controle social, e não é possível visualizar uma instituição de controle sem contextualizar com o processo histórico, o regime político ou as formas de produção econômicas. A resposta ao delito se converte em pena por excelência e sua aplicação passa a fazer parte da ordem de segregação. Esse controle social formal estigmatiza uma parte da sociedade, utiliza do discurso de prevenção, os juízos de valores já não recaem sobre seus feitos e atos infracionais praticados e sim pelo possível "perigo social" que esse determinado grupo pode representar. O que está em pauta é a responsabilização penal de adolescentes e jovens pobres, parte excluída até classe trabalhadora, pauperizada, que, muitas vezes, não serve nem para o exército industrial de reserva. Tem que haver mudanças de paradigmas, o que deve ser abordado é o controle social imposto, não só controle estatal, mas a serviço do capital, mediado pelas relações de poder estabelecidas pelo capital, o Estado e a sociedade, estamos falando de regulação e dominação, reprodução da lógica do capital, se ainda ficarmos inventando alternativas, só estaremos a serviço dos ideais da classe dominante.

Assim, a presente pesquisa aborda o Sistema Nacional de Atendimento Socioeducativo como um mecanismo de regulamentação da punição e como objetivo compreende como essa política pública reproduz práticas violadoras de direito no contexto de privação de liberdade de adolescentes em medida socioeducativa de internação do Brasil.

Na análise em relação com o atendimento a menores infratores na Espanha, ficou evidente que no Brasil atuamos na superficialidade, nos efeitos e não na causa do problema. Nesse sentido há preocupações excessivas com a utilização de terminologias e conceitos teóricos, que acabam por mascarar as práticas no cotidiano de atendimento socioeducativo que são práticas de segregação e violação de direitos. Estamos diante de prisões para menores infratores que são rotuladas de "Centros de Socioeducação", foi a percepção de um simulacro, talvez o maior do Sistema Nacional de Atendimento Socioeducativo (SINASE). Em alguma medida, a preocupação excessiva que existe a respeito dos conceitos e terminologias e não sobre efeitos que essas instituições têm sobre os adolescentes infratores, pode ser interpretado como um indicador de certa hipocrisia social, onde é utilizado conceitos como: educação, reinserção social, socioeducação, etc, onde se busca um caráter positivo dessa intervenção. Mas o certo é que nem sempre o que se diz se faz, às vezes, as grandes palavras, conceitos rebuscados, podem esconder práticas opostas ao discurso ideário dessas unidades. Sendo grandes instituições reguladoras de punição e violadoras de direitos.

As prisões e os centros socioeducativos para internação de adolescentes, estão nesse contexto, formam parte do discurso aceitável de reinserção, em primeiro lugar, e de proteção social, em segundo, mas escondem um fim oculto – castigar, submeter e controlar a pobreza – e, por sua vez, será aceito socialmente esse papel oculto. Porém, recentemente, há expressões típicas fascistas, que tiram do oculto essa função, mas não para corrigi-la e sim para legitima-la num discurso de ódio e intolerância. A manufatura do consenso que legitimam os instrumentos de controle social, a insegurança de alguns se constitui em boa parte a segurança dos demais, nesse sentido, o sistema penal estigmatiza alguns para a reforçar a identidade do restante. Num paradoxo, a política criminal é a continuação da política econômica. Nesse sentido a política pública de atendimento socioeducativo e as políticas criminais não se opõe, senão somente se complementam. Em relação ao ECA há materialização desse controle social para os adolescentes infratores

O cárcere, como toda instituição social, é uma criação própria do modelo econômico e social, porquanto, não é um mal necessário, nem algo aceitável, senão simplesmente, uma realidade fabricada historicamente que temos de situar dentro das estruturas políticas e da sociedade encarregada de funções básicas – todas elas relacionadas com a produção e reprodução das relações sociais – de legitimação, organização e controle da vida social. Portanto não existe uma noção de instituição de controle fora da esfera política e universalmente válida independente do modelo histórico, do regime político ou das formas de produção econômicas.

Entre o capitalismo global e o encarceramento existe uma relação direta. O primeiro gera necessidades que não podem ser satisfeitas. Sem as necessidades superficialmente criadas o sistema não funcionaria. A tendência em satisfazer essas necessidades de consumo em especial, faz surgir meios que não se ajustam ao modelo vigente (legítimos ou ilegítimos), produzindo assim delinquência, condutas "antissociais" na visão burguesa. Nem toda delinquência gera insegura social ou alarme social: somente aquele que se elege premeditadamente para que posse ser visível e assimilada simbolicamente. A resposta ao delito se converte em pena por excelência e sua aplicação passa a fazer parte da ordem de segregação. Esse controle social formal estigmatiza uma parte da sociedade, utiliza do discurso de prevenção, os juízos de valores já não recaem sobre seus feitos e atos infracionais praticados e sim pelo possível "perigo social" que esse determinado grupo pode representar.

Está constatado que a atual proposta de política de atendimento socioeducativo no Brasil, não caminha para a consolidação de um sistema de atendimento socioeducativo, falta muito para o real fortalecimento do Sistema de Garantia de Direitos. Portanto, fica evidente ainda a necessidade de se avançar em outras discussões, com temas mais amplos, como, por exemplo, a brevidade e excepcionalidade das medidas socioeducativas, a necessidade de prevalência das medidas socioeducativas em meio aberto em relação às demais, a aplicação mais adequada da medida socioeducativa considerando finalidade, efetividade e condição de cumprir do adolescente, além de pensar a execução da medida socioeducativa, com foco no adolescente, caráter de responsabilidade e pedagógico da medida, e ainda reconhecer os avanços e identificação dos desafios que se apresentam ao desenvolvimento do Sistema Socioeducativo Nacional.

Por trás do adolescente autor de ato infracional, a instituição que o apreende, e política pública está uma questão da violência estrutural, orquestrada pelos ditames do capital. As políticas públicas de responsabilidade são uma resposta a essa demanda e reforçam o caráter punitivo e repressor do Estado, ou seja, fica evidente que a atual Política de Atendimento Socioeducativo no Brasil, no que diz respeito a privação de liberdade dos adolescentes, reforça a ideologia burguesa dominante expressa nos discursos institucionais que não reconhece a transformação social como solução do problema que realmente enfrenta. Não é só essa política pública que não tem seu lócus não definido e não tem apresentado resultados capazes de inverter a lógica. Reafirmamos que a política social no capitalismo monopolista não é capaz de reverter o atual quadro de exclusão[43], nem seria essa sua função estrutural, entendendo que a política de atendimento socioeducativo se configura como uma política pública e não uma política social.

Tudo isso na busca de um lugar para essa política, muitas vezes colocada em segundo plano, em um local "invisível", mesmo lugar que historicamente foi

---

43 Na verdade no capitalismo não há exclusão, o que existe são incluídos de forma excludente.

disponibilizado a esses adolescentes, um "não lugar", na marginalidade, o que leva esses adolescentes a uma busca incessante de reconhecimento, de "*status*", de poder. Esse debate, extremamente necessário, deverá propor uma aproximação da sociedade, considerar a mídia na construção de uma nova imagem; uma imagem que não traga o adolescente pobre e negro como protagonista da infração, e sim como nossa juventude tem sido em especial a grande vítima da violência e não os autores. É preciso sair da lógica do senso comum que vê esses adolescentes a partir do seu ato infracional, e passar a enxergá-los como sujeitos de direitos, como frutos de uma sociedade injusta e excludente. Sociedade que só passa a considerá-los a partir dos enfrentamentos e quebras das normas, das regras sociais e morais proposta por esses jovens.

O que já se apresenta como fato, é a necessidade de definição de um lócus institucional único para essa política, que irá acarretar mudanças e novos resultados para uma política taxada constantemente como de violação de direitos. Sendo que o conjunto de transformações que a área de atendimento ao adolescente autor de ato infracional, de forma tão dramática, necessita e requer - além das mudanças já ocorridas no panorama legal – passa ainda pela necessidade de um corajoso e amplo reordenamento institucional e de uma efetiva melhoria das formas de atuação direta. A falta de um lócus institucional único favorece os elementos que constituem o sistema como punitivo.

No Brasil, a partir de um sistema capitalista periférico dependente e tardio, onde ocorreu a mais longa trajetória da escravidão no mundo e a cidadania não se universalizou, o sistema econômico necessita do jovem alienado, vazio de ideias e motivações pessoais, para abandonar e se dedicar a corrente de consumidores e trabalhadores, unir-se a corrente dos prazeres sem controle, necessita do jovem sem formação crítica, sem inquietudes políticas, sem liberdade de responder, sem liberdade de associar-se, sem liberdade para resistir as incitações criminais. As formas de alienação são perversas, é o adolescente que enfrenta assim a sociedade sem forças para resistir ao impacto da violência, da pornografia, da confusão ideológica e da concepção materialista.

O Estado vai se preocupar quando essa questão passa a ser um problema de ordem econômica, essa é a lógica do sistema capitalista. Assim não tem um olhar sobre um "coitadinho", fruto das relações de poder e de trabalho, e sim sobre um delinquente que, de forma equivocada, procurou resolver o seu problema pessoal, excluído da escola, trabalho e demais políticas públicas. Com isso em voga, o que cabe a esse Estado na "recuperação" desses adolescentes, quais os olhares que devem estar colocados e ainda, quem são os profissionais e qual a qualificação e capacitação destes que estão colocados frente a frente a esses meninos no dia-a-dia de trabalho. A falta de alinhamento nas práticas de aplicação e execução das diferentes Medidas Socioeducativas pelas Unidades da Federação em seus três poderes se constitui como um primeiro desafio ao seu desenvolvimento, óbice que se faz necessário suplantar.

O adolescente que adentra o mundo da criminalidade acredita ter encontrado alguma solução para os problemas que enfrenta, seja de ordem econômica, familiar, social e ou emocional. Ajudá-lo a superar essa condição exige dos profissionais a implementação de uma proposta pedagógica que lhe dê todo o suporte para que descubra novas possibilidades de existir e de encontrar um novo caminho para, gradativamente, resgatar-se como ser-no-mundo e ser-ao-mundo. Assim, paulatinamente, ele poderá elaborar respostas adequadas aos seus problemas, sem ficar em conflito com a lei. Em especial as medidas socioeducativas aparecem como um grande desafio de aplicação, execução e entendimento. Observamos em todo território brasileiro um conjunto variado de impedimentos econômicos, políticos, sociais, ideológicos e organizacionais a execução de medidas socioeducativas.

A internação do adolescente em sua maioria visa uma resposta a sociedade ou uma medida protética, tem pouca preocupação com a ressocialização do mesmo, pois a maioria dos adolescentes internados viviam esquecidos pelo poder público antes de sua internação e só foram lembrados em razão do ato infracional. Nessa perspectiva, o sistema socioeducativo é utilizado como mais uma ferramenta de dominação pelo Estado, como última tentativa, a forçar os adolescentes a curvarem-se às regras da sociedade. O que assistimos é passagem e superação de paradigmas como o da reinserção, o da retribuição, porém sendo acentuada a lógica punitiva na ação de Estado Penal. Se alimenta o medo social difundindo um discurso baseado na segurança e bem-estar, mas na prática se sente de forma desigual os efeitos injustos de deterioração e privatização dos serviços públicos, desregulamentação do mercado de trabalho, e do impulso de políticas de controle social, tolerância zero e máxima repressão. Tolerância zero as "novas classes perigosas" (jovens desempregados, mulheres pobres) e tolerância infinita aos delitos de prepotência cometidos por setores poderosos da sociedade. Apoiar essas práticas de "Tolerância Zero", acaba por minar concepções antropológicas, éticas, sociais e jurídicas, muito arraigadas com a dignidade da pessoa, reforça os erros judicias, a segregação, punição e privação de liberdade das classes menos favorecidas.

Um reforço necessário e urgente é a posição contrária a redução da maioridade penal. É preciso continuar a luta em defesa da não punição e encarceramento em massa da juventude, é necessário não retroceder em nome dos que tem, cotidianamente, seus direitos violados. Mas é importante ter cuidado para não recair em uma defesa romântica do Estatuto da Criança e do Adolescente, como se a lei por si só fosse capaz de mudar uma realidade de práticas históricas, como foi a esperança de alguns. Há então uma necessidade de se munir com dados, estudos, propostas que demonstrem que há de fato uma omissão por parte do sistema de justiça juvenil, poder executivo e legislativo, reforçando a lógica de um Estado Penal. Ou seja, é urgente construir um projeto contra hegemônico.

As unidades de internação para cumprimento de medidas socioeducativas no país são, em sua maioria, instituições totais, com disciplinas punitivas e práticas perversas. Ou seja, são ações sancionatórias. Nestas condições o cárcere desses jovens se converte em um duplo castigo, já não basta "pagar pelo delito", há uma conversão em condenação permanente quando o jovem sai, o estigma de delinquente ira acompanha-lo, que transcende o tempo de cumprimento da pena. É preciso compreender e superar o Mito da Impunidade que é essa negativa quanto ao caráter punitivo da medida de internação. Se torna fundamental enxergar o caráter sancionatório e de responsabilizador da medida socioeducativa, quando se reforça as terminologias positivas quanto a execução da medida socioeducativa de internação, não se demonstra o quanto punitivo e responsabilizadora é tal medida. Estamos diante de uma contradição que prejudica ainda mais os adolescentes, pois os mesmos além de serem punidos, estigmatizados e responsabilizados, ficam à mercê de um discurso do senso comum de que o tempo de internação e o tipo de responsabilização não seria o ideal.

No Brasil há uma contradição entre as funções e as finalidades formais e reais dessas unidades de internação para adolescentes. Há uma defesa de que essas unidades são Centros de Socioeducação, para superar as práticas prisionais, mas na verdade há práticas prisionais e vende-se um discurso ressocializador. Nessa lógica o senso comum ver as unidades socioeducativas como um lugar atrativo e não como um lugar de responsabilização dos adolescentes, o que reforça o empoderamento das alas conservadoras que buscam a redução da idade penal. Para superar o mito da impunidade é preciso assumir que as unidades de internação estão longe de cumprir seu papel de socioeducação. Fica instituído então outro mito, o da Socioeducação, mudando nomes de unidades enquanto as práticas coercitivas continuam as mesmas.

Sendo assim o Sistema de Garantia de Direitos perde em duas frentes: a do discurso e a da prática. Reforça um discurso positivo que maquia a realidade e ganha força o discurso da redução da maioridade penal, enquanto na prática não há intervenção nos métodos dentro das unidades de internação para adolescentes infratores. Há uma preocupação maior em não utilizar termos como menor, delinquente, infrator, medidas socioeducativas, do que um projeto político de intervenção no sistema. Logo deveríamos assumir que se pratica no país é uma perversa punição desses adolescentes, que está preso em unidades superlotadas e assim convencer parte da população que esse adolescente não está impune quanto pratica um ato infracional. Se faz necessário colocar o dedo na ferida e parar de privar de liberdade a juventude negra e pobre brasileira e ainda reforçar a lógica de que não há punição, só assim será possível desmistificar o mito da Impunidade.

Se torna necessário encaminhar propostas de políticas públicas e análises contextuais, quando se depara com os limites societários da contemporaneidade do capital, frente a política de atendimento socioeducativo no Brasil. Porém o mais importante, sendo demonstrado nesse estudo, é a necessidade de se compreender a lógica estabelecida, avaliar o que há de contrário à esta ordem, os limites a partir de um contexto de diminuição de empregos, terceirização, precarização e desemprego acirrado, onde a alternativa de responsabilização dos adolescentes infratores passa somente pela punição. Pesa a existência do número considerável de indivíduos em situação de excedência. E mais, já recrutados como reserva de mercado: a maioria jovem, saudável para exploração e suscetível a trabalhar mais e com o menor salário.

Os adolescentes e jovens são extremamente afetados pelo processo de mundialização do capital, seja por sofrerem violências, seja por violentarem outrem. Apesar de viverem uma história em que são violentados, são as violências produzidas por eles que ganham visibilidade na sociedade. A ação violenta sobrevém, portanto, na adolescência, como uma resposta. O desenvolvimento tecnológico, consumismo, supervalorização dos jovens, precarização do trabalho, volatilidade, globalização, marcas registradas da contemporaneidade, evidenciam situações como o uso de drogas, a revolta, a marginalização e a violência. Daí vincula-se criminalidade com violência e, revela que a sociedade tem um pensamento equivocado de atribuir ao adolescente a responsabilidade pela criminalidade, retirando dele a condição de adolescente, de ser em desenvolvimento, com característica própria, e o vê exclusivamente como criminoso, ou potencialmente criminoso.

Na contemporaneidade, a subordinação da sociabilidade humana às coisas retrata um desenvolvimento econômico que se traduz como barbárie social. Nessa perspectiva o interesse coletivo, a vontade geral da nação, o senso comum, visa sobre a proteção dos direitos indivuais, cuja base é na segurança da propriedade privada. Qualquer movimento de impacto sobre essas ações, como por exemplo políticas públicas de segurança versão respostas e movimentos para garantir a propriedade privada, ou seja, trata-se de políticas que reforçam a lógica do capital, da exclusão, ou seja, uma ação com fins particulares. Fica claro e evidente que a resposta do Estado é a de encarceramento. E que, por sua vez, recai sobre as populações menos favorecidas o ônus da desigualdade social, e a ela tem sido invariavelmente endereçada a responsabilidade pela violência estrutural.

As desigualdades sociais particularizadas e fundamentadas, sob as condições objetivas oferecidas pelo capitalismo (a apropriação privada da produção social), possibilitam a materialização de diferentes formas de violência, esse aspecto é relacionado à questão social. Que por trás do adolescente autor de ato infracional, a instituição que o apreende, e política pública está uma questão da violência estrutural, orquestrada pelos ditames do capital. Um dos "grandes desafios" é repensar as agências de contenção da violência e adequá-las à complexidade do mundo moderno. Assim, as Polícias Civil e Militar, o Ministério Público, o Poder Judiciário, bem como o sistema de atendimento socioeducativo precisam "necessariamente" discutir juntos novas formas de atuação. Sendo assim, é necessário repensar o desenho institucional como sendo um dos caminhos, mas não o único. É preciso também todo um trabalho político, que inclui mudanças nas estruturas corporativas e a adoção de um outro perfil de recursos humanos.

Como demonstrado no decorrer do estudo é amplo o leque dos fatores associados à violência entre os adolescentes, daí a necessidade de se analisar, de forma profunda, e compreender como esses adolescentes têm construído sua sociabilidade, tanto nos espaços já constituídos, como família, escola, quanto em espaços tipicamente juvenis. Só com esse olhar mais atento será possível a construção de realidades que levem os adolescentes para um convívio onde a violência seja minimizada. É importante reforçar que a multidimensionalidade da violência faz dos jovens brasileiros as maiores vítimas de mortes violentas e nos seus maiores autores. No entanto, há difusão, pela imprensa e no senso comum, de uma visão preconceituosa que mostra apenas face da realidade e transforma os adolescentes, sobretudo os pobres, nos principais autores da criminalidade. É preciso não cair na armadilha de estereotipar esses adolescentes como os grandes protagonistas da violência no país, para que esse assunto não fique reforçado de preconceitos e explicado de forma reducionista e automática. Devemos, portanto, desmistificar a fato dessa adolescência ser tratada apenas como "problema social", evidenciando também os dados que apontam serem os jovens pobres e negros as principais vítimas da violência, principalmente de grupos de extermínios. Além disso, é necessário considerar os adolescentes, efetivamente, como sujeitos e incorporá-los como capazes de formular questões significativas, de propor ações relevantes, de sustentar uma relação dialógica com outros atores sociais e de contribuir para a solução de problemas sociais, e não apenas ignorá-los nas pesquisas e nos projetos a eles dirigidos.

Muitos desses adolescentes se deparam, ainda, no contexto em que vivem, com situações particulares de violência determinadas pela precariedade das condições de sobrevivência. Situação esta que se prolifera e se agrava com as transformações trazidas com o progresso urbano-tecnológico. Além dessas questões estruturais, há também, por um lado, o exame atento das motivações pessoais, das características psíquicas e das condições orgânicas dos sujeitos e, por outro lado, o contexto cultural e comunitário, a condição de gênero e de geração, as relações familiares e a situação de estigmatização sofrida pelos jovens das periferias urbanas.

Porém esse discurso não pode parecer mais uma explicação reducionista, e tentar compreender o fenômeno da violência na sua multidimensionalidade é um fator importante. Entender que os vários fatores que evidenciam as diferentes formas de violência apontam para a sua multidimensionalidade, inter-relacionam-se com a violência estrutural, fruto da desigualdade social brasileira, e com as mudanças de valores e de visão das novas gerações em relação à pobreza, à riqueza, aos bens de consumo e à própria felicidade. Assim, a violência (suas "frentes e vertentes") não pode ser analisada como um fenômeno isolado, dissociado de seu contexto social com dimensões econômicas, familiares, institucionais, políticas e culturais.

Contextualizar a realidade desses jovens que apresentam condutas/práticas violentas e, ao mesmo tempo, são vítimas da violência urbana, e compreender as condições sociais às quais foram relegados se torna tarefa fundamental. Todo esse processo, além da busca pela eficiência e, principalmente, pela garantia de direitos, deve primar pelas questões de transparência nas ações, subsidiar a superação de estigmas, e aprimorar o atendimento, com a potencialização de recursos e resultados. É a partir desse contexto social de crescente déficit de cidadania onde os grandes espaços de encarceramento são só uma engrenagem do sistema repressivo, que assistimos à construção de um panóptico pleno, onde não se evita que as prisões e o encarceramento da juventude negra e pobre siga sendo elemento chave. E mais, o aumento da pobreza, da marginalidade, as sombras e guetos que o capitalismo selvagem vai deixando por onde passa, geram nova matéria prima para manter esse modelo de sociedade punitiva, onde o cárcere desempenha um duplo papel: simbólico para quem cumpre as normas (a função simbólica da pena) e disciplinador para quem desobedece ou simplesmente desacata a ordem estabelecida. Nesses lugares de encarceramento a disciplina é elemento central, pois já não se busca desenvolver sujeitos dóceis, obedientes. Ao contrário, essa maquinaria punitiva, consegue estabelecer uma relação retroalimentadora, e os desfechos que o modelo produz consegue manter e justificar todo o aparato de controle em forma de polícia, prisão, equipes de tratamento, juízes, assistência social, segurança privada e demais mecanismos do sistema de controle.

A privação de liberdade é punição, é uma forma de retribuição imposta pelo Estado com parte expressiva da sociedade ideologicamente oriunda da manufatura do consenso burguês. Prende-se para punir. A tentativa de agregar valores morais ao castigo é uma forma de mitigar a aflição da medida. No mesmo sentido a nomenclatura "medida socioeducativa de internação em estabelecimento educacional". É eufemismo. Sócio-educar está para a internação assim como, ressocializar está historicamente para a pena. Podemos entender assim que o mecanismo de controle social não tem nada a ver com o poder judiciário, a polícia e as prisões, senão com a escassez, com a miséria que o sistema capitalista gera para produzir matéria prima e rentabilizar os equipamentos disciplinares punitivos: os produtos somos todos, eu e você. Há então uma insistência e interesse para que aceitemos a privação de liberdade como algo dado e imutável, há uma naturalização e banalização desse encarceramento em massa. Estamos aceitando então de forma clara o fracasso social, que supõe não sermos capazes de enfrentar nossos próprios problemas. Quando aceitamos que o Estado é neutro e pode encarregar sem questionamento de nossos problemas de classe, legitimamos uma estrutura de poder que se ergue sobre nossa debilidade, que não soluciona nossos conflitos, que nos debilita e nos confunde. Concluímos então que estamos hoje diante de uma sociedade obcecada pelo castigo, pela punição. Se não conseguirmos alterar essa hegemonia será difícil ultrapassar as formas de controle e punição aqui relatadas.

É preciso sair da lógica do senso comum que vê esses adolescentes a partir do seu ato infracional, e passar a enxergá-los como sujeitos de direitos. Entendemos assim que é fundamental que o Estado assuma uma postura de não subjugação à lógica excludente do mercado, na execução desse atendimento. O Estado, de fato, deve responsabilizar-se pela garantia e acesso aos direitos individuais fundamentais, como condição para o desenvolvimento integral deste cidadão em condições de ser, pensar, conviver e produzir de maneira crítica, responsável e participativa na sociedade.

Esses adolescentes continuam pensando que vão construir um mundo novo, melhor, um mundo jovem, em que tudo pareça que se pode destruir e que se pode mudar. É necessário compreender a mensagem dessa adolescência que rompe com os padrões e normas estabelecidos, são contestadores da ordem, para que assim seja possível, sem fazer concessões indevidas, perceber algo de verdade frente a essas novas estruturas de transformação pulsante. Porque pensamos que se é adolescente há vida e disposição, em contrapartida o que se oferece de solução é o pensar e praticar de ações judiciais em tribunais e no encarceramento em massa dessa juventude. O adolescente que chega a ser privado de liberdade, é vítima de uma sociedade que pensa que o separou da sua vida, onde na verdade somente o tirou de um barranco dos que não serviam, para confina-lo no refúgio dos inúteis. É vítima de uma condenação que rompe em pedaços sua vida e pisoteia suas esperanças.

Como disse Carlos Drummond, no poema 'Nosso Tempo':

" (...) Esse é tempo de partido,
tempo de homens partidos.

Em vão percorremos volumes,
viajamos e nos colorimos.
A hora pressentida esmigalha-se em pó na rua.
Os homens pedem carne. Fogo. Sapatos.
As leis não bastam. Os lírios não nascem da lei.
Meu nome é tumulto, e escreve-se na pedra (...)"

REFERÊNCIAS

ADORNO, Sergio. Adolescente crime e violência. In: *Juventude em debate*. São Paulo: Cortez, 2000.

ARENDT, H. *Entre o passado e o futuro*. Tradução Mauro W. Barbosa. 5. ed. São Paulo: Perspectiva, 2005.

ARENDT, H. *A condição humana*. Tradução Roberto Raposo. 7. ed. São Paulo/Rio de Janeiro: Forense Universitária, 1995.

ARIAS GINER, M. y PEÑALVER CERRAMALERA, M., *Intervención judicial y fiscal con menores infractores*. Madrid: Mensajero. *Acessado em 10/02/2016 Em justiciapenaladolescente8.blogspot.com/2009 , 2009.*

ALCÂNTARA, N. *Lukács: Ontologia e Alienação*. São Paulo: Instituto Lukács, 2014.

BARBA, J. T. *Las Cárceles de la democracia*. Del déficit de ciudadanía a la producción de control. 1ª. Edição, Bajo Cero, 2005.

BARATTA, A. *Criminologia crítica e crítica do direito penal:* introdução à sociologia do direito penal. 2ª ed. Rio de Janeiro: Livraria Freitas Bastos Editora S.A. 1999.

BARRY, B. Social exclusion, social isolation and the distribution of income. Cen- tre for Analysis of Social Exclusion — Case, Londres, p. 1-24, 1998

BATISTA, N. Prezada Senhora Viégas: o anteprojeto de reforma no sistema de penas, *Discursos sediciosos: crime, direito e sociedade*, 5(9-10), 2000.

BATISTA, V. M. Memória e medo: Autoritarismo e controle social no Brasil", *Revista Sem Terra*, 10, 80-84, 2001.

BAUDRILLARD, J. *Simulacros e Simulação*. Lisboa: Relógio d'Água Editores Lda, 1991.

BAUMAN, Z. *Globalização: as conseqüências humanas*. Rio de Janeiro: Jorge Zahar. 1999.

BAUMAN, Z. *Modernidade líquida*. Rio de Janeiro: Jorge Zahar, 2001.

BEHRING, Elaine Rossetti *Questão Social e Direitos*. In: CFESS/ABEPSS. Serviço Social: Direitos Sociais e Competências Profissionais. Brasília: CFESS/ABEPSS, 2009.

BEHRING, Elaine R. e BOSCHETTI, Ivanete. *Política Social: Fundamentos e História*. São Paulo 9ª Ed. Editora: Cortez, 2011.

BERNUZ, M. J., FERNÁNDEZ, E. y PÉREZ, F. *Educar y Controlar*: La Intervención Comunitaria en la Justicia de Menores. Revista Electrónica de Ciencia Penal y Criminología, 2009.

BOURDIEU, Pierre. *O poder simbólico*. Lisboa: DIFEL, 1989

BRASIL. Secretaria Especial do Direitos Humanos; Conselho Nacional dos Direitos da Criança e do Adolescente. *Sistema Nacional de Atendimento Socioeducativo – SINASE.* Brasília: CONANDA, 2006.

BRASIL. Secretaria Especial do Direitos Humanos; Conselho Nacional dos Direitos da Criança e do Adolescente. Levantamento Nacional do Sistema de Atendimento ocioeducativo – SINASE. Brasília: SDH, 2010.

BRASIL. Constituição (1888). Constituição da República Federativa do Brasil de 1988. *Diário Oficial [da] República Federativa do Brasil*, Brasília, DF, 08 out. 1998.

BRASIL. Lei Federal nº. 8.069, de 13 de julho de 1990. Dispõe sobre o Estatuto da Criança e do Adolescente, e dá outras providências. Diário Oficial [da] República Federativa do Brasil, Brasília, 13 jul. 1990.

BRASIL. Ministério do Desenvolvimento Social e combate a Fome. *Tipificação Nacional dos Serviços Socioassistenciais.* Brasília: CNAS, 2009.

CADERNOS DE SOCIEODUCAÇÂO. Publicação Institucional da Secretaria de Estado da Criança e da Juventude do Paraná. Curitiba, 2010.

CALÓN, E. C. *Criminalidad Infantil y Juvenil.* Bosch Casata Editorial, Barcelona, 1934.

CARNOY, M. *Estado e teoria política*. Campinas, Sp: Papirus, 1986.

CASTEL, R. *A Insegurança Social. O que é ser protegido?* Petrópolis, Vozes, 2005.

CASTEL, R. *As Metamorfoses da Questão Social. Uma crônica do salário.* Petrópolis, Vozes, 1998.

CASTRO, M. G.; ABRAMOVAY, M. *Jovens em situação de pobreza, vulnerabilidades sociais e violências.* In: Cadernos de Pesquisa, São Paulo, n.116, jul.2002.

COIMBRA, C. M. B. *Operação Rio: o mito das classes perigosas.* Niterói: Intertexto, Rio de Janeiro: Oficina do Autor, 2001.

COIMBRA, C. M. B. e NASCIMENTO, L. *A produção de crianças e jovens perigosos: a quem interessa?* Rio de Janeiro, 2008.

COHEN, B. *Introducción a la sociología*, México, Mc Graw Hill, 1992.

CONDE, M. J. *El Nuevo Sistema de Justiça Penal Juvenil en España.* Universidade de Madrid, 2013.

COSTA, A. C. G. *Relação público-privado na execução das medidas socioeducativas*. Rev. Bras. Adolescência e Conflitualidade, São Paulo, v.1, n.1, p.i-ix, 2009.

COSTA, A. C. G. *As bases éticas da ação socioeducativa: referenciais normativos e princípios norteadores*. Brasília: Secretaria Especial dos Direitos Humanos, 2006a.

COSTA, Antonio Carlos Gomes da Costa *Os regimes de atendimento no estatuto da criança e do adolescente*: perspectivas e desafios. Brasília: Secretaria Especial dos Direitos Humanos, 2006b.

CUESTA, J. L. e BLANCO, I. *El enjuiciamiento de menores y jóvenes infractores en España, 2006*

CUESTA, J.L. "El abandono del sistema tutelar: evolución del derecho español en matéria de protección y de tratamiento de los menores delincuentes y em, peligro", *Annales Internationales de Criminologie*, 37, 101-136, 1999.

CUNHA, M. e DURÃO, S. *Os sentidos da segurança:* ambiguidades e reduções, Etnográfica, p. 53-66, 2011.

DELEUZE, G. Postdata a las sociedades de control El Lenguaje Libertario. Barcelona: Nordán, 2011.

ELIAS, N. *Os estabelecidos e os outsiders*. Rio de Janeiro: J. Zahar, 2000.

FERNÁNDEZ MOLINA, E. El internamento de menores: Una mirada hacia la realidad de su aplicación en España. *Revista Electrónica de Ciencia Penal y Criminología*. núm.14-18, p. 18:1-18:20, 2012.

FOUCAULT, M. *Vigiar e punir*: nascimento da prisão. Petrópolis: Vozes, 1997.

FONACRIAD, Fórum Nacional dos Gestores Estaduais do Sistema de Atendimento Socioeducativo: *Cartas Institucionais.* In: Peixoto, R. B. Socioeducação e violação de direitos: o Simulacro do Sistema de Atendimento Socioeducativo (SINASE) no Brasil no século XXI. Anexos. Tese de Doutorado, 2016.

FREIRE, S. M. O Fetiche do Enfrentamento da Pobreza no Brasil: nem direitos, nem humanos. In: FREIRE, Silene de Moraes (*org.*). *Direitos Humanos: Violência e Pobreza na América Latina Contemporânea*. Rio de Janeiro: Letra e Imagem, 2007.

FREIRE, S. M. *Direitos humanos no Brasil*: aportes para compreensão das ambiguidades e armadilhas persistentes. In Revista em Pauta, numero 34, Rio de Janeiro, 2014.

FREIRE, S. M. (org.) *Direitos Humanos e Questão Social na América Latina* Rio de Janeiro: Gramma, 2009.

FREIRE, S. M. (org.) *Direitos Humanos para quem?* Contextos, Contradições. Rio de Janeiro: Gramma, 2014.

FREIRE, S. M. O Fetiche do Enfrentamento da Pobreza no Brasil: nem direitos, nem humanos. In: FREIRE, Silene de Moraes (org.). *Direitos Humanos: Violência e Pobreza na América Latina Contemporânea*. Rio de Janeiro: Letra e Imagem, 2007.

FREIRE, S. M. *O Significado Sócio-histórico dos Direitos Humanos*, Questão Social e Democracia no Brasil. CRESS-MG, 2013.

FUCHS, A. M. S. *Telhado de Vidro*: as intermitências do atendimento socioeducativo de adolescentes em semiliberdade. Análise nacional no período de 2004-2008, Tese de Doutorado, Brasília, 2009.

FUNDAÇÃO ATENEA. *Desarrollo de programas de prevención en centros de internamiento de menores*. Madrid. Junio, 2014.

GARCÍA GARCÍA, J. (coord.) *Diez años de funcionamiento de la ley orgánica de responsabilidad penal del menor*. Junta de Andalucía. Consejería de Justicia e Interior, 2010.

GARLAND, D. *As ontradições da 'sociedade punitiva'*: o caso britânico, *Revista de Sociologia e Política*, 13, 59-80, 1999.

GARLAND, D. *A cultura do controle: crime e ordem social na sociedade contemporânea*. Rio de Janeiro: Ed. Revan, 2008.

GARRIDO GENOVÉS, V.; MONTORO GONZÁLEZ L. (1992): *La reeducación del delincuente juvenil. Los programas de éxito*. Tirant lo Blanch, Valencia, 1992.

GIMENO, J. A. *Orden cultural y dominación*. La Cárcel en las relaciones disciplinares. Tese de Doutorado, Socialogia. Faculdade de Ciências Poíticas e Sociologia. Universidade Autônoma de Barcelona, 1991.

GOMEZ, J. L. e BIEZMA, M. J. R. *Programa Central de Tratamento Educativo e Terapeutico para Menores Infratores*. Universidad Complutense de Madrid, Agencia de La Comunidad de Madrid para reeducación y reinserción del menor infractor, 2014.

GOFFMAN, E. *Manicômios, prisões e conventos*. 7.ed. São Paulo: Perspectiva, 2008.

GUTIÉRREZ, A. I. L. GONZÁLEZ, VÁZQUEZ, C. Justicia penal de menores en España. Aspectos sustantivos y procesales. Revista Faculdade de Direito UNED, 2008.

HELLER, A. *O cotidiano e a história*. Rio de Janeiro: Paz e Terra, 6ª. Edição, 2000.

HERRERO HERRERO, C. *Tipologías de delitos y de delincuentes en la delincuencia juvenil actual. Perspectiva criminológica"*. En Actualidad Penal Número 41, 2002.

IAMAMOTO, M. V. *Renovação e Conservadorismo no Serviço Social: ensaios críticos*. 6 ed. São Paulo: Cortez, 2002

IAMAMOTO, M. V. *Serviço social em tempo de capital fetiche: capital financeiro, trabalho e questão social.* 6ª. Ed. – São Paulo: Cortez, 2011

IAMAMOTO, M. V. *O serviço social na contemporaneidade: trabalho e formação profissional.* 7. ed. São Paulo, Cortez, 2004

IAMAMOTO, M. V. *A Questão Social no capitalismo.* Revista Temporaris, Brasília: ABEPSS, no. 3, 2001.

IAMAMOTO, M. V.; CARVALHO, R. Relações Sociais e Serviço Social no Brasil: Esboço de uma interpretação histórico-metodológica. 3ª. Edição, São Paulo: Cortez, 1985.

IZQUIERDO MORENO, C. Delicuencia Juvenil en la Sociedade de Consumo. Mensajero, Bilbao, P.. 169, 1995.

IZQUIERDO MORENO, C. *Moral y Delicuencia*, RIJ. No. 98, Mensajero, Bilbao, p. 43, 2005.

IZQUIERDO MORENO, C. *Delincuencia juvenil en la sociedad de consumo.* Mensajero, Bilbao, 1980.

KONZEM, A. A. Pertinência socioeducativa: reflexões sobre a natureza jurídica das medidas. Porto Alegre: Livraria do advogado Ed. 2005

LAS HERAS, J. *La Juventud Delicuente en España y su tratamiento reformador.* Alcalá de Henares, 1927.

LEY ORGÁNICA 4/1992, de 5 de junio, sobre reforma de la *Ley Reguladora de la Competencia y el Procedimiento de los Juzgados de Menores.* BOE nº 140 11 junio 1992.

LEY ORGÁNICA 1/1996, de 15 de enero, de *Protección Jurídica del Menor*, de modificación parcial del Código Civil y de la Ley de Enjuiciamiento Civil. BOE nº 15 ,17 enero 1996.

LEY ORGÁNICA 5/2000, de 12 de enero, *reguladora de la responsabilidad penal de los menores*, LORPM. BOE nº 11, 13 enero 2000.

LEY ORGÁNICA 7/2000, de 22 de diciembre, de modificación de la Ley Orgánica 10/1995, de 23 de noviembre, del Código Penal, y de la Ley Orgánica 5/2000, de 12 de enero *reguladora de la Responsabilidad Penal de los Menores*, en relación con los delitos de terrorismo. BOE nº 307, 23 diciembre 2000.

LEY ORGÁNICA 9/2000, de 22 de diciembre, sobre medidas urgentes para la agilización de la *Administración de Justicia*, por la que se modifica la Ley Orgánica 6/1985, de 1 de julio, del Poder Judicial. BOE nº 307, 23 diciembre 2000.

LEY ORGÁNICA 15/2003, de 25 de noviembre, por la que se modifica la Ley Orgánica 10/1995, de 23 de noviembre, del Código Penal. BOE nº 283, 26 noviembre 2003.

LEY ORGÁNICA 8/2006, de 4 de diciembre, por la que se modifica la Ley Orgánica 5/2000, de 12 de enero, reguladora de la responsabilidad penal de los menores. BOE nº 290, 5 diciembre 2006.

LOPES, L. S. A criminoligia crítica: uma tentativa de intervenção (re)legitimadora no Sistema Penal . Artigo, acessado em 15/01/2016 em: https://aplicacao.mpmg.mp.br/xmlui/bitstream/handle/123456789/332/criminologia%2 0critica_Lopes.pdf?sequence=1S, 2012.

LÓPEZ-REY A. M. *Criminología. Teoría, delincuencia juvenil, predicción y tratamiento.* Aguilar, Madrid, 1981.

MAQUIRE, B. *A aplicação dimensional da criminologia radial.* Sociologia Spectrum, No. 8, p. 133-151, 2008.

MARQUES, J. B. de A. *Democracia, violência, direitos humanos.* São Paulo: Cortez Ed. Autores Associados, 1983 (Coleção Polêmicas do nosso tempo, 2).

MARX, K. *O Capital.* Ed. Nova Cultural. São Paulo,1996.

MARX, K. *Para a Crítica da Economia Política.* São Paulo: Abril Cultural, 1982.

MARX, K. *Capítulo VI inédito de o Capital.* 2 ed. São Paulo: Centauro, 2004.

MARX, K. *Sobre a questão judaica.* Tradução Nélio Schneider, - São Paulo : Boitempo, 2010.

MARX, K. *Liberdade de Imprensa.* Porto Alegre: L&PM Pocket, 2006.

MARX, K. *O capital: crítica da economia política.* Livro I. São Paulo: Boitempo, 2013.

MENDEZ, Emilio Garcia. et al. *Estatuto da criança e do adolescente comentado:* comentários jurídicos e sociais. São Paulo: Malheiros Editores, 1992.

MICALI, Jacqueline. *O Dilema da Descentralização de Poder: Um Estudo sobre as Políticas de Atenção ao Adolescente Autor de Ato Infracional no Paraná.* 2009. 129 f. Dissertação (Mestrado em Serviço Social e Política Social) – Universidade Estadual de Londrina, Londrina, 2009.

MINAYO, M. C. S. et al. *Fala galera: juventude, violência cidadania no Rio de Janeiro.* Rio de Janeiro: Grammond, 1999.

MINAYO, M. C. S. et al. *Pesquisa social:* teoria, método e criatividade. Petrópolis: Vozes, 1994.

MINAYO, M.C.S. O *Desafio do Conhecimento:* Pesquisa Qualitativa em Saúde. 10. ed. São Paulo: HUCITEC, p. 206, 2007.

MINAYO, M. C. S.; Sanches, O. *Quantitativo-qualitativo:* oposição ou complementaridade? *Caderno de Saúde Pública* 9(3):239-262, 1993.

MONTERO HERNANZ, T: *La justicia penal de menores en España: modelos de gestión.* En Noticias jurídicas. 2008.

MOYA, C.; GALVAÑ, F.; NIETO, M.C. Programas de ejecución de medidas judiciales. En A. Bueno, *Intervención Social con Menores* (pp. 293-318). Alicante: Universidad de Alicante-Fundación Cultural CAM, 1996.

NASCIMENTO, M. L. e SCHEINVAR, E. Infância: discursos de proteção, práticas de exclusão. In: Estudos e pesquisas em psicologia, v. 5, n. 2, Rio de Janeiro, 2005.

NETTO, J. P. *Cinco notas a propósito da questão social.* In: *Revista Temporalis, ano 2, n°3.* Brasília: ABEPSS, Grafline, 2001.

NETTO, J. P. Uma face contemporânea da barbárie. In SOUZA, G. M. C. (Org). O Social em Perspectiva: políticas, trabalho, serviço social. Edufal, AL, p. 12-45, 2013.

OBSERVATÓRIO DE LA INFANCIA. *Estadística Básica de medidas de protección dela infancia.* Boletín 14. Ministerio de Sanidad, Servicios Sociales e Igualdad, 2013.

OLIVEIRA e SILVA, M.L. de. Entre Proteção e Punição: o Controle Sociopenal dos Adolescentes. São Paulo: Editora Unifesp, 2011.

OLIVEIRA, T. A. *Porque dizer não à redução da maioridade penal?* In: Gazeta do Povo, de 15 de março de 2010.

OSTOS, J. M. *Noventa años de Justicia Penal de Menores em España.* Rev. Bras. Adolescência e Conflitualidade, (5): 13-51, 2011.

PIMENTEL, E. Uma *"Nova Questão Social"?* Raízes materiais e humano-sociais do pauperismo de ontem e de hoje. São Paulo: Instituto Luckács, 2012.

ROSANVALLON, P. *A Nova Questão: Repensando o Estado Providência.* Brasília. Instituto Teotônio Vilela, 1998.

RICHARDSON, R. J. *Pesquisa social:* métodos é técnicas. São Paulo: Atlas, 1999.

RIOCEREZO, J. M. L. Delicuencia Juvenil: Política Preventiva del Joven delincuente, Editorial e Librerial General, Madrid, 1956.

RÍOS, J. Derecho de menores. En M. Clemente, J. Ríos, *Guía jurídica del psicólogo. Compendio básico de legislación para el psicólogo jurídico* (pp. 109-168). Madrid: Pirámide, 1995.

SALILAS, R. *Evolución Penitenciária en España*, volII, Madrid, 1919.

SALVADÓ, N. S. *La Delincuencia en los Niños*: sus causas y sus remedios, Imprenta de la Casa de Caridad, Barcelona, 1967.

SARAIVA, J. B. C. *Adolescente em conflito com a lei: da indiferença à proteção integral*. Uma abordagem sobre a responsabilidade penal juvenil. 3.ed. Porto Alegre: Livraria do Advogado, 2009.

SARAIVA, J. B. C. *Desconstruindo o Mito da Impunidade Um Ensaio de Direito (Penal) Juvenil.* Brasília: 2002

SARAIVA, W. Redução da Maioridade Penal Um desserviço a Sociedade. 2014, acessado em 10/03/2016 em https://wsaraiva.com/2015/05/30/reducao-da-maioridade-penal-um-desservico-a-sociedade/

SILVÉRIO, E. P. *Gestão Compartilhada na Execução da Medida Socioeducativa de Internação*: Múltiplas Dimensões. Uniban, 2011

TOLEDO, L. H. de. Short Cuts: Histórias de jovens, futebol e condutas de risco. *Revista Brasileira de Educação*, cidade, n.5/6, maio/dez. 1997.

TORRES, A. A. *Crítica do tratamento penitenciário e a Falácia da Ressocialização*. In: Revista de Estudos Criminais. São Paulo, Nº 26, Nota Dez, 2009. VOLPI, Mário (org.). O adolescente e o Ato Infracional. 9ª ed. São Paulo: Cortez, 2011.

VOLPI, M. (Org) *Adolescentes privados de liberdade:* A normativa Nacional e Internacional & Reflexos acerca da responsabilidade penal. 4.ed. – São Paulo: Cortez, 2008.

WACQUANT, L. *Punir os Pobres*. A Nova Gestão da Pobreza nos Estados Unidos. Rio de Janeiro. REVAN/Instituto Carioca de Criminologia, 2002.

WACQUANT, L. *As prisões da miséria*. Rio de Janeiro: Jorge Zahar Editor, 2001.

WACQUANT, L. A aberração carcerária, *Le Monde Diplomatique Brasil*.Instituto Paulo Freire. Edição mensal de setembro de 2004. Consultado a 15.05.2015, em http://www.diplomatique.org.br/acervo.php?id=1169.

WAISELFISZ, J. J. (Coord.) *Mapa da violência IV*. São Paulo: Cortez, 2004.

WALMSLEY, R. *World Prison Population List.* London: Centre for Prison Studies, King's College London [8.ª ed.], 2009.

ZAFFARONI, E. R.; PIERANGELI, J. H. *Manual de direito penal brasileiro – parte geral.* São Paulo: Editora Revista dos Tribunais [4.ª ed.], 2002.

ZALUAR, A. *Condomínio do diabo.* Rio de Janeiro: Renan: UFRJ, 1994.

YAZBEK, M. C. *Pobreza e Exclusão Social*: expressões da questão social no Brasil. In: *Revista Temporalis, ano 2, n°3*. Brasília: ABEPSS, Grafline, 2001.

9 786200 048721